Thomas Mann

dargestellt von Klaus Schröter

Rowohlt
rororo

rowohlts monographien begründet von Kurt Kusenberg
herausgegeben von Wolfgang Müller und Uwe Naumann

Herausgeber: Kurt Kusenberg
Umschlaggestaltung: Walter Hellmann
Vorderseite: Thomas Mann, 1954
(Foto Fritz Eschen, Berlin)
Rückseite: Das «Buddenbrook»-Haus in Lübeck
(Ullstein Bilderdienst, Berlin)
Frontispiz: Thomas Mann um 1930

Veröffentlicht im Rowohlt Taschenbuch Verlag GmbH,
Reinbek bei Hamburg, April 1964

Satz Times PostScript Linotype Library, QuarkXPress 3.31
Gesamtherstellung Clausen & Bosse, Leck
Printed in Germany
1290-ISBN 3 499 50093 0

Überarbeitete Neuausgabe Oktober 1995
28. Auflage. 219.–223. Tausend Februar 1997

Inhalt

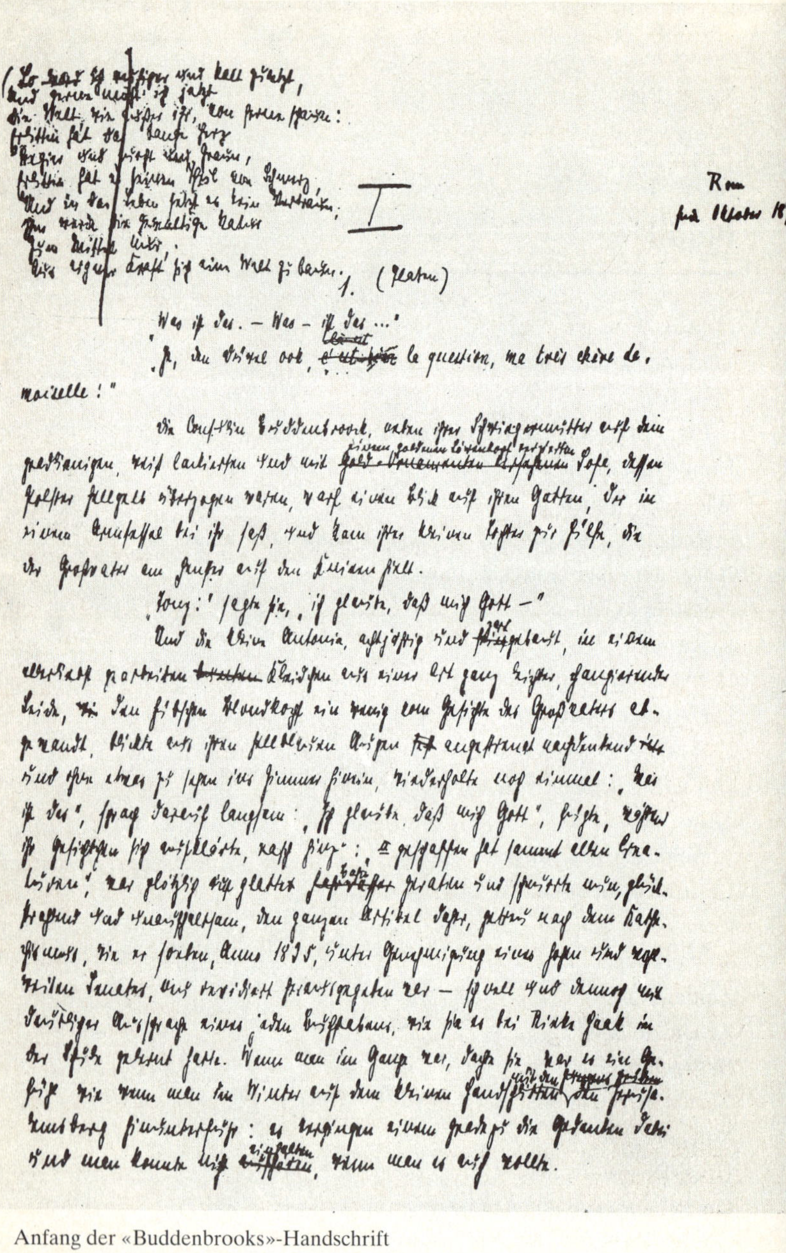

Anfang der «Buddenbrooks»-Handschrift

Lübeck

1794, den 24. April, nahm die Freie und Hansestadt Lübeck Johann Siegmund Mann, «einen Kaufmann», «zum Bürger Recht an». Ein Stadtschreiber gab der Urkunde am «9. Maii» das «iuravit». Der Eintrag begründete für einhundert Jahre eine glänzende hansisch-patrizische Familiengeschichte.

Johann Siegmund Mann war der Urenkel eines Gewandschneiders und Ratsherrn in Grabow, der, wie die Familienchronik überliefert, «sich sehr gut gestanden hat». Erst sein Sohn ließ sich in Rostock nieder, dort wurden die Manns Kaufleute und gingen als Kauffahrer auf See. Johann Siegmund Mann, der Gründer der hansischen Getreidefirma, brachte es zum ersten «zünftigen» lübischen Titel als «Äldermann der Bergenfahrer» – einer der Genossenschaften, die neben den Schonenfahrern, den Nowgorodfahrern, den verschiedenen Bruderschaften die mittelalterlichen ständischen und beruflichen Korporationen der reichsfreien Hansestadt noch im 19. Jahrhundert verkörperten. Sein Ältester übernahm Firma und Titel, vertrat die Niederlande als Konsul und wurde in die Bürgerschaft gewählt. Johann Siegmund erlebte die Heirat seines Sohnes mit der Tochter des Kaufmanns und Konsuls Johann Heinrich Marty, eines Schweizers, der in Lübeck seßhaft geworden war und das schönste Haus «vorm Burgtor» besaß. Und Johann Siegmund erlebte auch noch, daß aus der Ehe seines Ältesten vier Kinder hervorgingen. Die sehr verschiedenen Lebenswege seiner Enkel konnte er nicht mehr verfolgen: 1848, im Revolutionsmärz, starb er an einem Schlaganfall, wie erzählt wird, den ihm seine Wut über die randalierende «Canaille» zugezogen hatte.

Der erste Lübecker Bürger unter den Manns hinterließ den Seinen die wohlfundierte Getreidefirma samt Speicherbauten an der Untertrave und ein geräumiges Haus in der Mengstraße, die, eng und mit «Katzenköpfen» bepflastert, vom Hügel der Marienkirche hinab im rechten Winkel auf die Travekais zuführt. Der Gesellschaftssaal im ersten Stock war ausgeschlagen mit «Landschaftstapeten»: Zwischen Baumgruppen hielten Schäferpaare eine verspielte Siesta, hinter den Wiesen und Dörfern schien die Sonne unterzugehen und die idyllische Szenerie in vergilbtes Licht zu tauchen. Durch die hohen Fenster war jenseits der Straße das Monument einer andern Epoche sichtbar: die gotische Basilika

Die Urgroßeltern Johann Heinrich Marty (‹Lebrecht Kröger›) und Catharina Elisabeth, geb. Croll (‹Madame Kröger›)

St. Marien. Man überblickte ihre gewaltigen Maße, vom Kapellenchor über die drei Geschosse der spitzbogigen Fenster, über das offene Fächerwerk der Streben bis zum Norderturm. An diesem vorbei, die abschüssige Straße hinunter, war man nach wenigen hundert Metern vom Kontor zum Umschlagplatz an der Trave gelangt.

Hier, in dem Stadthaus in der Mengstraße, wuchsen die vier Manns auf, und nach dem Tod ihres Gatten und der Heirat ihres ältesten Sohnes bewohnte die Konsulin Elisabeth Mann, geb. Marty, das Haus allein. Ihr

Lübecker Bürgerbrief des Urgroßvaters Johann Siegmund Mann

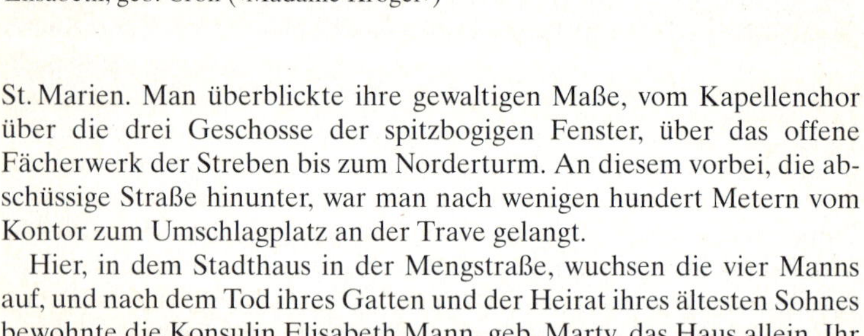
1794 Johann Siegmund
Mann
iuravit d. 9 Mai 1794
Secretarius

Oben: Die Großeltern Johann Siegmund Mann (‹Konsul Johann Buddenbrook›) und Elisabeth, geb. Marty (‹Bethsy›)

Links unten: Elisabeth Hyppolitha Mann, Schwester des Senators (‹Tony›)
Rechts unten: Friedrich W. L. Mann, Bruder des Senators (‹Christian›)

Der Vater, Senator Thomas J. H. Mann (‹Thomas Buddenbrook›)

Ältester war der Kaufmann, Konsul und spätere Senator Thomas Johann Heinrich Mann, geboren 1840; ihr Jüngster hieß Friedrich Wilhelm Lebrecht, von den beiden Töchtern ist Elisabeth Amalia Hyppolitha zu nennen – weil sie als Tony Buddenbrook zu einer besonderen Berühmtheit geworden ist. – Die Konsulin lebte lange genug, um an dem weiteren Aufstieg ihrer Familie, aber auch an einigen Bedenklichkeiten, die vorfielen, teilzuhaben. Die Tochter Elisabeth ließ sich von ihrem Gatten scheiden, auch eine zweite Ehe, die sie mit einem Eßlinger einging, wurde nicht so glücklich, wie man es sich wünschte. Friedrich Wilhelm Lebrecht entwickelte sich zum schrulligen Tunichtgut, verkehrte schon in Lübeck nicht in angemessener Gesellschaft, machte auf St. Pauli in Hamburg Schulden und konnte sich in den kaufmännischen Beruf seiner

Familie durchaus nicht fügen. Hingegen erwarb Thomas Johann Heinrich den Anspruch auf die Adresse «Euer Wohlweisheit», die den Senatoren der reichsstädtischen Republik von alters her gebührte.

Der Stadtstaat Lübeck war souveränes Mitglied des Deutschen Reichs. Gemäß einer Verfassungsurkunde, die zu Lebzeiten Thomas Johann Heinrich Manns als Ergebnis langwieriger Revisionen zustande kam, bildeten Senat und Bürgerschaft die beiden höchsten Staatskörper.

Die Mutter Julia, geb. da Silva-Bruhns (‹Gerda›) mit den Kindern
Julia, Heinrich und Thomas, 1879

Der Senat repräsentierte die Souveränität des Staates, ihm und der Stadt leisteten die Bürger den Treueid. Er besaß die Hoheits- und Jurisdiktionsrechte: ernannte und beeidigte die Richter sowie den größten Teil der Staatsbeamten, besaß das Begnadigungsrecht in Kriminalsachen, führte die Aufsicht über die Verwaltung des Staatsvermögens. Unter den vierzehn Ämtern der Senatoren bekleidete Thomas Johann Heinrich das einflußreichste: das des «Steuersenators», und seine Stimme galt, wenn er etwa den Ausbau der lübeckischen Eisenbahn befürwortete.

Er war ein gebildeter, redegewandter Mann, wenngleich er die Schulausbildung im alten Katharineum vorzeitig hatte abbrechen müssen, um als Juniorchef der Firma J. S. Mann vorzustehen. Er leitete die Firmen- und Staatsgeschäfte mit Umsicht und Tatkraft. Daß er Londoner Anzüge trug, russische Zigaretten rauchte und zu Zeiten, da die Lübecker die schöne Literatur in Emanuel Geibel leibhaftig unter sich vertreten sahen, französische Romane las, bewies seinen Geschmack. – Auf einigen Bällen, Hochzeiten und Polterabenden fiel dem Siebenundzwanzigjährigen eine junge Dame auf, die «einmal ein grünes Tarlatankleid mit weißen Atlasrollen besetzt und weißer Schärpe, und Haideröschen im Haar, trug, dann einmal ein rosa Tüllkleid mit Rosenknospen, ein weißes Mull mit Ponceau-Schärpe, leichtes seidenes Unterkleid, über welches sie weiß Tüll anzog, wieder mit Atlasröllchen garniert». Es war die sechzehnjährige Julia da Silva-Bruhns, die von ihrer Großtante Emma Sievers ausgeführt wurde, mit «tout Lübeck» verwandt war und auf den Festen «immer viel tanzte und überhaupt durch Blumen etc. sehr ausgezeichnet wurde», denn sie selbst war noch schöner als ihre Kleider. Anderthalb Jahre später, 1869, fand die Hochzeit Thomas Johann Heinrich Manns mit Julia da Silva-Bruhns statt. Das Paar bezog ein eigenes neues Stadthaus in der Breiten Straße, die im rechten Winkel von der Mengstraße abzweigt. Aus der Ehe gingen fünf Kinder hervor: am 27. März 1871 wurde Luis Heinrich geboren, am 6. Juni 1875 Paul Thomas; ihnen folgten 1877 Julia, 1881 Carla und – zwei Jahre vor dem Tod des Senators – 1890 Viktor Mann.

Thomas Mann hat seine Kindheit ohne jede Einschränkung *gehegt und glücklich*[1] genannt und mehrfach erwähnt, daß er an einem Sonntag um 12 Uhr mittags zur Welt gekommen sei – übrigens nicht in dem neuen Elternhaus in der Breiten Straße, sondern in einem Gartenhäuschen vor der Stadt, das für den Sommer gemietet worden war (beide Stätten bestehen seit der Jahrhundertwende nicht mehr, das Haus des Senators wurde zu einem Bürohaus umgebaut). Ein *Fräulein* betreute die Kinder und verwahrte das *sehr schöne*[2] Spielzeug, dem Thomas Mann eigens Erinnerungen gewidmet hat: *Der Kaufmannsladen, mit Ladentisch und Waage, war wundervoll, besonders als er neu war und die Schubladen von Kolonialwaren starrten, und der Kornspeicher genau von der Art derer, die meinem Vater drunten an der Trave gehörten – es fehlten nicht die Säcke*

Thomas Mann, 1881

und Ballen, die man emporwinden konnte (die Kurbel war hinten). Eine *vollkommene Ritterrüstung* besaß das Kind, und eine *vollkommen vorschriftsmäßige blaue Husarenuniform nebst allem Zubehör* war ihm *eigens vom Schneider angemessen*[3] worden. Ein ausgestopftes Fuchs-Pony, Achill geheißen, gab es und wurde *zärtlich geliebt: Nicht aus Rittersinn, das weiß ich wohl, sondern aus Sympathie mit der Kreatur, mit seinem Fell, seinen Hufen und Nüstern, – wie ich denn auch im Laufe der Kindheits-*

jahre mich mit vielen Hunden beschenken ließ, aus Porzellan, Papiermaché und Biskuit, Möpsen, Teckeln und Jagdhunden, die ich mit Atlasschabracken, Flicken aus den Beständen der Schwestern, zu schmücken liebte.[4] Erinnerungen des Dreißigjährigen, und schon geprägt von der umfassenden Ironie, die unter der *Sympathie mit der Kreatur* die Liebe zu dem ausgestopften Pony und den schabrackenbehangenen Biskuit-Möpsen begreifen kann. Einige Jahre später wehrte Thomas Mann in einem Brief öffentliche Vorwürfe ab, die besagten, daß er für das Natürlich-Kreatürliche nicht den geringsten Sinn aufbringe: *Ich weiß in aller Ruhe, daß ich nicht naturfern bin.*[5] Fast gleichzeitig konnte er von sich als *einer geborenen Zimmerlinde*[6] sprechen...

Ohne jede Ironie gedenkt Thomas Mann des Puppentheaters, das schon dem älteren Bruder Heinrich gehört hatte. Die Kinder staffierten es aus, Heinrich lieferte die Dekorationen, die deutschen Märchen, vom *Fräulein* vorgelesen, wohl den Stoff, *bei verschlossenen Türen* wurden *sonderbare Musikdramen* aufgeführt. *Aber ich darf sagen* – fährt Thomas Mann fort –, *ich bedurfte zum Spielen des Apparates nicht, sondern war mir mit stiller Genugtuung der unabhängigen Kraft meiner Phantasie bewußt, die nichts mir rauben konnte.*[7]

Für die ausgedehnten Stunden seines Träumens, dem vor aller Produktivität gegebenen Zustand der Eindruckssättigung, hatte das Kind ein besonderes Asyl: das Haus der Großmutter, der Konsulin Elisabeth *(Bethsy)* Mann in der Mengstraße und dessen engen «Stadtgarten». Er lag, von Mauern und Bauten eingeschränkt, hinter dem Haus, und man lief, war erst die Haustür geöffnet, über die fliesenbelegte, hohe und düstre Diele geradewegs auf ihn zu. Am Ende des Gartens stand noch der Walnußbaum, aber der Billardsaal im Hinterhaus, in dem sich der Konsul mit seinen Gästen vergnügt hatte, war zu einem Speicher heruntergekommen – für die Kinder ein rechtes, verfallenes Versteck. Das Elternhaus bot dergleichen nicht.

In die Becker Grube war das gesellschaftliche Leben der Familie hinübergewechselt. Das Stammhaus, mit seinem «dominus providebit» über dem Portal und den arkadischen Tapetenmalereien im Salon, hatte den Glanz nicht gekannt, der hier herrschte. Das neue Haus war erbaut und ausgestattet im bürgerlichen Prunkstil, den die Epoche der «Gründerjahre» diktierte. Über dem Erdgeschoß, das das Kontor beherbergte, lag die Beletage mit dem Ballsaal, dem Wohnraum und dem Salon, einem hellen Erkerzimmer. In ihm stand der Bechstein-Flügel, auf dem die Senatorin spielte oder ihren Liedvortrag begleiten ließ. – Die Mutter bedeutete dem jungen Thomas Mann besonders viel. Nicht nur, daß ihre vielseitigen Neigungen und Begabungen ihm erste «Bildungserlebnisse» vermittelten, ihr Musizieren seine Träumereien anregte, ihre Erzählungen seine Phantasie beschäftigten – ihr Temperament, ihr ganz unlübeckisches Wesen mußten in dem Kind schon früh, und stärker als die weltläufig-geschäftliche Repräsentation des Vaters, den Eindruck der bevorzugten und begünstigten Herkunft wecken. Das Bild der Mutter ist Thomas Mann von der Jugend an bis ins späte Alter stets lebendig geblieben; er sah es bestimmt *durch die beiden Motive der Musikalität und des Weither-Seins.*[8] Dem Vater hat Thomas Mann sich erst in reiferen Jahren verglichen, wenn es galt, die eigene Leistung am beglaubigten Ansehen des hanseatischen Patriziers zu messen.

Unsere Mutter war außerordentlich schön, von unverkennbar spanischer Turnüre – gewisse Merkmale der Rasse, des Habitus habe ich später bei berühmten Tänzerinnen wiedergefunden – mit dem Elfenbeinteint des Südens, einer edelgeschnittenen Nase und dem reizendsten Mund, der mir vorgekommen.[9] Julia da Silva-Bruhns war in Brasilien geboren, genaugenommen: in seinem tropischen Urwald in der Nähe von Angra dos Reis, während einer Reise der Eltern von einer ihrer Plantagen zur anderen – Senhorita Maria Luiza da Silva, die Mutter, im Tragstuhl, Johann Ludwig Bruhns, der Vater, zu Pferde, voran und im Nachtrab dunkelhäutige Sklaven. Julia war die Tochter eines «großen, blondhaarigen» Deutschen, eines «Mannes von wenig Worten», dessen Verwandte in Lübeck lebten, dessen Vorfahren nordischer Abkunft waren, und einer portugiesisch-kreolischen Brasilianerin. Sie wuchs auf dem Landbesitz ihres Vaters bei Angra auf und hat später ihren Kindern von der exotisch-farbigen Umwelt ihrer ersten Jahre viel erzählen müssen.

Nach dem frühen Tod der Mutter brachte der Vater die Siebenjährige mit drei Geschwistern nach Lübeck. Die Kinder wurden von der Verwandtschaft mit der Frage erwartet: «Wann kamen denn nu Ludwig sin lütten Swatten?!» Sie kamen in Begleitung einer Negerin – für Lübeck ein auffälliges Ereignis – und mußten es sich gefallen lassen, daß ihnen auf den Straßen «ganze Züge von johlenden Kindern» nachliefen, bis die Neger-Anna sie mit Bonbons verjagte. – Julia wechselte mit ihren Geschwistern das Glaubensbekenntnis, aus der kleinen Katholikin wurde, gemäß Entscheid des damals zehn- oder elfjährigen ältesten Bruders, eine Protestantin, die jedoch von den sonntäglichen Predigten kein Wort verstand, da sie nur portugiesisch sprach. Eine *kleine, bucklige Gelehrte*[10] übernahm Erziehung und Unterricht des Kindes; sie hieß Therese Bousset und leitete ein Mädchenpensionat, über das ihre alte Mutter, Madame Bousset, die wirtschaftliche Oberaufsicht führte. Von ihr lernte Julia das Stricken, und sie hörte die alte Madame ein etwas übertriebenes Hochdeutsch sprechen: «Chott Kind (sie sagte C h ott), du bist doch ein Närrchen», solcher und ähnlicher Wendungen hat sich Julia Mann noch in späteren Jahren erinnert und sie, bei ihrem ausgeprägten Gefallen an Mokanterie, ihren Kindern wohl vorgemacht. – All diese kleinen Geschichten aus der Kindheit und Jugend Julias lagen vor Thomas Manns Geburt, aber sie wurden ihm und seinem Bruder Heinrich anschaulich durch die lebhaften Erzählungen der Mutter, die fortwirkten: Heinrich

Mann hat die Erinnerungen «Aus Dodos Kindheit» in seinem Roman «Zwischen den Rassen» verwertet; und Thomas hat das Mädchenpensionat samt seinem Personal für *Buddenbrooks* «benutzt», in denen Therese Bousset und ihre alte Mutter dann in der Figur Therese-Sesemi Weichbrodts vereinigt sind, der kleinen Lehrerin, die *so bucklig* war, *daß sie nicht viel höher war als ein Tisch* und die dennoch *durchaus respektgebietend wirkte: Dazu trug in hohem Grade auch ihre Sprache bei. Sie sprach mit lebhafter und stoßweiser Bewegung des Unterkiefers und einem schnellen, eindringlichen Kopfschütteln, exakt und dialektfrei, klar, bestimmt und mit sorgfältiger Betonung jedes Konsonanten. Den Klang der Vokale aber übertrieb sie sogar in einer Weise, daß sie zum Beispiel nicht «Butterkruke», sondern «Botter-» oder gar «Batterkruke» sprach…*[11] Sesemi Bousset-Weichbrodt ist es denn auch, die es zu der

Heinrich, Thomas, Carla und Julia um 1885

vielzitierten Wendung *Sei glöcklich, du gutes Kend*[12] bringt. Die Stoffgeschichte von *Buddenbrooks* hat ihre Ursprünge in den Kindheitsjahren von Thomas Mann, und aus dem Kreis der Familie war die Mutter die erste, die buchens- und belachenswerte Fakta für den Roman zusammentrug.

Abends las sie den Kindern vor. Aus einem Mythologie-Buch, das schon ihr zum Unterricht gedient hatte, Abschnitte der Homerischen und Vergilischen Epen; auch Goethes Gedichte, Erzählungen und Lebenserinnerungen; daneben Andersens Märchen und Fritz Reuters Erzählungen. *Das Mecklenburger Platt nahm sich überraschend genug aus in ihrem exotischen Munde, aber sie beherrschte es besser als irgend jemand im Hause, und mit unendlichem Vergnügen folgte ich den Kapiteln des ersten Romans, der sich, breit und humoristisch, vor meinem inneren Auge aufbaute: der «Stromtid». Die «Buddenbrooks» lassen, glaube ich, merken, daß ich damals gut zugehört habe.*[13]

Schwerer faßlich in seinen Folgen, für die Geschmackskultur des Jungen jedoch nicht weniger bedeutend, war, was die Mutter Thomas Mann an Musikalischem vermittelte. Julia Mann sagte von sich selbst, daß sie als junges Mädchen «lieber musiziert als gelesen» habe. Nach dem Besuch der ersten Oper (Boieldieu, «Die weiße Dame») meldete sie Fräulein Bousset den Wunsch, «auch Theaterdame zu werden», was natürlich im Hinblick auf Vater, Großmutter, «Oncles und Tanten» energisch verboten wurde. Indessen wurden die Klavierstunden fortgesetzt, und nebenher schulte das Mädchen seine natürliche stimmliche Begabung. Das Lied-Repertoire, das sie beherrschte, war – nach den Erinnerungen Thomas Manns – erstaunlich weit: *Meine Mutter hatte eine kleine, aber überaus angenehme und liebliche Stimme, und mit einem künstlerischen Takt, der das Sentimentale so selbstverständlich wie das Theatralische ausschloß, sang sie sich und mir, nach einem reichen Vorrat von Noten, alles Hochgelungene, was diese wundervolle Sphäre von Mozart und Beethoven über Schubert, Schumann, Robert Franz, Brahms und Liszt bis zu den ersten nachwagnerischen Kundgebungen zu bieten hatte. Ihr verdanke ich eine nie verlorene Vertrautheit mit diesem vielleicht herrlichsten Gebiet deutscher Kunstpflege.*[14] Das Kind *kauerte stundenlang in einem der hellgrau gesteppten Fauteuils*[15] des Erkersalons, aber – anders als die dichterische Spiegelung dieser Stunden in Hanno Buddenbrooks Musikerlebnis es wiedergibt – es war nicht das üppige, *wunderlich pomphafte* «Meistersinger»-Vorspiel[16], dem es lauschte, sondern die *mondäne Romantik* Chopinscher Etüden und Notturnos und die *sensitive Ironie des Ausdrucks* in Gedichten von Heinrich Heine[17], vertont von Schumann und Eduard Lassen. Ganz unter dem Einfluß von Heines freirhythmischem «Nordsee»-Zyklus und mit dem Einschlag seiner Ironie schrieb Thomas Mann, achtzehnjährig, das erste Poem *(Zweimaliger Abschied)*, das unter seinem vollen Namen veröffentlicht wurde …

Die Aula des Lübecker Katharineums

Die Musikpflege im Hause Mann war alles andere als dilettantisch. Der Erste Kapellmeister des Lübecker Stadttheaters, Alexander von Fielitz, verkehrte hier freundschaftlich und musizierte mit der Senatorin; ein Geiger seines kleinen Orchesters unterrichtete den Jungen im Violinspiel. Noch der Dreißigjährige hat es, in den Münchner Jahren, mit den Brüdern Paul und Carl Ehrenberg, mit Arthur Holitscher, auch mit Ernst Bertram, in Duos und Trios ausgeübt und erst später zugunsten jenes Improvisierens «auf dem Blüthner» aufgegeben, dessen sich seine Kinder erinnerten. Während Monika Mann der Vorliebe ihres Vaters für die Liedkompositionen von Schubert, Brahms, Strauss und Wolf gedenkt, hat Klaus Mann seinen Bericht wohl um der Pointe willen vereinfacht: «Es war immer der gleiche Rhythmus, zugleich schleppend und drängend, immer das gleiche chromatische Crescendo, das gleiche Werben und Locken, die gleiche Erschöpfung nach todestrunkener Ekstase. Es war immer ‹Tristan›.» So vorbehaltlos hat sich Thomas Mann dem Genuß der Wagnerschen Musik nur in den Jahren der Jugend hingegeben – vor seiner Begegnung mit Nietzsches Schriften. Schon in *Buddenbrooks* wird Wagner zugleich geliebt und bespöttelt, das heißt: das Erlebnis seiner opulenten Musik wird reflektiert – und gewinnt gerade auf diese Weise den intellektuellen Reiz, der Thomas Manns Interesse an Wagner bis zuletzt wachhielt: So daß er nach der *Tristan*-Novelle – in der Frau Klöterjahn im Sanatorium *Einfried*, bei leidlichem Gesundheitszustand, Chopinsche Notturnos spielt und den tödlichen Blutsturz erst erfährt, nachdem sie sich zu ausgiebig mit dem Liebesduett aus «Tristan und Isolde», 2. Akt, beschäftigt hat – die Komposition seiner *Joseph*-Erzählungen *immer von der Erinnerung an Wagners grandiosen Motivbau*[18] (im «Ring des Nibelungen») bestimmt fand. Noch der Fünfundsiebzigjährige bekannte, nach allen kritischen Äußerungen, die er in dazwischenliegenden Jahren gegen Wagner erhoben hatte, daß seine Musik für ihn ein Thema *ohne Ende* sei; zwar, den 2. Akt des «Tristan», *mit seinem metaphysischen Wonneweben*[19], lehnte er jetzt ab, auch die Pariser Venusbergmusik und manches andere. In seinen Tagebüchern urteilt er im abgekürzten Verfahren: die *Venusberg-Musik… Durchaus geschlechtliches Produkt* einer *unsauberen Welt.* (27.11.1936) Oder *Siegfried penetrant nazihaft.* (30.8.1946) Aber im ganzen lautet der Schluß: *Ich werde eben wieder jung, wenn es mit Wagner anfängt.*[20]

Es fing an mit den Wagner-Aufführungen, denen der Schüler im Lübecker Stadttheater beiwohnte. Der später gefeierte Tenor Emil Gerhäuser sang die Heldenpartien des Tannhäuser, Walther Stolzings und des Lohengrin. Und wenn auch der Klang des kleinen Orchesters nicht sehr rein war, wenn auch der Schwan *manchmal ein bißchen ruckweise herangeschwommen* kam oder *ein Mitglied der Brabanter Gentry immer mit dem Zeigefinger taktierte* – der Knabe war *entrückt*, war *glücklich, war, wie der Franzose sagt, «transporté»*[21]. Besonders die erste «Lohengrin»-Aufführung *begnadete* ihn *mit allen Schauern der Romantik.*[22]

Die Theaterbesuche fanden bereits in den ersten Schuljahren statt, vielleicht fällt daher in den Erinnerungen ein so besonderer Glanz auf sie. Denn die Schule hat Thomas Mann gehaßt. Er durchlief die Vorschule und die Realgymnasialklassen des Lübecker Katharineums, einer im 16. Jahrhundert gegründeten Bildungsanstalt, deren düstre Gebäude, im preußischen Ka-

Selbstkarikatur Thomas Manns, dem ersten erhaltenen Brief von 1889 beigefügt

sernenstil, sich an die Südfront der gotischen Katharinenkirche lehnen. *Wir Jungen hatten in unerfreulichen Turnhallen das Geräteturnen zu üben, das aus der Zeit des Vaters Jahn und der Jugendertüchtigung zum Kriege gegen Napoleon übergekommen war. Wir taten es allenfalls in Hemdsärmeln, aber, unglaublicherweise, mit steifem Kragen und womöglich mit gestärkter Hemdbrust unter der Aufsicht eines Turnlehrers mit rotem Bart, einem Zwicker und versoffener Kommandostimme.*[23] Alles andere war ebenso unersprießlich. Thomas Mann verdankte dem zwölfjährigen Lehrgang nicht mehr als einige grammatische Handhaben, die ihm das Erlernen fremder Sprachen später erleichtern mochten.

Der Klassenlehrer des Untersekundaners war die Ausnahme in *dem Ganzen, der Anstalt.*[24] Er vermittelte dem Fünfzehnjährigen die Bekanntschaft mit Schillers Balladen, die der alte Bäthke *als unvergleichliche Lektüre anzupreisen pflegte: «Das ist nicht das erste-beste, was Sie lesen, es ist das Beste, was Sie lesen können!»*[25] Gewiß war es kein außergewöhnliches Verdienst, das der Lehrer sich durch diesen Hinweis

Lübeck in den siebziger Jahren des vorigen Jahrhunderts; im Vordergrund der Umschlagplatz an der Untertrave

erworben hat, denn Schiller war im 19. Jahrhundert, anders als Goethe, unumgänglich, und Thomas Mann wäre seinem Werk jedenfalls begegnet. Daß er sich dennoch dieses einen Lehrers, mehrmals und noch im hohen Alter, freundlich erinnert, bezeugt allein die Achtsamkeit seines Gedächtnisses und darüber hinaus Thomas Manns Bereitschaft, Förderungen, wo sie ihm zuteil wurden, dankbar anzuerkennen.

Die Person des Deutschlehrers mag sich auch aus anderen Gründen Thomas Mann eingeprägt haben: Bäthke stand in politischer Opposition zu seiner Umwelt. Gustav Hillard, Schüler des Katharineums wie Thomas Mann, hat den Achtzigjährigen bei seinem letzten Lübecker Aufenthalt an den Ordinarius in der Untersekunda erinnert: «Als unerschütterlicher Fortschrittsmann hielt er in der Bürgerschaft Oppositionsreden gegen einen hohen national-liberalen Senat. Sie schlossen mit französischen Zitaten, die er wie vor der Klasse sofort übersetzte: ‹Qui s'excuse, s'accuse. Das heißt zu deutsch: Wer sich verteidigt, klagt sich an, Herr Senater.›» – Neben Schillers Balladen hat Bäthke wohl mit Bedacht die Aufmerksamkeit der Schüler auf das Freiheitspathos und -verlangen im «Don Carlos» gerichtet und sie mit Warnungen versehen, wie der Marquis Posa seinen Prinzen: «Sagen Sie Ihm, daß er für die Träume seiner Jugend Soll Achtung tragen, wenn er Mann sein wird, Nicht öffnen soll dem tötenden Insekte Gerühmter besserer Vernunft das Herz Der zarten Götterblume…» – Verse, die Thomas Mann in seiner Schiller-Rede von 1955 wiederholt und die ihn zu dem Ausruf bewegen: *«Don Carlos» – wie könnte ich je die erste Sprachbegeisterung meiner fünfzehn Jahre vergessen, die an dem stolzen Gedicht sich entzündete!*[26] Aber nicht nur die Begeisterung für den *unvergleichlich rührenden Tonfall*[27], den Schiller hier entfaltete, sondern ebensowohl der Sinn für die moralische Mahnung muß dem jungen Thomas Mann einen bleibenden Eindruck hinterlassen haben: Das zeigt der Vortrag *Meine Zeit*, 1950 in Chicago gehalten, in dem sich die Erinnerung an die frühe Schiller-Lektüre unversehens mit einem Rückblick auf die politischen Zustände in dem Lübeck seiner Schulzeit mischt: *Es war die Zeit der alljährlichen Sedan-Feier am 2. September, des bismarcktreuen National-Liberalismus, der schon oppositionelleren Freisinnspartei unter Eugen Richter, zu der merkwürdigerweise auch ein oder der andere klassisch gerichtete und an Schiller orientierte Oberlehrer unseres Gymnasiums sich bekannte, und der bedrohlich heranwachsenden Sozialdemokratie August Bebels,*

die damals – ich muß es aus lebendiger Erinnerung feststellen – in der Phantasie des Bürgers genau die Rolle spielte, die heute dem Bolschewismus zugefallen ist: Sozialdemokratie, das war der Umsturz, das äußerste Sansculottentum, die Enteignung der Besitzenden, die Kulturzerstörung, Zerstörung überhaupt, und ich weiß noch, wie unser Schuldirektor einige böse Buben, die Tisch und Bänke mit ihren Taschenmessern zerschnitten hatten, in einer Strafpredigt anherrschte: «Ihr habt euch benommen wie die Sozialdemokraten!» Alles lachte in der Aula, auch die Lehrer, aber er donnerte: «Da ist nichts zu lachen!»[28]

Lübeck war, nach der «Reichsgründung» von 1871, Bundesstaat des Deutschen Reichs. Es hatte seine Militärhoheit bereits 1867, ein Jahr nach seinem Anschluß an den Norddeutschen Bund, durch Konvention an Preußen abgetreten, und der Geist, der während der Kaiserzeit in ihm herrschte, war nicht mehr so «frei», wie der alte Titel der Hansestadt besagte. Der Aufbau der Ämter, von der Steuer bis zur Post, geschah nach preußischem Muster. Und der *donnernde* Direktor in seiner Aula – es wird derselbe sein, der in *Buddenbrooks* die *Begriffe Autorität, Pflicht, Macht, Dienst, Karriere zu höchster Würde* bringt und den *kategorischen Imperativ unseres Philosophen Kant* als *Banner in jeder Festrede bedrohlich entfaltete*[29] – ahmte nur das Reglement der neu errichteten lübeckischen Garnison des zum 9. preußischen Armeekorps gehörigen 3. Bataillons des 2. hanseatischen Infanterieregiments Nr. 76 nach. Die Offiziere der Garnison verkehrten im Stadthaus des Senators Mann und machten in seinem *parkettierten Ballsaal den Töchtern des Patriziats den Hof*[30].

Man war nicht grundsätzlich anti-preußisch gesonnen im Hause Mann, weder der Vater noch seine beiden Ältesten. Thomas opponierte gegen die *Abrichtungsmethoden* der preußisch regierten Schule, weil sie sein *Bedürfnis nach viel freier Zeit für Müßiggang und stille Lektüre* einengten.[31] Er hatte als Kind, an der Hand des *Fräuleins*, den ersten preußisch-deutschen Kaiser als ein *nationales, majestätisch-mildes Idol*[32] in einem Extrazug Lübeck passieren und für einige Minuten in der verräucherten Bahnhofshalle anhalten sehen. Als Schüler erlebte er einen Staatsbesuch des jungen Kaisers, Wilhelms II. Und es mag nicht nur die eigene rückblickende Bewertung, sondern der schon damals wirksame Einfluß des väterlichen Urteils sein, wenn Thomas Mann in seiner Erinnerung die Gestalt Wilhelms II. zurücktreten läßt hinter einen Mann seines Gefolges, den alten Feldmarschall von Moltke: *Als der von Orden in Brillanten funkelnde Erbe des Kaiserthrons nach dem Galadiner an einem offenen Fenster des Rathauses von der auf dem Marktplatz sich drängenden Menge genugsam bejubelt war, erschien auch Moltke dort und erzeugte, gern oder ungern, einen noch brausenderen Ausbruch von Begeisterung... Ein Bürger im Festkleid schwenkte zur Anfachung des Jubels seinen Chapeau claque über des alten Strategen Haupt und bekam den Roten Adlerorden vierter Klasse dafür.*[33]

Moltke, der «Schlachtendenker», wie man ihn nannte, war, als Stratege, das Beispiel für den Politiker, den Senator Mann und später sein Sohn Heinrich verehrt haben und den auch Thomas zu den *Großen*[34] zählte: Otto Fürst Bismarck, den «Reichsgründer». «Mein Vater» – so erinnert sich Heinrich Mann – «las die Zeitung: eine neue Rede des Fürsten. Sie sollte lange in aller Munde bleiben, besonders der Satz: ‹Wir Deutsche fürchten Gott, sonst nichts in der Welt.› Senator Thomas Heinrich Mann, geboren 1840, war skeptisch wie sein Jahrhundert. Er schnob Luft aus und meinte lakonisch: ‹In Wirklichkeit fürchten wir manches.› Dies mit Zärtlichkeit für den gewagten Ausspruch und seinen Urheber.» Eine Szene aus dem Februar des Jahres 1888; Bismarck hatte vor dem Reichstag über die politische Lage gesprochen. Wer ihm und den Grundsätzen seiner Realpolitik anhing, konnte dem theatralischen Gebaren Wilhelms II. nicht gewogen sein.

Man hat es bisher versäumt, sich im einzelnen Rechenschaft darüber abzulegen, welche politischen Meinungen den jungen Brüdern Mann nahegebracht worden waren. Im Fall Thomas' hielt man sich an die Kritik der *Verpreußung und Enthumanisierung des neudeutschen Gymnasiums*, wie sie in *Buddenbrooks* ausgesprochen und in den *Betrachtungen eines Unpolitischen*[35] erneut gerechtfertigt wird; im Fall Heinrichs genügte «Im Schlaraffenland» als Beweis seiner oppositionellen Haltung von Anbeginn. Hingegen hat Thomas bereits in seinen *Betrachtungen* Bismarck gegen Nietzsches Angriffe verteidigt und im Alter nicht gezögert, ihn als einen der *Drei Gewaltigen*[36] deutscher Geschichte neben Luther und Goethe zu stellen. Auch Heinrich trat in den Betrachtungen seiner hohen Jahre, in «Ein Zeitalter wird besichtigt», unbedingt für Bismarck ein; als er es tat, berief er sich auf Eindrücke seiner Jugend: «Man empfängt eine Religion sehr früh, lernt sie wohl beurteilen, und bekennt dennoch sie oder ihr Andenken bis ans Ende.» – Bismarcks Entlassung erfolgte 1890. Zwei Jahre später starb der Senator Mann; seine Söhne, durch den Vater angeleitet, haben sich von dem Wirken des Reichskanzlers noch eine lebendige Anschauung erwerben und erhalten können. Wenn sie, als hanseatische Patriziersöhne, den Pomp der kaiserlichen Auftritte belächeln mochten – Bismarcks Reden, denen wirtschaftliche Ziffern zugrunde lagen, gaben ihnen von der befestigten Macht Deutschlands einen Begriff. Einige Jahre später, in kritisch-publizistischen Arbeiten der jungen Schriftsteller, finden sich davon die Folgen. Ja ihre Essays der Jahre 1895–96 dokumentieren einen weit über den vergleichsweise liberalen Nationalismus bismarckischer Prägung hinausgehenden Pangermanismus, wie ihn die «Alldeutschen» proklamierten; die jungen Hanseaten gerieten unter seinen Einfluß, als ihnen die «skeptisch»-strenge Aufsicht des Vaters entzogen war und sie ihre enge Heimatstadt verlassen hatten.

Der Tod des Vaters, am 13. Oktober 1891, war das einschneidende Ereignis für die Familie. «Unser Vater» – so faßt Viktor Mann in «Wir waren Fünf» die Lebensgeschichte des Senators zusammen – «bedeutete ohne Zweifel den Höhepunkt der Mannschen hochbürgerlichen Periode und sein früher Tod war ein Ende dieser Zeit ohne langsamen Abstieg und Verfall, die eine dichterische Lizenz der Buddenbrooks sind.» Thomas sah in ihm den *Mann der Selbstbeherrschung und des Erfolges, der es früh zu Ansehen und Ehren brachte in der Welt*[37], er erinnerte sich an *seine Würde und Gescheitheit, seinen Ehrgeiz und Fleiß, seine persönliche und geistige Eleganz*[38], fügte jedoch hinzu, daß der Senator *an dem Gang seiner Privatgeschäfte seit Jahren schon nicht mehr viel Freude gehabt habe.*[39] Thomas Johann Heinrich Mann hatte die Firma, gemäß Kontrakt vom 1. Januar 1863, nicht mehr allein von seinem Vater übernommen, Vermögen und Verbindlichkeiten waren für 45500 Courant-Mark an ihn und den bisherigen Prokuristen Georg Thorbahn übergegangen.

Die allgemeine wirtschaftliche Entwicklung Lübecks in den folgenden Jahrzehnten begünstigte den Geschäftsgang nicht. Die Vorrechte der Zünfte und Handelsgenossenschaften wurden 1866 aufgehoben, die billigen Importe russischen Getreides 1878 durch Schutzzölle eingedämmt. Durch den 1887 begonnenen Bau des Nordostseekanals gewann der Marinehafen Kiel an Bedeutung. Der starke Aufschwung des Exports industrieller Erzeugnisse während der Gründerjahre kam dem Überseehafen Hamburg und dem Ostseehafen Stettin, als dem natürlichen Hafen für Berlin und seine Industrien, zugute. Lübeck konnte sich gegen seine Konkurrenten nicht behaupten; der schleppende Gang der *Privatgeschäfte* des Senators war eine Folge des wirtschaftlichen Rückgangs, der seit Mitte des 19. Jahrhunderts in Lübeck eingesetzt hatte. – Daß von den geschäftlichen Sorgen im engeren Familienkreis des Senators gesprochen wurde, erweist nicht nur die Erinnerung Thomas Manns; ein Brief des alten Heinrich Mann an seinen Bruder Viktor, den Chronisten der Familie, trägt zu dem Bild des Vaters bei: «‹Ich hätte gern noch etwas gelebt›, sagte er. Weitergelebt, meinte er, mit allem was er kannte und anders nicht dachte. Auch Sorgen waren ein Teil des gesicherten, beständigen Daseins. Eine Katastrophe war die denkwürdige Ausnahme. Den Buchhändler Grautoff, der Bankrott gemacht hatte, zeigte Papa mir auf der Straße als einen Vernichteten.» Unmittelbarer als Heinrich mußten Thomas solche unheimlichen Nachrichten aus der Geschäftswelt angehen: der Vater hatte ihn ursprünglich zum Erben der Firma bestimmt, erst sein Testament verfügte es anders.

Der Senator starb an einer Blutvergiftung, der sechzehnjährige Thomas Mann war anwesend. Zwei Jahre zuvor hatte den Jungen der Tod der Großmutter bewegt, in deren Haus und Garten er gespielt und von deren Ende er den düstren Prunk der Aufbahrung und Bestattung gesehen hatte. Jetzt erlebte er, zum erstenmal, das Sterben eines Nächsten: *Als der Hauptpastor von Sankt Marien zu Lübeck, im Priesterkleide am Ster-*

bebett meines Vaters kniend, sich in lauten Gebeten erging, sprach der Sterbende, nach einigem unruhigen Kopfwenden, ein energisches «Amen!» in die frommen Redereien hinein. Der Geistliche ließ sich dadurch nicht stören und tat des Amens sogar in seiner Grabrede lobend Erwähnung, während es doch, wie mir, dem halbwüchsigen Jungen, sofort klar gewesen war, nichts weiter bedeutet hatte als «Schluß!»[40] – In mittleren Jahren nach seinem religiösen Erleben befragt, hat Thomas Mann der Sterbestunde seines Vaters gedacht; sie hat in ihm den *Gedanken an den Tod* geweckt, der ihm *der vertrauteste* wurde, so daß er, späterhin beglaubigt und erklärt durch die Metaphysik Schopenhauers, *hinter allem* stand[41], was Thomas Mann dachte und schrieb. Er bedurfte des kirchlichen Zeremoniells nicht, um das Religiöse zu erleben; *der Gedanke an den Tod* stand ihm höher als jedwede *frommen Redereien: das religiöse Problem ist das humane Problem, die Frage des Menschen nach sich selbst…*[42]

Ob Thomas Mann in der Todesstunde seines Vaters bedenken mochte, daß jenes «Schluß!» mehr als die Abwehr des amtierenden Pastors bedeutete? Daß es auch das Ende der «Mann'schen hochbürgerlichen Periode» ansagte? Das Wort, einprägsam wie die Stunde, in der es gesprochen wurde, mag jenem Abschnitt in *Buddenbrooks* zugrunde liegen, in dem geschildert wird, wie der kleine Hanno, nachdem er *seine Augen noch einmal über das ganze genealogische Gewimmel*[43] seines Stammbaums hatte hingleiten lassen, den doppelten Schlußstrich unter seinen Namen zieht, in dem Glauben, *es käme nichts mehr…*[44] Man ist berechtigt, dies anzunehmen, zumal Thomas Mann über die erste Konzeption des Romans bekannt hat: *Ich erinnere mich wohl, daß, was mir ursprünglich am Herzen gelegen hatte, nur die Gestalt und die Erfahrungen des sensitiven Spätlings Hanno waren, – eigentlich also nur das, was aus frischer Erinnerung, aus dichterischer Introspektion geleistet werden konnte.*[45]

Als das Testament eröffnet wurde, erwies sich, in welchem Sinn der Senator das Ende der Familie und des Geschäfts vorbedacht hatte: «Ohne jede Äußerung des Unmuts stellte er fest» – berichtet Viktor Mann –, «daß seine ältesten Söhne ihren künstlerischen Neigungen folgen würden, bedauerte nur, daß sein Jüngster noch in der Wiege läge, da solche Nachgeborenen oft recht gute wirtschaftliche Fähigkeiten hätten, verfügte mit präziser Umsicht die Liquidierung der großen Firma und die sichere Anlage des bedeutenden Erlöses und bestimmte Erbteile, Mitgiften, Auskehrungen und Verwaltung.» Knapp einhundert Jahre nach dem Erwerb des lübischen Bürgerrechts durch Johann Siegmund Mann beschloß sein Enkel willentlich die bürgerliche Tradition einer Familie, deren Oberhaupt er war und deren Namen er, der Kaufmann, Konsul und Senator, in den Grenzen des Stadtstaates zu höchstem Ansehen gebracht hatte. Als sie das Alter ihres Vaters erreicht hatten, war der Name der Söhne Thomas und Heinrich über die Grenzen ihres Landes der Welt bekannt.

«Frühlingssturm» und Aufbruch

Thomas Mann. Lyrisch-dramatischer Dichter[1] – so lautet die Unterschrift des ersten erhaltenen Briefes vom 14. Oktober 1889. Der Zusatz leitet die Reihe der frühen ironischen Selbstcharakteristiken Thomas Manns ein. Er wurde in den Tagen geschrieben, als Lübeck von einem besonderen Ereignis erfüllt war: fünf Jahre nach seinem Tod setzte man Emanuel Geibel ein Denkmal. Er war der lyrisch-dramatische Dichter, dessen «klarem, nie versagenden, an den Alten geschulten Schönheitsgefühle, mit dem er alle seine Stoffe verklärte», der Zeitgeschmack huldigte. Thomas und Heinrich Mann huldigten ihm nicht. Heinrich Mann, der in diesem Jahre 1889 die Schule ohne das Abitur hinter sich gebracht hatte, begann in Dresden eine buchhändlerische Lehre – und er begann mit ersten schriftstellerischen Versuchen: unter ihnen finden sich Glossen voller Hohn über das Geibel-Monument in Lübeck, über den «namhaften Lyriker», der eine «frühere Generation begeistert» haben mochte. Thomas Mann, der dem älteren Bruder in seinen Jugendjahren sehr eng verbunden, ja anhänglich ergeben war und mit dem jungen Buchhändler in Dresden *lange Briefe*[2] wechselte, teilte seine Meinungen; auch die über Geibel. Als Knabe war er dem Dichtergreis in Travemünde begegnet, war von ihm sogar *(um meiner Eltern willen*[3]*)* freundlich angeredet worden; der Erinnerung an diese Begegnung fügte Thomas Mann die hübsche Anekdote hinzu: *Als er gestorben war, erzählte man sich, eine alte Frau auf der Straße habe gefragt: «Wer kriegt nu de Stell? Wer ward nu Dichter?» – Nun, … niemand hat «de Stell» bekommen, «de Stell» war mit ihrem Inhaber und seiner alabasternen Form dahingegangen, der Laureatus mit dem klassisch-romantischen «Saitenspiel» konnte keinen Nachfolger haben …*[4]

Damals, als der dahingegangene *Laureatus* durch sein Denkmal geehrt wurde, als Heinrich seine ersten Erzählungen niederzuschreiben begann, bereitete sich Thomas Mann auf seine Laufbahn als Schriftsteller vor. Nach den Märcheninszenierungen auf dem Puppentheater entwarf der Schüler Dramen, von denen einige Titel überliefert sind: *Aischa*, *Mich könnt ihr nicht vergiften*[5] und *Die Priester*[6], das letzte soll antiklerikal gewesen sein und war, unter dem Eindruck der Schiller-Lektüre, wohl eine Nachahmung des «Don Carlos».[7] Die Stücke dienten der Familienunterhaltung. Lediglich einige Poesien, Liebeslyrik, an einen Klassenfreund und an eine Tanzstundenpartnerin gerichtet, waren in der Schule bekanntgeworden und *schadeten* Thomas Manns Ansehen *sehr*.[8] Man erwartete von dem Erben der väterlichen Firma anderes.

Erst nach dem Tod des mit *furchtsamer Zärtlichkeit*[9] geliebten Vaters wagte der Schüler mit seinen Versuchen hervorzutreten: Es scheint, als habe Thomas Mann die testamentarische Verfügung der Firmenliquidierung von einer ängstlich erwarteten Last befreit. Er hat ausdrücklich bekannt, daß er das letzte knappe Jahr, das er nach dem Tod des Vaters in Lübeck verbrachte, *in heiterer Erinnerung*[10] behalten habe. An dem Glanz und festgefügten Ansehen des Elternhauses muß dem jungen Thomas Mann wenig gelegen haben; jedenfalls trauerte er dem Verkauf des «Stadthauses» nicht nach, beklagte auch nicht den Wechsel in *bescheidenere*[11] Verhältnisse (die Mutter bezog für einige Monate eine Gartenvilla *vor dem Tore*[12] und verließ Lübeck bald ebenso endgültig wie Heinrich, der seine Vaterstadt als Einundzwanzigjähriger, nämlich aus Anlaß der Beerdigung des Senators, zum letztenmal in seinem Leben betreten hat). Die Sommermonate des Jahres 1893 verlebte Thomas Mann als Pensionär bei einem Gymnasialprofessor. Dann folgte er der Mutter und den jüngeren Geschwistern nach München.

In Lübeck war nur noch der *Abschluß der Schulstudien* zu erreichen, ein *notdürftiger Abschluß*[13], wie Thomas Mann gestand: er «machte» nur «das Einjährige» und ging aus Obersekunda ab. *Faul, verstockt und voll liederlichen Hohns über das Ganze: so saß ich die Jahre ab, bis man mir den Berechtigungsschein zum einjährigen Militärdienst ausstellte.*[14] Das alles hört sich nach einem überhasteten Aufbruch an, der unter der strengeren Aufsicht des Vaters vielleicht nicht möglich gewesen wäre. Doch schon der ältere Bruder hatte den Schuldienst nach der Versetzung in die Unterprima quittiert, und so mochte auch Thomas Mann das Abitur von Anfang an erlassen worden sein…

Man muß sich den Sekundaner nicht allzu *verstockt*[15] oder gar gequält vorstellen. Konsul Julius Harms, ein Klassenkamerad, wußte Gustav Hillard zu berichten, daß Thomas Mann sich an den Schüleraufführungen gern beteiligt hat und daß er die empfänglichen Mitschüler durch seinen Witz und seine besondere mimische Begabung unterhalten

Geibel-Denkmal in Lübeck, 1889 aufgestellt

und zu allerlei Ulk angeregt habe. – In seinem Spott über die *Anstalt* und deren Beamte, den *Lehrkörper*, vereinigte er sich mit dem Sohn des fallierten Buchhändlers, Otto Grautoff. Mit ihm zusammen gab Thomas Mann während des letzten Lübecker Sommers, *heiteren Erinnerns*, den «Frühlingssturm» heraus, eine «Monatsschrift für Kunst, Litteratur und Philosophie». Die Einleitung zu ihr, von Thomas Mann geschrieben, hält etwas von dem Geist der Opposition gegen Schule und bourgeoise Umwelt fest, der die Jungen belebte: *Das würdige Lübeck* sei eine *gute, eine ganz vorzügliche Stadt*, aber verstaubt; und so wollten die Gymnasiasten *hineinfahren mit Worten und Gedanken in die Fülle von Gehirnverstaubtheit und Ignoranz und bornierten, aufgeblasenen Philistertums.*[17] – Solche Aufsässigkeit mußte mit einem falschen Namen gedeckt werden: Thomas Mann hat seine Beiträge in der Lübecker Monatsschrift mit seinem ersten und einzigen nom de plume: Paul Thomas, unterzeichnet.

Paul Thomas lieferte Reim- und Prosastücke. Sein Vorbild war Heinrich Heine, in dessen liedhaften Takt er eigene Gedichte fügte, dessen zwischen Hohn, Spott und Ironie schwebenden polemischen Ton er schon in den ersten kritischen Aufsätzen anzuschlagen verstand. Doch Thomas Mann hatte bereits damals von Heine mehr aufgenommen als die lyrisch-kritischen Formalien: er kannte seine Prosaschriften; und Anklänge an Heines kulturkritische Ansichten lassen sich im gesamten Werk Thomas Manns feststellen. Die Gestalt Mosis etwa, in der späten Novelle *Das Gesetz*, trägt Züge, die Heine dem Stifter der Zehn Gebote zugeschrieben hat, Thomas Manns Goethe-Bild trifft zuweilen mit dem zusammen, das Heine in seiner «Geschichte der Religion und Philosophie in Deutschland» entworfen hat. Am entscheidendsten aber hat Heines Verehrung für Martin Luther auf Thomas Manns lebenslange Auseinandersetzung mit dem Protestantismus eingewirkt; von dieser Wirkung läßt bereits Thomas Manns frühestes Bekenntnis zu Heine etwas spüren: Im zweiten Heft des «Frühlingssturms», vom Juni/Juli 1893, nahm Paul Thomas *seinen Heine*[18] gegen eine unzulängliche «Würdigung» in Schutz, die ein Dr. Conrad Scipio im Beiblatt des «Berliner Tageblattes» veröffentlicht hatte. Nach Thomas Manns Ansicht handelte es sich da um *einen mäßig stilisierten Artikel*, in dem der Verfasser *aus Leibeskräften bewies, das lockere Privatleben Heine's müsse man demselben unbedingt verzeihn, weil er doch im Grunde ein guter Protestant und ein guter Patriot – und was der Komplimente noch mehr waren – gewesen sei.*[19] Man erkennt, daß schon der junge Thomas Mann nicht gewillt war, die simplen Normen eines wilhelminisch-bürgerlichen Sittenrichters zu übernehmen; vielmehr setzte er zum Angriff gegen das *bornierte Philistertum*[20] an, das sich hier aussprach: *Es ist zu lächerlich! Glaubt denn dieses Menschlein wirklich, dem toten Harry Heine einen nachträglichen Gefallen zu erweisen, wenn er ihm solche Beschränktheiten nachsagt?! – Und was das für Beweise waren! – Weil Heine mit Begeisterung von Mar-*

Heinrich Heine

tin Luther spricht, ist er ein Protestant!… – Heinrich Heine, mein lieber Herr Doktor, bewunderte Napoleon, trotzdem er ein geborener Deutscher war, und er bewunderte Luther, trotzdem er kein Protestant war.[21]

Der Achtzehnjährige erwies eine erstaunliche intellektuelle Reife: er verstand die Haltung des Bewunderns sehr richtig als die Hinneigung zu etwas Fremdem, als einen Akt des Verstehens aus dem Abstand und damit als eine wesentliche Eigenart des Künstlers, der die *Beschränktheit* seiner Vorstellungen überwindet, indem er *bewundert.* Der romantische Begriff der *Sehnsucht*, das geistige Thema des *Tonio Kröger*, der *Königlichen Hoheit*, ja noch des *Zauberberg* und des *Doktor Faustus*, klingt hier vor und zugleich ein Leitwort des reifen Thomas Mann, dasjenige des *Interesses…*

Thomas Mann hat nie einen großen Essay über Heine geschrieben. Indessen gibt es verstreute Zeugnisse seiner Beschäftigung mit ihm: gelegentlich einer Rundfrage, in einer *Notiz über Heine* (1908), nennt er ihn den *genialsten* deutschen Prosaisten *bis Nietzsche.*[22] Noch in den *Betrachtungen* werden beide verglichen, und wenn er in Heines *Psychologie des Nazarener-Typs*[23] eine Antizipation Nietzschescher Erkenntnis sieht, so war dieser Zusammenhang auf doppelte Weise begründet: nicht nur, daß

Nietzsche in Heine einen Vorgänger anerkannt hatte – Thomas Mann selbst hat Heines Schriften viel früher als diejenigen Nietzsches kennengelernt, so mochte ihm jener wohl als der Antizipator des pessimistischen Kulturphilosophen erscheinen. Und obgleich Thomas Mann dem Philosophen an kritischen Einsichten mehr verdankte als Heine, er ist dem *unterhaltendsten Deutschen*[24] stets anhänglich geblieben. Während der Arbeit am *Zauberberg* wiederholte er sich gern die Verse aus Heines «Firdusi»: «Deines Liedes Riesenteppich – zweimal hunderttausend Verse...» Und noch während der Arbeit am *Doktor Faustus*, die seine Kritik aller deutsch-romantischen *Sehnsucht* einbegriff, notierte Thomas Mann: *Ich las viel Heine nach um diese Zeit, die Feuilletons über deutsche Philosophie und Literatur, auch über die Faust-Sage.*[25]

Henrik Ibsens Spätwerk «Baumeister Solneß» wurde von Paul Thomas im «Frühlingssturm» rezensiert: das Drama des künstlerischen Bankrotts vor dem Leben – *Solneß-Absturz*[26] wurde Thomas Mann die Chiffre für ästhetizistisches Versagen. Anders als die literarische Doktrin es wollte, begriff Thomas Mann in dem «naturalistischen» Spätwerk Ibsens die symbolistischen Züge. Er wurde auf sie durch den Theoretiker der Avantgarde hingewiesen: Hermann Bahr. Ihm hat Thomas Mann sein erstes Prosastück *Vision* (Juni/Juli 1893) gewidmet; ein Zeichen für die Beachtung, die er dem berühmten Kritiker schenkte.

Bahr hatte 1891 der Reihe seiner Schriften «Zur Kritik der Moderne» den zweiten Band «Die Überwindung des Naturalismus» hinzugefügt. Der Titel verrät das Programm: Zehn Jahre nach dem Erscheinen von Émile Zolas «Le Roman expérimental», der Theorie des naturalistischen Romans, wurde von Bahr dem Naturalismus das Ende angekündigt, «die neue Psychologie, die neue Romantik, der neue Idealismus» wurden von ihm propagiert. Bahr ließ die Anwendung des von den Naturwissenschaften und der Soziologie der Zeit begründeten Kausalitätsprinzips als Richtmaß literarischer Darstellung nicht mehr gelten; jeder Determinismus des Denkens wurde von ihm verworfen und statt seiner die psychologische Analyse vom Schriftsteller gefordert, die Zergliederung «subtiler» Besonderheiten und «nervöser» Reize.

«Nerven», «nervös», das Stichwort der «dekadenten» Epoche ist damit gefallen. Thomas Mann griff es auf. Die *Nerven* sind es, die des *feuchten Haares leiser Duft bestrickend umschmeichelt*[27] (im ersten Gedicht *Zweimaliger Abschied*); und seine erste *Prosa-Skizze* ist eine *Vision*, ausgelöst durch einen *Schauder*, der *durch alle Nerven fährt... Tolle Bewegung in allen Sinnen. Fiebrisch, nervös, wahnsinnig.*[28] Thomas Mann beobachtet «toutes les aristocraties des nerfs», gemäß dem *dernier cri de Paris*[29], wie ihn Paul Bourget in seinen Essays und Romanen vortrug. Hermann Bahr übernahm nur die literarischen Theorien des Franzosen und vermittelte sie nach Deutschland. Schon in seinen ersten Münchner Jahren las Thomas Mann Bourgets Werke selbst, und dessen Psychologie

Der Obersekundaner, 1893

des Dekadenten, des «Dilettanten» hat dann Thomas Manns Zeichnung solcher Figuren wie des Bajazzo und Christian Buddenbrooks (auch noch des Felix Krull) in den Hauptlinien bestimmt. Christian Buddenbrook wird man als Parodie auf den Typ des Dilettanten begreifen müssen. Die von Bourget und seiner Zeit sehr ernst genommenen «nervösen» Reize treten bei ihm übertriebenerweise als wahre Nervenbeschwerde, als jene komische *Qual* auf, die hervorgerufen ist durch die physiologische Wunderlichkeit, daß seine Nervenenden auf der linken Seite *alle zu kurz*[30] sind.

Bahrs Prosa habe den Stil seiner ersten Versuche *gefärbt*[31], gab Thomas Mann 1920 zu. Die Feststellung umschließt mehr: der Schüler empfing seine ersten Eindrücke von der zeitgenössischen Literatur nicht mehr zur Zeit des unangefochtenen Naturalismus; vielmehr eignete er sich von Anfang an die Argumente und literarischen Theorien seiner Gegner an. *Von dem theatergeschichtlichen Siege des Weber-Dramas* – des eigentlichen Kern- und Hauptstücks des deutschen Naturalismus – *traf nur ein schwacher Widerhall das Ohr des Achtzehnjährigen.*[32] Diese Erinnerung des alten Thomas Mann verschweigt, daß der *Widerhall* höchst kritisch, ja ablehnend gewesen sein muß: Heinrich Mann hatte der Berliner Uraufführung des Hauptmannschen Dramas beigewohnt und wird seinem Bruder in dem Sinn darüber berichtet haben, in dem er wenige Jahre später seine Persiflage der «Weber» als ein Kapitel in den Roman «Im Schlaraffenland» einfügte.

Die jungen Patriziersöhne waren, als sie Lübeck verließen – anders als viele Schriftsteller der Epoche –, in keiner Weise sozial engagiert. Thomas Manns Abscheu gegen die Schule und die bourgeois-philiströse Umwelt war rein ästhetisch-emotionaler Natur. Aber dieser Abscheu war stark genug, ihn seiner Heimat zu entfremden. Von dem damaligen Willen, sich *aus der Haft seiner engen Vaterstadt zu lösen*[33], sprach er noch im hohen Alter; er nannte Lübeck gelegentlich den *entferntesten Winkel Deutschlands*[34]; die Einleitung Paul Thomas' zum «Frühlingssturm» bezeugt seine jugendliche Revolte, und zweifellos ist der hastige Aufbruch aus der ummauerten Heimat im Herbst 1893 als ein Akt heftigen Protestes zu verstehen. – Erst 1913, als er sich gegen seine Mitwelt durch Arbeiten, die anerkannt worden waren, bewiesen hatte, hat sich Thomas Mann mit besonderer Festigkeit über das frühe Mißverhältnis zu Lübeck geäußert; er sprach nicht für sich, sondern für den Lübecker Bildhauer Fritz Behn und ließ sein Plädoyer für den «Zuhause» mißachteten Künstler in den «Lübecker Nachrichten» zur Kenntnis der Mitbürger abdrucken. Er verteidigte die *träumerische Renitenz*, die *kritische Aufsässigkeit* des Knaben gegen die Nachreden der *gehässigen Heimat*, die in ihren Künstlersöhnen *Abtrünnige, Entgleiste, Verkommende* sähe und *sie widerwärtig* fände.[35] Die Verteidigung Fritz Behns wird unversehens zu Anklage und Selbsterklärung; sie zieht den Saldo der Jugendzeit zuungunsten einer Umwelt, der sie, im Augenblick des Aufbruchs, nicht den mindesten Dank zu schulden glaubt.

Indessen verdankte Thomas Mann seiner Herkunft, Kindheit und Jugend unendlich viel: Das Ansehen seiner Familie, der Rang seines Vaters als eines Staatsmannes der Stadtrepublik haben ihn mit einer Sicherheit des Auftretens, die Geschmackskultur der Eltern, ja mehr: der musikalisch-literarische Unterricht durch die Mutter haben ihn mit einer Bildungsgrundlage versehen, die beide unantastbar blieben. Vielleicht war Thomas Mann, durch den Stand seiner Familie stärker begünstigt und gefördert als die meisten neueren deutschen Dichter, als einziger unter diesen befugt, beim ersten Besuch des Goetheschen Elternhauses zu Frankfurt am Main *die Stimmung seiner Räume und Treppen, die kindheitlich-märchenhafte Vertrautheit seiner Atmosphäre, die Erschütterung durch soziales Wiedererkennen zu erproben...*[36] Hinzu kam die nordisch-romanische Blutmischung, die als Faktor der persönlichen und geistig-künstlerischen Entfaltung sowohl für Heinrich als auch für Thomas außerordentlich bedeutsam wurde. Was aber das Milieu, den gesellschaftlichen Nährboden anlangt, so hatte die Herkunft aus der großbürgerlich-patrizischen, mit den Traditionen der Wohlanständigkeit, des Fleißes und einer gewissen protestantischen Glaubenstreue gesättigten Schicht für das Lebenswerk Thomas Manns durchaus bestimmende Folgen: unter den deutschen Schriftstellern wurde er der Darsteller und zugleich der unbestechliche Kritiker jener bürgerlichen Traditionen, die ihn erzogen hatten.

Thomas Mann ist sich dieser Tatsachen früh bewußt geworden. Schon in jenem Plädoyer für Fritz Behn schloß er versöhnlich: *Der Knabe mag die Heimat verachten, der ungeduldig und unbewegt ins Weite stürmt, ohne sich nach ihren Türmen auch nur noch einmal umzusehen. Und doch, wie sehr er sich ihr entwachsen dünken, wie sehr er ihr entwachsen möge: doch bleibt ihr übervertrautes Bild in den Hintergründen seines Bewußtseins stehen oder taucht nach Jahren tiefer Vergessenheit wunderlich wieder daraus hervor; was abgeschmackt schien, wird ehrwürdig, der Mensch nimmt unter den Taten, Wirkungen, Erfolgen seines Lebens dort draußen geheime Rücksicht auf jene Kleinwelt... Da er von ihr abhing, bot er ihr Trotz; da sie ihn entlassen mußte und vielleicht längst vergessen hat, räumt er ihr freiwillig Urteil und Stimme über sein Leben ein. Und in dem Maße, wie eigene Leistungen ihn sich selber achten lehren, lernt er die Heimat achten.*[37]

Nach *Buddenbrooks* hat Thomas Mann das *übervertraute Bild* der Heimatstadt noch einmal in dem Roman seines Alters, im *Doktor Faustus*, gezeichnet, und als er zuletzt *Die Bekenntnisse des Hochstaplers Felix Krull* wiederaufnahm, fügte er den ersten Seiten, die das vierzig Jahre zuvor begonnene *Buch der Kindheit* fortsetzten, jene für Fritz Behn geschriebene autobiographische Passage ein.

München

Erste Erzählungen, verfrühtes Politisieren

In München, Rambergstraße 2, bewohnte die Senatorin Julia Mann eine «Achtzimmer-Etage»; man konnte sie von «normaler Größe» nennen, aber das galt für «hochherrschaftliche» Verhältnisse. Hier zog Thomas im Herbst 1893 ein. Er war achtzehn Jahre alt, noch nicht «majorenn», ein Vormund bestimmte ihn für einen praktischen Beruf: *...und da ich immerhin Anstand nahm, mich sofort und offenkundig dem Müßiggang zu überlassen, so trat ich, das Wort «vorläufig» im Herzen, als Volontär in die Bureaus einer Feuerversicherungsgesellschaft ein.*[1] Die *sonderbare Episode*[2], von Thomas Mann kurzerhand so genannt, währte ein Jahr. *Unter schnupfenden Beamten kopierte ich Borderaus*[3], das heißt detaillierte Listen der von der Gesellschaft gegen Feuer versicherten Gegenstände. Die Schreibarbeit wurde am üblichen Schrägpult verrichtet. Weiter ist über diese *Episode* nichts zu sagen.

Daß Thomas Mann unter dem Pult, auf dem die Policenformulare lagen, heimlich seine erste Erzählung geschrieben haben soll, klingt anekdotisch. Seine Biographen erwähnen es daher auch alle. Indessen wird Thomas Mann nach den Bürostunden Muße genug gehabt haben, die Novelle *Gefallen* zu Hause auszuarbeiten. Sie ist das einzige erhaltene Zeugnis seiner schriftstellerischen Bemühungen während der Volontärzeit. Ein Jahr nach Thomas Manns Ankunft in München, im Oktober 1894, erschien sie in einer der bekanntesten literarisch-politischen Zeitschriften: «Die Gesellschaft» (die schon vor Jahresfrist das Gedicht des Schülers Paul Thomas *Zweimaliger Abschied* unter dem wahren Namen abgedruckt hatte), und brachte dem jungen Autor «Gruß und Hochachtung» Richard Dehmels ein. Sein Brief bedeutete die Anerkennung des Talents von berufenster Seite. Zwar, Dehmels Zivilberuf ähnelte demjenigen Thomas Manns, er war damals Sekretär des Verbandes Deutscher Feuerversicherungsgesellschaften; jedoch sein Ruf als Lyriker begann sich, nach dem soeben erschienenen zweiten Gedichtband «Aber die Liebe», auszubreiten. Sein Lob, seine Aufforderung zu weiteren Arbeiten ermutigten Thomas Mann, die Volontärstelle aufzugeben. Unter dem Beistand seiner Mutter und eines Rechtsanwalts wurde der Feuerversicherungsgesellschaft gekündigt.

Was für ein Erstlingswerk war das, das Thomas Mann die Freiheit von jeder Berufsverpflichtung eintrug? Er selbst hat die Novelle *Gefallen* in keine der späteren Buchausgaben seiner Werke übernommen, sie vielmehr *ein schreiend unreifes, aber vielleicht nicht unmelodiöses Produkt*[4] genannt. Es war eine Erzählung à la Paul Bourget; der Einfluß des französischen Romanciers, Essayisten und moralisierenden Kulturkritikers auf den jungen Thomas Mann kann nicht hoch genug eingeschätzt wer-

Paul Bourget

den. Hermann Bahr hatte ihn in seinem Roman «Die gute Schule» (1890) nicht nur nachgeahmt, sondern in seiner «Kritik der Moderne» auch auf ihn hingewiesen und «die Verbourgetisierung der Zolaisten» als den eigentlichen Punkt der «Krisis des Naturalismus» bezeichnet. Damit war mehr gemeint als nur die «Überwindung» der «objektiven» Schilderungstechnik zugunsten psychologischer Analysen. Bourget selbst stellte dem naturalistischen Sittenroman, in dem das Verhalten des einzelnen durch Herkunft und Milieu bestimmt erschien, den Charakterroman gegenüber, der «les mille tragédies taciturnes et secrètes du cœur» darstellen, von «sentiments inexprimés», von «situations d'exception» und von «caractères singuliers» erzählen solle. Thomas Mann tat das in seiner frühen Novelle, einer Rahmenerzählung über *all die exaltierten états d'âme*[5] – wie der Erzähler ganz im Sinn der Bourgetschen Theorien anmerkt –, die eine erste Liebe mit sich bringt.

Die Geschichte ist, nebenher, sehr moralisch. Die Frauenemanzipation als neueste Bewegung der Zeit wird diskutiert, und es wird ein Exemplum gegen sie statuiert: *Gefallen* bedeutet nämlich: *Wenn eine Frau heute aus Liebe fällt, so fällt sie morgen um Geld.*[6] Der Betrogene hierbei ist der Liebhaber, ein noch unberührter Junge, der, ernüchtert durch dies Erlebnis, zu einem verbitterten *Ironiker* geworden ist, *Welterfahrung und -verachtung in jeder seiner wegwerfenden Gesten.*[7] Er ist die Hauptfigur und trägt deutlich die Züge eines psychologischen Typs, den Bourget entworfen hat: des «Dilettanten».

«Dilettantismus» – zu Zeiten Ernest Renans, Paul Bourgets und Friedrich Nietzsches ein Modewort geistiger Verständigung wie zu Zeiten Heideggers, Sartres und John Clellon Holmes' «Existentialismus» – bezeichnet eine Haltung beobachtender Unentschiedenheit, einer stets kritisch-wachen Selbstkontrolle, die jeden Willensimpuls zu hemmen vermag. Von dem jungen Dr. med. Selten in *Gefallen* etwa heißt es: nach der ersten Liebesnacht *hielt er Einkehr und veranstaltete eine gewissenhafte Prüfung seines Inneren.*[8] Seine Empfindungen aber kann er jederzeit versifizieren. – Was in der frühesten Novelle nur angedeutet ist, wird in zwei folgenden dieser ersten Münchner Jahre, *Enttäuschung* und *Der Bajazzo*, zum Hauptthema: die Suche des «Dilettanten» nach dem Erlebnis, das einmal ihn ganz, seine Sinne und seine Gefühle, beanspruchen würde. Er findet es nicht; und glaubt er, es gefunden zu haben, so umgaukelt ihn nur Illusion.

Bourget hat den Begriff des «Dilettantismus» sehr genau definiert: «C'est beaucoup moins une doctrine qu'une disposition de l'esprit, très intelligente à la fois et très voluptueuse, qui nous incline tour à tour vers les formes diverses de la vie et nous conduit à nous prêter à toutes ces formes, sans nous donner à aucune.» Das ist die «disposition», aus der heraus jener wunderliche Herr auf der Piazza San Marco in Venedig von seiner *großen und allgemeinen Enttäuschung* erzählt: *Ich erwartete von den Menschen das göttliche Gute und das haarsträubend Teuflische; ich erwartete vom Leben das entzückend Schöne und das Gräßliche, und eine Begierde nach alledem erfüllte mich, eine tiefe, angstvolle Sehnsucht nach der weiten Wirklichkeit, nach dem Erlebnis, gleichviel welcher Art…*[9] *Ich bin umhergeschweift, um die gepriesensten Gegenden der Erde zu besuchen, um vor die Kunstwerke hinzutreten, um die die Menschheit mit den größten Wörtern tanzt; ich habe davor gestanden und mir gesagt: Es ist schön. Und doch: Schöner ist es nicht? Das ist das Ganze?*[10] Die Wurzel solcher *Enttäuschung* liegt, nach Bourget, in einem besonderen moralischen Wankelmut, dem die Begriffe «gut» und «böse» nichts mehr sind. «Le bien et le mal, la beauté et la laideur, les vices et les vertus» erscheinen dem Dilettanten als «des objets de simple curiosité». Thomas Mann muß Bourgets «Essais de psychologie contemporaine» mit großer Aufmerksamkeit studiert haben; er übernimmt geradezu den amoralischen Grundsatz des Dilettanten, indem er den *Enttäuschten* erkennen läßt, daß *diese großen Wörter für Gut und Böse, Schön und Häßlich, die ich so bitterlich hasse*, allein an seinem *Leiden die Schuld tragen.*[11]

Im *Bajazzo* werden diese Gedanken fortgeführt und auf einen besonderen Typ des «Dilettanten» angewandt: den Künstler, der durch Nachempfinden und Selbstaufgabe zu allem taugt und zu nichts. Er kann musizieren, dichten, zeichnen – aber: *Das alles ist Clownerie und Blague, ist eine Art von Bajazzobegabung*[12], wie der bürgerliche Vater urteilt. Die Angst, sich festzulegen, peinigt den Bajazzo, er ist nur darauf erpicht, neue Gefühle zu erproben: *Meine Eindrucksfähigkeit war groß. Jede dichterische Persönlichkeit verstand ich mit dem Gefühl, glaubte in ihr mich selbst zu erkennen und dachte und empfand so lange in dem Stile eines Buches, bis ein neues seinen Einfluß auf mich ausgeübt hatte.*[13] Eines dieser Bücher ist von Thomas Mann in der Erzählung genau charakterisiert worden: *Vor ein paar Stunden noch habe ich mich der Wirkung eines großen Kunstwerkes hingegeben, einer dieser ungeheuren und grausamen Schöpfungen, welche mit dem verderbten Pomp eines ruchlos genialen Dilettantismus rütteln, betäuben, peinigen, beseligen, niederschmettern… Meine Nerven beben noch, meine Phantasie ist aufgewühlt, seltene Stimmungen wogen in mir auf und nieder, Stimmungen von Sehnsucht, religiöser Inbrunst, Triumph, mystischem Frieden, – und ein Bedürfnis ist dabei, das sie stets aufs neue emportreibt, das sie heraustreiben möchte: das Bedürfnis, sie zu äußern, sie mitzuteilen, sie zu zeigen, «etwas daraus zu machen»…*[14]

Bisher nicht beachtete kritische Arbeiten Thomas Manns aus dem gleichen Jahr der Niederschrift des *Bajazzo,* 1895–96, zeigen, daß er die Veröffentlichungen Bourgets mit solchem Interesse verfolgte, daß ihm dessen letzter Roman «Cosmopolis», Paris 1892 (deutsche Übersetzung 1894), schon bald nach seinem Erscheinen bekannt war. Jene Passage in der Novelle hält den Eindruck fest, den Thomas Mann bei der Lektüre des Werks gewann. In ihm trat eine Figur hervor: Dorsenne, ein Literat, Prototyp des gewissenlosen Dilettanten, des «épicurien intellectuel», über dessen Amoralismus Bourget ähnliche Worte fand wie in seinen früheren «Essais»: «Le bien et le mal, la douleur et la joie, tout est matière pour vous à ce jeu de votre esprit.» Der Satz ist ein Quellpunkt zu Thomas Manns Thema vom Problem des Künstlers und seiner Distanz zur Welt. Und es scheint geraten, einmal zu betonen, daß ihm dieses Problem vor seiner Bekanntschaft mit Nietzsches Schriften geläufig geworden war: Bourget ist es, der in allen seinen Werken, sowohl den abhandelnden wie den darstellenden, dem Künstler ein hohes Maß an Intellektualität zuerkennt und nicht müde wird, dessen «volupté d'intelligence», dessen Sucht nach dem «spasme cérébral» und dessen «disposition de l'esprit très intelligente» zu betonen. Nietzsche seinerseits hielt von der Intelligenz der Künstler nicht das meiste; er, als Philosoph, sprach ihrem Erkenntnisvermögen keinen Rang zu, und den Sonderfall des Künstlers, den Schauspieler, nannte er mit boshaftem Nachdruck einen «idealen Affen»! – In Thomas Manns Werk hat man aber von jeher die ausgepichte Intellektualität seiner Künstlerfiguren bewundert, jener Reihe von Gestalten, die mit Tonio Kröger zu beginnen schien, über Gustav von Aschenbach zu der vereisten Isolation Adrian Leverkühns hinaufgeführt und mit Felix Krull ins Spiel mit der Travestie des Künstlerproblems hinabgeleitet wurde. Der Bajazzo ist der erste in dieser Reihe, und er ist ein Nachbild des Dilettanten Dorsenne, «cet homme si curieux de sentir sentir». Wie diesem sind ihm seine *seltenen Stimmungen und Sehnsüchte* nur ein Mittel, *etwas daraus zu machen.*[15] Ja das «tout est matière pour vous» wird in der *Bajazzo*-Novelle abermals aufgegriffen, wenn der Held sich von einer Liebessehnsucht zu befreien sucht: *Meine erste Regung, mein erster Instinkt war der schlaue Versuch, das Belletristische aus der Sache zu ziehen und mein erbärmliches Übelbefinden in «unglückliche Liebe» umzudeuten.*[16]

Thomas Mann stand von Anfang an nicht auf der Seite des «Dilettanten». Seine *Clownerie und Blague* degoutierten ihn fast so wie den kaufmännischen Vater des Bajazzo. Denn wenn er auch die psychologische Charakteristik dieses Typs von Bourget übernahm, so übernahm er zugleich dessen moralische Entrüstung über den «décadent». Die «décadence» wurde von Bourget nicht als ein ungefähres und unbestimmbares Produkt des «fin de siècle» angesehen, sondern als eine faßliche Erscheinung des französischen gesellschaftlichen Lebens, deren Ursachen er zu nennen wußte: es waren die nationale Niederlage Frankreichs von 1871 und der philosophische Determinismus der Epoche, die das allgemeine laszive «laissez faire, laissez aller» zu Zeiten der Dritten Französischen Republik begünstigten. Bourget war Monarchist und trauerte dem Fall Napoleons III. nach. Das «Ancien Régime», der Ständestaat, vor allem «la brave classe moyenne», die Bourgeoisie, und die katholische Kirche waren seine erklärten Ideale. Er hatte als Soziologe sogar eine «Familientheorie» entwickelt, und eigentlich diente ihm der «Dilettant» nur dazu, zu zeigen, daß der schweifende Genießer verdammt und alles Heil im festgefügten Verband der Familie oder im Schoß der Kirche zu finden sei. Etwas von dieser konservativen Moral ist in den *Bajazzo* eingegangen, wenn er von sich selbst mehrfach sagt, daß er *keinem bestimmten Gesellschaftskreis angehörte*[17], daß er sich *dem Dienst der «Gesellschaft» entzog* und sich sein *Leben ohne die «Leute» einrichtete…*[18] Von Gott und religiösen Dingen ist im *Bajazzo* nicht die Rede. Doch in dem Erstling *Gefallen* wendet sich der Held, wie der Lehrmeister Bourget es wünschte, recht unmittelbar nach oben: *Da sah er empor zu Gott und küßte ihre schlummernden Augen*[19], und noch einmal, versifiziert: *Dann falte deine Hände fromm und schau zu Gott empor.*[20] Das klingt recht matt und formelhaft und mag, da derartiges sich im weiteren Schaffen nicht wiederholt hat, zum Ausschluß der Erzählung aus den Gesammelten Werken beigetragen haben.

Gewiß aber sind die acht Rezensionen und kleineren Aufsätze des letzten Münchner Jahrs vor dem Italienaufenthalt wegen *schreiender Unreife* absichtsvoll von Thomas Mann in sämtlichen autobiographischen Äußerungen nicht erwähnt worden: Beiträge zu einer Zeitschrift, deren Herausgeber Heinrich Mann damals war. Das Blatt war von dem deutschtümelnden «Volks»-Künstler Fritz Lienhard begründet worden; er hatte ihm den pompösen Titel «Das Zwanzigste Jahrhundert» gegeben – und wußte wohl nicht, mit welchem Recht: die Zeitschrift vertrat eine handfeste Blut-und-Boden-Politik, deutsch-national, ja chauvinistisch bis zum Äußersten, anti-semitisch wo irgend möglich – Vorstellungen, die im folgenden Jahrhundert auf das schlimmste verwirklicht worden sind. Als es soweit gekommen war, befand sich Thomas Mann längst auf der Gegenseite. Als Zwanzig- und Einundzwanzigjähriger jedoch nahm er, der Zögling Bourgets, vorübergehend Lienhards Partei. Dessen Programm spricht aus jeder Zeile, die Thomas Mann für das «Zwanzigste Jahrhundert» schrieb. Er rezensiert etwa einen Gedichtband voller minnesängerischer Nachahmungen, wie die Gründerzeit sie liebte: «Ein deutscher Sang am Gardasee» von Karl Habermann; es geschieht im Stil der «Gartenlaube»: *Ein deutscher Sang, der unter fremdem Volke gesungen ward – und doch auf deutschem Boden… Zwischen feierlichen Cypressen und süß duftenden Rosen lauscht das holde Mädchenhaupt hervor, dem diese Lieder gesungen wurden… Allen Freunden deutscher Poesie sei das geschmackvoll ausgestattete Büchlein warm empfohlen.*[21] Nun lag der Gardasee keineswegs auf *deutschem Boden* – indessen ist dies 1895 geschrieben, als die Alldeutsche Partei sehr mächtig war, und ihr Pangermanismus konnte eben auch die Rezension eines Lyrikbändchens bestimmen. – Oder Thomas Mann wendet seine Aufmerksamkeit Tiroler Volkssagen zu, gesammelt von Adolf Ferdinand Dörler, und *dem Erzherzog Ferdinand Karl gewidmet*[22], wie der Rezensent beifällig vermerkt; er hat seine Freude daran, in ihnen die heidnisch-germanischen Reste ausfindig zu machen: *In dem kopflosen Schimmelreiter, der da und dort sein Wesen treibt, dürfen wir das Gespenst unseres höchsten Gottes, des Wodan erkennen.*[23] Das hört sich an wie eine Kopie jungkaiserlicher Reden – und es mag eine sein. Denn Thomas Mann, der mit Geibel in Lübeck nichts anzufangen wußte, findet plötzlich Gefallen an den Gedichten eines Maurice Reinhold von Stern und teilt die *frohe Zuversicht*[24] solcher Lyrika wie dieser: «Drum vorwärts mit verhängtem Zügel, Die Wahrheitslanze eingelegt, Du Jugendglaube, bist der Flügel, Der uns zur Sonnennähe trägt.» Das ist im Geschmack der herrschenden Kreise der wilhelminischen Ära geschrieben und nur einen Schritt von dem Schlagwort der deutschen imperialistischen Periode entfernt: «Und es mag am deutschen Wesen Einmal noch die Welt genesen.» Der Dichter dieses «Heroldsrufes» war Geibel gewesen.

Aber dies alles sind Plänkeleien. Es ist auch als Plänkelei zu rechnen, wenn Thomas Mann im «Zwanzigsten Jahrhundert» Alfred Kerr, *einen begabten Kritiker*[25], mit Schärfe zurechtwies. Noch ging es nicht um Selbstverteidigung (wie in der *Pariser Rechenschaft*, in der Thomas Mann anmerkt: *Daß Herr Kerr mich blöde findet, geht nicht ganz mit rechten Dingen zu...*), Thomas Mann gab hier sein Votum über das Verhalten Kerrs gegenüber einem Dritten ab: *Herr Kerr... hatte das letzte Werk eines Schwankdichters namens Richard Skowronek in einem Tone besprochen, durch den sich derselbe persönlich beleidigt fühlte. Er forderte den Kritiker zum Duell. Der Kritiker aber vertraute die Sache nicht einem Ehrengerichte an, sondern überließ die Entscheidung einfach der öffentlichen Meinung. Darüber ist nichts zu bemerken, denn die Verweigerung eines Zweikampfes spricht für nichts als für die Prinzipientreue des Herrn Kerr...*[26] Über ein Jahrzehnt später lehnte Thomas Mann selbst es ab, sich zu duellieren. Kerr ist er auch bei gewandelter Meinung über diesen Punkt zeit seines Lebens nicht nähergekommen. – Beachtlicher an diesem Kurzessay über *Kritik und Schaffen* vom Oktober 1896 bleibt es, daß Thomas Mann in ihm zum erstenmal Nietzsche zitiert und die Charakteristik des Kritikers, zu der ihn Kerrs Benehmen veranlaßt hatte, sogleich mit dem Nietzscheschen Bild des Schauspielers und der Bourgetschen Typologie des Dilettanten umkleidet: *Die Sainte-Beuve, Lemaitre und Brandes sind neugierige, feingeistige Menschen, immer auf der Suche nach einer künstlerischen Persönlichkeit, in der sie verschwinden, in der sie aufgehen, in die sie sich verwandeln... Und hat der Kritiker, dieser Verwandlungskünstler, dieser vollendetste Typ des «Dilettanten», die Welt eine Zeit lang mit den Augen dieser Persönlichkeit gesehen, diese Persönlichkeit vollkommen ausgeschöpft, ausgelebt, «ihre Psychologie geliefert», wie man obenhin zu sagen pflegt, so schweift er weiter, begierig in einen neuen Horizont zu treten, einem neuen Gedankengange zu folgen, neue Gefühle zu fühlen, ein neues Leben zu leben, die Welt von einer neuen Seite zu sehen.*[27] Wie sehr Thomas Mann sich hier von Bourgets und Nietzsches psychologischer Typenlehre leiten läßt, wird evident, wenn man erwägt, daß gerade Kritiker vom Rang Sainte-Beuves und Brandes' unwandelbare Maßstäbe an die Objekte ihrer Betrachtung legten, der eine solche, die er der normativen Ästhetik der Klassik verdankte, der andere politisch-soziologische, die er in der Schule Hegels und der «Hegelschen Linken», vorzüglich Feuerbachs, erworben hatte. Beide kritisierten nicht «dilettantisch» und waren in ihren Urteilen nicht schwankend, wie etwa Hermann Bahr, der sich stets als Lobredner «der Moderne», gleichgültig welches ihre Ziele waren, gefiel.

Übrigens wurde Georg Brandes von Thomas Mann nebenher mit einem Seitenhieb bedacht, wenn er ihn, *als private Persönlichkeit betrachtet,* einen *ganz uninteressanten freisinnigen Juden*[28] nannte. Lienhards Deutschtümelei, der Thomas Mann sich als Rezensent für dessen Blatt unterworfen hatte, erlaubte nicht den feinsten Takt, sie forderte – wie jede Doktrin – von ihrem Anhänger robuste Einseitigkeit. Thomas Manns Meinung über die Juden angehend, so gab auch die 1896 gleichzeitig im «Simplicissimus» erscheinende Novelette *Der Wille zum Glück* das grobe Bild einer Baronin von Stein als einer *häßlichen kleinen Jüdin in einem geschmacklosen grauen Kleid. An ihren Ohren funkelten große Brillanten.*[29] Es waren immer *die großen Brillanten an den Ohren*, die die Brüder Mann in ihren Jugendwerken erwähnten, wenn sie Jüdinnen auftreten ließen: ob in Heinrich Manns «Schlaraffenland» oder noch in *Buddenbrooks*, in denen es Konsul Hagenström, neben seinem Neureichtum, als besonderer Makel angerechnet wird, daß er eine Semlinger aus Frankfurt am Main, mit Vornamen Laura oder gar Sarah, geehelicht hat...

Der Antisemitismus war en vogue, und er ging Hand in Hand mit nicht minder gefährlichen Ansichten. Man wüßte nicht, daß Thomas Mann auch sie übernommen hat, hätte sich nicht seine Rezension des damals beliebten Reisebuchs eines Deutschen, Karl Weiß, «Von Gibraltar bis Moskau», im Juniheft 1896 des «Zwanzigsten Jahrhunderts», erhalten. In ihr war, sehr früh, einer jener Fälle eingetreten, von denen Thomas Mann zehn Jahre später sagte: *...daß ich bei der Schriftstellerei das peinvolle Gefühl nicht los werde, mich ganz unnütz zu kompromittieren, und daß ich also viel klüger täte, bei meiner «Musik» zu bleiben.*[30] Die *Musik*, das war für ihn die dichterische Arbeit; die *Schriftstellerei* war Kritik, Urteil, Bekenntnis. Wirklich lassen die Novellen des ersten Jahrzehnts nichts erkennen von der profilierten Politik, die Thomas Mann damals zusagte; allein seine *Schriftstellerei* stellt ihn bloß: *Nationales Empfinden* – heißt es klipp und klar in der Rezension vom Juni 1896 – *ist heute überall aufs neue ein litterarischer Geschmack geworden, und was in Paris viel mehr nicht als ein neuer Décadencescherz... zu sein braucht, das hat in Deutsch-*

land tiefere Wurzeln, denn die Deutschen sind, als das jüngste und gesündeste Kulturvolk Europas, wie keine andere Nation berufen, die Träger von Vaterlandsliebe, Religion und Familiensinn zu sein und zu bleiben.[31]

Erregt die Äußerung Staunen? Erst im Oktober 1896 begann Thomas Mann Nietzsche zu lesen, den «guten Europäer», den Anti-Nationalisten und spezifisch Anti-Deutschen, der durchaus für einen polnischen Edelmann gehalten sein wollte und seinen Stolz darein setzte, daß seine Schriften französisch-rationalistisch gedacht seien. Der Chauvinismus, den Thomas Mann davor vertrat, war von der Bourgetschen Observanz; er mußte nur dessen nationalistischen Konservativismus mit deutschen Vorzeichen versehen und befand sich im Einklang mit dem besonderen germanistischen Erwähltheitsglauben, der Deutschland in der wilhelminischen Ära beherrschte. Der Einklang trübte sich bald. Als Thomas Mann, auf einer höheren Stufe des Bewußtseins, 1914 das «deutsche Wesen» zum Gegenstand ausführlicher Bedenken und *Betrachtungen* wurde, wurde daraus eine apologetische Mühsal, während deren er sich von den Resten früh aufgenommener konservativer Lehrmeinungen befreite...

Noch vor seiner Kenntnis der Schriften Nietzsches, in jener Rezension vom Juni 1896, hat Thomas Mann ein letztes Urteil über den «Dilettanten» ausgesprochen, das erkennen läßt, wie sehr er das Problem des Künstlers als ein soziologisches Problem erfaßt hat: *Dorsenne, der sensationslüsterne «Dilettant» in Bourgets «Cosmopolis», muß aus dem Munde des Marquis Montfanon über den Kosmopolitismus harte Worte vernehmen. Der alte Katholik und Legitimist, der dem Typ des skeptischen ästhetisierenden Genußmenschen prachtvoll gegenübersteht, sagt es in seiner eifernden Weise heraus, daß diese Entwurzelten, die er haßt, fast immer letzte Ausläufer ihrer Rasse sind, die ererbte Kräfte, geistige und materielle, verzehren, ohne sie zu vermehren, entartete Spätlinge, deren Väter einst wahre Arbeit verrichteten und sie ihren Söhnen überlieferten, damit diese an derselben Stelle ihre eigene Leistung hinzufügten. Auf diese Arbeit ist die Familie gegründet, die Familien machen das Volk und die Völker die Rasse, – die Kosmopoliten aber, losgelöst von allen ihren Traditionen, untüchtig, unfruchtbar, können und wollen nichts als genießen.*[32] Die Äußerung berechtigt zum Widerspruch gegen Georg Lukács – den bedeutendsten Interpreten des Thomas Mannschen Werks –: Der ungarische Literarhistoriker und Kulturphilosoph ermaß und untersuchte Thomas Manns Verhältnis zum Bürgertum in der Weise, daß er einerseits in den Dichtungen die persönliche Problematik des Bürgersohns und Sohns seiner Epoche aufzeigte, andererseits, sofern er sich nach literarischen Vorbildern für das Jugendwerk umsah, Leo Tolstojs Antinomik von Lebensgenuß und Asketik als richtungweisend für Thomas Manns Jugendarbeiten nannte. Thomas Mann hat Tolstoj erst während der Niederschrift von *Buddenbrooks* gelesen. Der Gegensatz zwischen den achtbaren Traditionen des Bürgertums und der Lebenshaltung des *ästhetisierenden Ge-*

nußmenschen und damit der gesamte Komplex der Problematik künstlerischer Existenz innerhalb der Gesellschaft ist ihm durch Paul Bourget nahegebracht worden. Der Zweifel an diesen *Entwurzelten*, diesen *verirrten Bürgern*[33] – auf welche Formel Thomas Mann das Problem dann in *Tonio Kröger* gebracht hat –, entzündete sich am Vergleich des Künstlers mit dem fest gegründeten Bürgertum, das *wahre Arbeit verrichtet*. Nietzsche – den man gemeinhin als Urheber der Antinomie von Künstler und Gesellschaft in Thomas Manns Schaffen nennt – hat gerade diesen Vergleich nie angestellt. Ihm war das Bürgertum seiner Epoche, die gesättigte Bourgeoisie der Gründerjahre, die mit dem «Besitz» auch die «Bildung» erworben zu haben glaubte, das Allerverächtlichste. Er maß den Künstler an ihr nicht. Der Künstler galt ihm als ein psychologisches Problem per se. Bourget betrachtete ihn in erster Linie als ein soziologisches Problem – Thomas Mann ist ihm darin gefolgt.

Die rezensierend-kritische Tätigkeit Thomas Manns während der Jahre 1895–96 ergab sich aus dem Entschluß, nach der fehlgeschlagenen Karriere als Versicherungsbeamter *Journalist werden zu wollen*[34]. Er hörte *an den Münchener Hochschulen in buntem und unersprießlichem Durcheinander historische, volkswirtschaftliche und schönwissenschaftliche Vorlesungen*[35]. Ein Kolleg des alten Wilhelm Hertz über höfische Epik *fesselte* den Studenten, der sich im übrigen einer *theatralisch und dichterisch bestrebten Kaffeehauskumpanei*[36] anschloß, wie es die Schwabinger Atmosphäre gebot. Hier traf er den Oberst Heinrich von Reder, Lyriker der älteren Münchner Künstlergeneration wie Wilhelm Hertz; er lernte Oskar Panizza kennen, der, wegen seiner sogenannten Himmelstragödie «Das Liebeskonzil» vom Königlichen Landgericht München I auf Gotteslästerung erkannt, zu einem Jahr Gefängnis verurteilt worden war (ein Vorgang, dem der Rezensent Thomas Mann im «Zwanzigsten Jahrhundert» Beifall zollte, weil ihm *Gotteslästerungen* als *Geschmacklosigkeiten*[37] galten, die zu verdammen seien); der Student machte in diesem Kreis die Bekanntschaft Otto Erich Hartlebens, den Albert Langen als Herausgeber des «Simplicissimus» gewonnen hatte; und er begegnete Ernst von Wolzogen, unter dessen Leitung der «Akademisch-dramatische Verein» Ibsens «Wildente» als deutsche Uraufführung herausbrachte – Thomas Mann spielte die Rolle des Großhändlers Werle.

Kleinigkeiten dieser Art, die den Alltag des jungen *Journalisten* füllten, hat sein Gedächtnis bewahrt und in Erinnerungen festgehalten. Über sein kritisches Bestreben im zweiten Münchner Jahr haben weder Thomas Mann noch sein Bruder Heinrich jemals das mindeste Wort geäußert; sie haben sogar ihre Biographen zu täuschen gesucht und ihren gemeinsamen Aufenthalt in Italien entweder nie genau datiert oder – wie Thomas Mann in einem Interview 1953 in Rom – ausdrücklich in das Jahr 1895–96 verlegt, um die peinliche Mitarbeit an Lienhards Zeitschrift für «deutsche Art und Wohlfahrt» ungeschehen zu machen.

Auch Paul Bourget, dessen «Psychologie contemporaine» sie soviel fortwirkende Anregung entnahmen, haben beide späterhin nicht erwähnt. 1904 befragt, was er dem «französischen Einfluß» verdanke, wollte Thomas Mann von ihm nicht allzuviel wissen. Zwar nannte er *immerhin ein paar französische Namen, zum Beispiel Flaubert und die Goncourts*[38], jedoch er verschwieg Bourget. Der moralisierende Kulturkritiker und produktive Romancier war damals, als Mitglied und Förderer der Action Française, wohl nicht mehr recht *zitatfähig*; heute ist er selbst in «Fachkreisen» unbekannt. Indessen haben seine Schriften Thomas Mann nicht nur den ersten Begriff von den Gefahren und Pflichten des Künstlers gegeben und damit dem jungen Schriftsteller die Leiden, Grenzen und die Größe seines Berufs erklärt – Bourgets psychologische Erkenntnisse wurden auch von Nietzsche aufgegriffen und erweitert; sie haben über diesen auf Thomas Mann erneut und dauernd Einfluß gewonnen.

Rom – Palestrina

Im August/September 1896 war im 1. Jahrgang des «Simplicissimus» eine Novelle Thomas Manns, *Der Wille zum Glück*, erschienen. Jakob Wassermann, neben Sven Lange und Frank Wedekind einer der Lektoren des Verlags Albert Langen, München, hatte dem jungen Autor das Honorar *in Form von drei goldenen Zehnmarkstücken*[1] übergeben. – Von Oscar Bie, seit 1895 Redakteur der fünf Jahre zuvor gegründeten «Freien Bühne» des S. Fischer Verlags, Berlin, hatte Thomas Mann die Zusage, daß eine weitere Novelle von ihm, *Der kleine Herr Friedemann*, angenommen sei und alsbald abgedruckt werden würde. Das waren Erfolge, die es Thomas Mann erleichterten, der Zukunft gegenüber eine *abwartende*[2] Haltung einzunehmen. Überdies bezogen er und sein Bruder Heinrich aus dem väterlichen Vermögen eine Rente von monatlich je 160 bis 180 Goldmark: *... und dieser Wechsel bedeutete uns viel: die soziale Freiheit, die Möglichkeit, «abzuwarten». Bei bescheidenen Ansprüchen konnten wir tun, was wir wollten.*[3] Mit dem Feuerversicherungsgeschäft war es nichts geworden; die Journalistik, die ihre Schattenseiten hat, brauchte nicht unbedingt ausgeübt zu werden. Thomas Mann gab die Berufswahl auf, um auf seinen Beruf zu warten.

Mein vier Jahre älterer Bruder Heinrich lebte damals, abwartend wie ich, in Rom und schlug mir vor, zu ihm zu stoßen. Ich reiste ...[4] Die Fahrt begann im Oktober 1896 und führte über Venedig per Schiff nach Ancona, von dort über Rom zunächst nach Neapel. Jedoch bald wurde aus der italienischen Reise ein Aufenthalt: die Brüder mieteten sich in Rom, in der Nähe des Pantheon *bei einer guten Frau*[5] ein, *die in der Via Torre Argen-*

Friedrich Nietzsche

tina eine Wohnung mit steinernen Fußböden und Strohstühlen innehatte. Wir waren Abonnenten eines kleinen Restaurants, namens «Genzano», das ich später nicht wiederfand und wo es guten Wein und vorzügliche «Croquette di Pollo» gab. Abends spielten wir Domino in einem Café und tranken Punsch dazu.[6] So spricht man über die heiteren Seiten, die das *Abwarten* nebenher bietet. Doch auch des Grundgefühls jener Zeit, der *Lebensstimmung*[7], erinnert sich Thomas Mann; sie war *durchaus pessimistisch-moralistisch und antihedonistisch*[8] und *setzte sich aus Indolenz, schlechtem bürgerlichen Gewissen und dem sicheren Gefühl latenter Fähigkeiten zusammen.*[9]

Das *schlechte bürgerliche Gewissen*! Bourget hatte es geweckt, und die eifrige Lektüre während dieser Wartezeit verstärkte es eher: Thomas Mann *verschlang*[10], worauf Bourget ihn in seinen «Essais» hingewiesen hatte: Flaubert, MM de Goncourt und Turgenev; ferner *skandinavische Familienromane*[11] von Alexander Kielland und Jonas Lie. Und vor allem

Friedrich Nietzsche, auf den Georg Brandes mit seiner vielbeachteten «Abhandlung über aristokratischen Radicalismus» aufmerksam gemacht hatte. Mitten hinein in diese literarische Vagabondage fiel ein Brief Samuel Fischers, in dessen «Freier Bühne» der *Kleine Herr Friedemann* soeben erschienen war und dem Thomas Mann weitere fünf Novellen mit dem Vorschlag zugesandt hatte, ein Sammelbändchen der zum Teil bereits gedruckten, zum Teil unveröffentlichten Arbeiten herauszubringen. Dem berühmten Verleger hatten «die Sachen sehr gut gefallen», er kaufte sie für «150 Mark» für seine «Collection Fischer» an und machte dem jungen Autor gleichzeitig einen Vorschlag: «Ich würde mich freuen, wenn Sie mir Gelegenheit geben würden, ein größeres Prosawerk von Ihnen zu veröffentlichen, vielleicht einen Roman, wenn er auch nicht so lang ist.» Es war die Anregung, das zweibändige Werk der *Buddenbrooks* zu beginnen.

Von den früheren Novellen bildeten bereits einige ein Vorspiel im engeren Sinn zu dem großen Roman: im *Kleinen Herrn Friedemann*, im *Bajazzo* und in *Tobias Mindernickel* waren zuerst Lübeck und seine Bürger zum Gegenstand des Erzählers geworden, ja der Prozeß produktiver Erinnerung war Hand in Hand gegangen mit einer gewissen Stilisierung. Wie der kleine Herr Friedemann ist auch der Bajazzo in einem *großen, altersgrauen Patrizierhause*[12] aufgewachsen, das dem der Buddenbrooks, und also dem großelterlichen Haus, dem Besitztum des Konsuls Johann Siegmund Mann jun., gleicht. Vom Elternhaus Thomas Manns ist nicht die Rede; die in den Novellen reich ausgebreiteten eigenen Kindheitseindrücke, das Puppentheater, das Geigenspiel, das Träumen hinter den Fensterscheiben, sind vom Autor in die würdigere Kulisse des alten «Stadthauses» projiziert worden. Jene Verwandlung der *übervertrauten, abgeschmackten, philiströsen* Umwelt ins *Ehrwürdige*[13] hatte eingesetzt, noch ehe *Buddenbrooks* begonnen waren. Das Bürgertum, «la brave classe moyenne», wurde, der «Familientheorie» Bourgets gemäß, als Fundament jeder gesellschaftlichen, politischen und kulturellen Ordnung und Bildung begriffen. Aber da Nietzsche hinzugetreten war, wurde, angeregt durch ihn, zugleich mit der Erhöhung und Verehrung der eigenen bürgerlichen Herkunft die vormals jugendliche Abwehr und Opposition gegen sie kritisch gesteigert. Heinrich und Thomas lasen vor allem Nietzsches frühe moralphilosophische Schriften, in denen der Bourgeoisie der Gründerjahre das Urteil gesprochen wurde: «Man sieht jetzt mehrfach die Kultur einer Gesellschaft im Entstehen, für welche das Handeltreiben die Seele ist. Euer Geschäft – das ist euer größtes Vorurteil, es bindet euch an euren Ort, an eure Gesellschaft, an eure Neigungen: Im Geschäft fleißig – aber im Geiste faul, mit eurer Dürftigkeit zufrieden und die Schürze der Pflicht über diese Zufriedenheit gehängt: so lebt ihr!» Die Brüder, ihrer Heimat, ihrer «Gesellschaft», zumal dem «Geschäft» entfremdet, waren vorbereitet, diese Kritik aufzunehmen

Umschlag der Erstausgabe, 1898

und sich anzueignen. In ihrem steinernen Zimmer, *zu jener vorläufigen Zeit in Rom, saßest du* – so erinnerte Thomas den Bruder zu dessen sechzigstem Geburtstag – *während vieler Wochen täglich am Tisch und stricheltest mit deiner Zeichenfeder an einer endlosen Bilderfolge, die wir «Das Lebenswerk» nannten und deren eigentlicher Titel «Die soziale Ordnung» lautete. Wirklich stellten diese Blätter, die wir zum langen Fries und dicker Rolle zusammenklebten, die menschliche Gesellschaft in allen ihren Typen und Gruppen dar, vom Kaiser und Papst bis zum Lumpenproletarier und Bettler – es war nichts ausgelassen in diesem trionfo sozialer Stufung, wir hatten Zeit und amüsierten uns, wie wir konnten.*[14] Die *soziale* Kritik der jungen Leute ging einher mit Mokanterie und lübeckisch gespitzten Sticheleien, und aufgerufen durch Samuel Fischers Brief, dachten sie sich *eine Art Gipperroman aus, der ursprünglich das schöne Lied «Der Onibus fährt d u r c h die Stadt» als Leitmotiv haben sollte. Und schließlich sollte es der Onibus sein, der Biermann ins Gefängnis fährt.*[15] Jedenfalls war es in dem *steinernen Zimmer in Rom, wo wir zuerst meinen ausgelassenen Plan berieten und uns nicht viel mehr dabei dachten, als daß ein paar amüsable Leute etwas zu lachen haben würden.*[16]

Der vom Verleger gewünschte Roman hatte noch keinen Titel, als Thomas Mann mit Vorarbeiten zu ihm begann. Das war in Palestrina, dem Geburtsstädtchen des Komponisten, 30 Kilometer südöstlich Roms in den Südhängen der Monti Prenestini gelegen. Dort langten die Brüder in der zweiten Hälfte des Juli 1897 an. Thomas Mann trug sich als *poeta di Monaco*[17] ins Gästebuch der Signora Pastina ein, die, verwitwet, dem Albergo «Casa Bernardini» vorstand. Hier ging es an ein Aufstellen von Stammbäumen, ein Berechnen chronologischer Schemata und Kapiteleinteilungen *zum Roman*, zu *Buttenbroocks*[18], wie erste Notizen das Jugendwerk nennen; und nebenbei sog Thomas Mann den «Dunstkreis» der neuen Sphäre, der engen, altitalienischen Kleinstadt ein – denn die «Casa Bernardini» (zu seiten einer beschatteten Treppengasse, die heute als «Via Thomas Mann» zu besichtigen ist), in deren gleichfalls *steinernem*, weitläufigem Gästeraum der ersten Etage *Buddenbrooks* entworfen wurden, «ist» die *Casa Manardi*, die in der großen Konfession des Alters, dem *Doktor Faustus*, von Thomas Mann als Ort des Teufelspaktes mit dem Künstler beschrieben wird. Über fünfzig Jahre hin hat sein Gedächtnis den Raum und die Umstände bewahrt, in denen den jungen Dichter *Lust und Last*[19] seines Berufs mit Bewußtsein überkamen.

Alles ließ sich so lustig an, wie der in Rom ausgeheckte Plan es wollte. Listen von Namen werden gereiht; diejenigen mancher Lübecker Vorbilder, des Konsuls Hermann Fehling, des Dr. med. Anton C. Gütschow – dem schon in frühesten Entwürfen *Thermometer, Taube & Franzbrot*[20] als die Arzneien zugeschrieben sind, die allein zu verordnen er imstande ist –, des angeheirateten Vetters Guido Biermann werden erst im Lauf der Arbeit zu den Namen der fiktiven Figuren: Konsul Hagenström, Dr.

Grabow und Hugo Weinschenk. – *Anektdoten, Charakterzüge, Redewendungen etc.*[21] werden in Notizbüchern gesammelt und, sobald ihre *Disposition*[22] im Roman klargeworden ist, als Stichworte auf Zettel verteilt, die dann der Ausarbeit der einzelnen Kapitel als Gerüst dienen. Da sind *Redewendungen* sehr lübeckischen Charakters festgehalten, wie *Kost dich gar kein Geld* oder *Du bist ja woll nich zu helfen*[23]; und es gibt Stichwortsammlungen, ja geradezu eine Liste *Wörter* aus dem Vokabular prätentiöser patrizischer Salongespräche: *Affront, Surprise, Faux-frais, ungescherzt, sich etwas belieben lassen, à la mode Cavalier, sich resolvieren, Engouement*[24], die alle in die Dialoge der *Buddenbrooks* übernommen worden sind.

Wie weit Thomas Manns Bestreben, durch Fakten aus Wirklichkeit und Geschichte der Fiktion Bestand und Glaubwürdigkeit zu verleihen, schon damals ging, zeigt ein Eintrag unter der Überschrift *Gesprächsstoff: Dezember 1824 große Wasserflut in Petersburg. Schwere Stürme an allen Küsten. Napoléon u. der Herzog von Enghien. Der alte B. nennt den Herzog einen «unvorsichtigen, leichtsinnigen, revolutionären Burschen».*

Anfang «Was ist das. Was – ist das…» «Je, den Düwel ook, c'est la question, man très chère demoiselle!»

22. März 1832. Göthes Tod.[25]

Das ist zwar nicht das früheste Zeugnis für Thomas Manns Kenntnis Goethes – denn bereits in der Novelle *Gefallen* wurde aus «Faust» und in *Enttäuschung* aus «Werthers Leiden» zitiert –, aber es will doch beachtet sein, daß seine Beschäftigung mit dem mächtigen Vorbild dichterischen Vermögens in Jugendzeiten zurückreicht, in denen die Geltung der übernationalen und daher unnationalen weimarischen Exzellenz angefochten und so wenig gefestigt war wie die Schreibweise seines Namens, die zwischen «Göthe» und «Goethe» schwankte. Man verehrte allenfalls sein Bild, wie es Eckermann aufgerichtet hatte: harmonisch, olympisch, in erhobener «Großheit». Und Thomas Mann hat, das zeigt die Notiz zu *Buddenbrooks*, Eckermanns «Gespräche» gekannt: die St. Petersburger Wasserflut, die Hinrichtung Louis-Antoines, Herzogs von Enghien, die «Mémoires sur Napoléon» Fauvelet de Bouriennes, Sekretärs des Kaisers – auf die an anderer Stelle im Notizbuch und dann in *Buddenbrooks* hingewiesen wird –, waren Tagesthemen, über die man in Weimar dem Adlatus Eckermann einige Worte für seine Gesprächssammlung geliefert hatte. Übrigens hat sich Thomas Mann auch Goethes Begriff der «Großheit» aus Eckermanns «Gesprächen» notiert und im Roman den alten Johann Buddenbrook recht goethesch über Napoleon sprechen lassen: *Na, ungescherzt, allen Respekt vor seiner persönlichen Großheit… Was für eine Natur!*[26]

Für die Unterhaltung der Damen war es nötig, sich nach Kochrezepten umzusehen, und Thomas Mann bat seine Mutter, ihm über die Zubereitung der Festspeise im Hause Mann, des *Plettenpuddings*[27], brieflich genaue Auskünfte zu geben. Auch hier mußte das sprachliche Detail beachtet werden, ein altes Familienkochbuch sollte als Quelle dienen. Es enthielt vom *Plettenpudding* jedoch kein Rezept, und so heißt es denn in dem erhaltenen Brieffragment der Mutter: «Damit du aber eins in der alten Sprache hast schreibe ich ab: Man schupt die Karpfen, salzt sie ein wenig ein, nachdem sie in ordentliche Stücke geschnitzen, setzt dann eine Kasserolle mit roth Wein, ein ganz wenig Wasser, viele gehackte Zwiebeln, Nelken, gestoßene Zwieback, etwas Zucker und ein Stück Butter zu Feuer.» Wie Eckermanns «Gespräche mit Goethe» für den alten Johann Buddenbrook den Rohstoff zu seinen Reden hergaben, so lieferte ein ererbtes Kochbuch das Material für die betuliche Plauderei seiner Schwiegermutter, der Madame Kröger, an die umsitzenden Patrizier-Hausfrauen über *die beste Manier, Karpfen in Rotwein zu kochen: «Wenn sie in ordentliche Stücke zerschnitten sind, Liebe, dann mit Zwiebeln und Nelken und Zwieback in die Kasserolle, und dann kriegen Sie sie mit etwas Zucker und einem Löffel Butter zu Feuer... Aber nicht waschen, Liebste, alles Blut mitnehmen, um Gottes willen...»*[28] Ist es nötig, hervorzuheben, wie behutsam und sicher der Dichter das Material der Worte in einen Redeton umgeformt hat, der zugleich die sprechende Figur charakterisiert? Mit welcher Freiheit also Thomas Mann der unendlichen Masse notierter Einzelheiten gegenüberstand?

Ich wußte nicht genug, ich wandte mich mit allerlei geschäftlichen, städtischen, wirtschaftsgeschichtlichen, politischen Fragen nach Lübeck, an einen Vetter meines Vaters, den soldatisch liebenswürdigen Konsul Wilhelm Marty, und ich vergesse nie, mit welcher Gefälligkeit er, der Lübecker Kaufmann, von dem doch viel Verständnis für meine offenbar brotlosen Pläne wirklich nicht zu verlangen war, in langen Schreibmaschinen-Ausführungen meiner Ignoranz abzuhelfen suchte.[29] Es waren nicht nur Einzelheiten, die er sammelte. Die Lebensläufe aller Mitglieder, Freunde und Feinde einer großen Familie waren, durch vier Generationen hin, zu inszenieren. Thomas Mann erbat Mithilfe von zu Hause. Im September 1897 verfaßte seine Schwester Julia eigens für ihn einen 28 Seiten langen Bericht über ihre Tante, die Schwester des Senators, Elisabeth Amalia Hyppolitha Haag, geschiedene Elfeld, geborene Mann – die Tony Buddenbrook des Romans, der zwei Ehen, mit Bendix Grünlich und Aloys Permaneder, zu keinem Lebensglück verhalfen. Daß Tante Elisabeth in ihrer Jugend die Sonderlinge Lübecks verfolgte und ihnen «Puppenliese» oder «Schirmmadam» nachrief, daß sie die Zusammenrottungen bei der Märzrevolution im Jahre 1848 durch den «Spion» vom «Landschaftszimmer» des Hauses in der Mengstraße aus beobachtet hatte – eine Chargenrolle, die im Roman der Schwester Klara Buddenbrook zugewiesen wird –, daß sie «damals anfing sehr hübsch zu werden, ein feines, schmales Gesicht mit sehr zarten Farben hatte, eine ganz wenig vorspringende Oberlippe, hübsche graublaue Augen und aschblondes

Wappen des Onkels Konsul Wilhelm Marty, im «Stifter-Fenster» des Hl.-Geist-Hospitals zu Lübeck

Haar» – fast alles, was Julia Mann zu berichten wußte, ist, nur wenig verändert, zum Teil mit wörtlichen Anklängen an den Brief der Schwester, in den Roman übernommen worden. Wenn Thomas Mann sich auf einem *Dispositions*zettel kurz *Szene vorm Portal mit Grünlich*[30] notierte, so konnte er auf Julias Schilderung der Werbeszene im Mannschen Stadtgarten zurückgreifen: «Elis. fand von Anfang an keinen Gefallen an ihm. Wie er so dem Vater ein biederes Gesicht zu zeigen bestrebt war, während er die Mutter durch fromme Redensarten und sanften Augenaufschlag für sich einnahm, kam er ihr gleich wie ein Heuchler vor. Ihr Urteil über ihn, nach seinem Fortgehen war: ‹Was für ein langweiliger, gezierter Mensch!› ‹Aber Elisabeth›, entgegnete die Mutter, ‹ein so christlicher junger Mann!› Sie traf ihn nach einigen Tagen, als sie von einem Ausgang zurückkam, an der Thür des elterlichen Hauses. ‹Ach, mein Fräulein, wie leid that es mir, Sie nicht zu Hause zu treffen!› sagte

Aus dem «Simplicissimus»: Vorlage für Herrn Permaneder

er, ‹und wie entzückt bin ich, Sie jetzt zu sehen!› ‹Das ist nicht gegenseitig!› sagte sie ungezogen, und ging an ihm vorbei.» Selbst diese hochpointierten Wendungen, die man im Roman wiederfindet, sind also familiengeschichtlich verbürgt. – Für Grünlichs Bankrott vermerkte sich Thomas Mann *Siehe «Mahlstrom»*[31]; in dem so betitelten Roman Jonas Lies wird ein betrügerisches Fallissement abgehandelt, das als Vorbild dienen konnte. – Für den zweiten Gatten Tony Buddenbrooks, *Herrn Permaneder*, schnitt Thomas Mann sich das Abbild eines beleibten und betrunkenen Bayern aus dem «Simplicissimus» heraus, um sich die Physiognomie eines Brauereidirektors und Hopfenhändlers, wie er ihn persönlich wohl nicht unter seinen Bekannten hatte, während der Arbeit vergegenwärtigen zu können.

Allein für die Pensionsjahre Tony Buddenbrooks bei Therese Weichbrodt gaben Julia Manns Aufzeichnungen nicht mehr her, als die Bemerkung, daß sie «dort mit ihren Freundinnen ein sehr vergnügtes Leben» geführt, auch «erste kleine Gymnasiastenschwärmereien» gehabt habe. Thomas Mann ist hier einer andern Quelle gefolgt: den Erinnerungen seiner Mutter an ihre Jugendjahre im Lübecker Pensionat der Therese Bousset, deren Mutter das übertriebene Hochdeutsch sprach und von deren haushälterischer Strenge die Senatorin erzählt: «So z. B. konnte sie

Unbescheidenheit nicht ertragen, und rief Abends bei Tische einmal der jungen englischen Lehrerin, welche zuviel Zucker in den Thee warf, zu: ‹Na, Miss, ich würde mir lieber gleich die ganze Dose hineinschütten!› ‹Mutter!› rief Therese dann besänftigend...» Die Erzählung der Mutter bewahrt das Urbild der kleinen Szene im Roman: *Wenn Mademoiselle Popinet, die Französin, sich beim Kaffee mit allzuviel Zucker bediente, so hatte Fräulein Weichbrodt eine Art, die Zimmerdecke zu betrachten, mit einer Hand auf dem Tischtuch Klavier zu spielen und zu sagen: «Ich wörde die ganze Zockerböchse nehmen!», daß Mademoiselle Popinet heftig errötete.*[32] Thomas Mann hat sehr sinnreich aus der «Miss» eine *Mademoiselle* gemacht, denn für eine Französin konnte ihm seine Mutter noch ein weiteres Sprachdetail bieten. In ihren Erinnerungen hat sie festgehalten, daß im Pensionat auch eine Französisch-Lehrerin aus Lausanne tätig war, «die immer in Kopftönen sprach und so kleine, trippelnde Schritte machte; und welche die bei ihr im Zimmer schlafenden jungen Mädchen zuweilen jäh aus dem schönsten Schlafe weckte durch ihre haarsträubenden Angstrufe, wie ‹Ülfen! Ülfen! – Dieben! – Dieben!›»

Die Beiträge der Schwester und der Mutter zu *Buddenbrooks* verraten ein erstaunliches Erzähltalent; die rednerische Begabung des Vaters ist von Thomas und Heinrich des öfteren gerühmt worden; ja Viktor Mann gewann bei späterem Durchblättern der alten Familienpapiere – denselben, die Thomas für *Buddenbrooks* benutzte – den Eindruck, daß alle Mannschen Chronisten «eigentlich eine ganz flotte Feder führten» – wie er seinem Bruder Thomas 1946 schrieb. Thomas Mann selbst hat in höheren Jahren gern bekannt, daß er «die Lust zu fabulieren» dem mütterlichen Erbteil verdanke. Und wenn auch die erzählerische Begabung in der Familie allgemein war, so war die Mutter es doch, die ihm den Sinn für sprachliche Nuancen geweckt hat. Man ist versucht, genauer als mit der vorgeprägten Goetheschen Wendung zu sagen: Thomas Mann verdankte ihr die Lust am ironischen Spiel mit der Sprache.

Die Beiträge Heinrich Manns, des damals Nächsten, zu *Buddenbrooks* werden unbekannt bleiben, weil sie mündlich gegeben wurden. Die Brüder lebten für die Zeit des italienischen Aufenthalts zusammen und teilten nicht nur das Zimmer, sondern alle Erfahrungen und Bedenken ihrer Jahre. Der Lebensrückblick des alten Heinrich Mann gibt hierüber, aus der vertrautesten Kenntnis, Auskunft: «Ihn sehe ich an meiner Seite, wir beide jung, meistens auf Reisen, zusammen oder allein: an nichts gebunden – hätte man gesagt. Man weiß nicht, wie viel unerbittliche Verpflichtung ein Gezeichneter, der sein Leben lang hervorbringen soll, als Jüngling überall hin und mit sich trägt. Es war schwerer, als ich mir heute zurückrufen kann. Später wäre der Zustand der Erwartung unerträglich gewesen. Wir bedurften der ganzen Widerstandskraft unserer Jugend.» Die *durchaus pessimistische Stimmung*[33] des jungen Thomas Mann wird hier von berufener Seite bestätigt; unausgesprochen, von beiden, bleibt, welche Hilfe sie einander bedeuteten. Aber noch kurz nach der Jahrhundertwende gewechselte Briefe, in denen Thomas seinem Bruder *Depressionen wirklich arger Art mit vollkommen ernst gemeinten Selbstabschaffungsplänen*[34] gesteht und auf Heinrichs Nachfrage verspricht, *vorderhand keine «Dummheiten»*[35], nicht *Ernst zu machen*[36], deuten an, daß ihr Zusammenleben damals wenigstens für den Jüngeren mehr als eine Feriengemeinschaft, daß es für ihn eine Lebensnotwendigkeit war.

Sich ihres Sommers in Palestrina erinnernd, schreibt Heinrich Mann: «In unserem kühlen, steinernen Saal, auf halber Höhe einer Treppengasse, begann der Anfänger, mit sich selbst unbekannt, eine Arbeit, – bald sollten viele sie kennen, Jahrzehnte später gehörte sie der ganzen Welt. In dem Entwurf, den er unternahm, war es einfach unsere Geschichte, das Leben unserer Eltern, Voreltern, bis rückwärts zu Geschlechtern, von denen uns überliefert worden war, mittelbar, oder von ihnen selbst… Diese Dinge waren, als wir einander daran erinnerten, hundert Jahre vergangen, unsere miterlebten keine zehn.

Zeichnung Thomas Manns aus dem «Bilderbuch für artige Kinder», 1897

Wenn ich mir die Ehre beimessen darf, habe ich an dem berühmten Buch meinen Anteil gehabt; einfach als Sohn desselben Hauses, der auch etwas beitragen konnte zu dem gegebenen Stoff. Das Wesentliche, ihr Zusammenklang, die Richtung, wohin die Gesamtheit der Personen sich bewegte – die Idee selbst gehörte dem Autor allein.» Das letzte ist Gerüchten entgegengesprochen, die bald nach Erscheinen der *Buddenbrooks* entstanden: daß es sich hier um eine Gemeinschaftsarbeit à la Goncourts handle. Wirklich war – Thomas Mann hat es Arthur Eloesser, seinem ersten Biographen, berichtet – einmal von den Brüdern erwogen worden, die Arbeit an *Buddenbrooks* aufzuteilen: Heinrich sollte den «ersten Teil als den historischen übernehmen».

Daraus wurde nichts. Nur ein einziges Buch haben die Brüder, *mit sonderbarem Fleiß*, noch in Palestrina zusammen geschrieben: ein *Bilderbuch für artige Kinder,* das *höchst unpassenderweise unserer zweiten Schwester zur Konfirmation verehrt*[37] wurde. Es enthielt *Fünfundsiebzig Kunstwerke von Meisterhand, worunter achtundzwanzig kolorierte Bilder und siebenundvierzig Kupfer, nebst sechzehn begleitenden Kunstgedichten und vielen Textbemerkungen sittlich belehrenden und erheiternden Inhalts mit Sorgfalt und unter besonderer Berücksichtigung des sittlichen Gedankens für die heranreifende deutsche Jugend gesammelt und herausgegeben.*[38] Die *Kunstgedichte* parodierten so ziemlich alles, was literarisch vergangen oder gegenwärtig war: Noch im Juli 1947 – genau fünfzig Jahre nach dem Prenestiner Sommer – konnte Thomas Mann seinem Bruder Viktor aus dem Gedächtnis Strophen der großen Schiller-Parodie vom *Raubmörder Bittenfeld* und seiner Überwältigung durch das «Erhabene» hersagen: *Schorke! Kam auch dir die Stunde jetzt, da dein Blick sich am Erhabnen letzt…?*[39] Auf den *kolorierten Bildern* aus dem Bürgerleben «blitzten nußgroße Brillanten an dicken Fingern und gestärkten Vorhemden». Und zu einer üppigen Dame an der Seite ihres dicken Gatten lauteten die Verse: *…so merke der Beschauer, wie glücklich diese Tante ist mit ihrem Mann, dem Brauer.*[40] Ein Zusammenhang mit dem Kapitel von Tony Buddenbrooks zweiter Ehe mit Permaneder stellt sich unwillkürlich her; und wäre es im ganzen erhalten, so würde das *Bilderbuch für artige Kinder* unwiderleglich zeigen, wie verwandt Thomas Manns sublimironische und Heinrich Manns derb-satirische Menschendarstellungen in ihrem Ursprung gewesen sind.

Rom, Ende Oktober 1897[41] ist der Beginn der *Buddenbrooks*-Rein- und -Urschrift datiert. Die Brüder verbrachten den zweiten italienischen Winter abermals in der Via Torre Argentina. Der Roman wurde gefördert. Er war *d. 10. Febr. 98* bis zum Ende des *dritten Teils*[42] gediehen, rund gerechnet bis zu einem Fünftel seines heutigen Umfangs. Als Thomas die Rückreise antrat, konnte er jenes *schon bedenklich angeschwollene Manuskript mit nach München*[43] nehmen, dessen er sich in seinem *Lebensabriß* erinnert und aus dem er der Familie, die ja an dem Werk in mehrfachem Sinn beteiligt war, vorlas. *Das war eine Familienunterhaltung wie eine andere, man lachte, und wenn mir recht ist, war die allgemeine Auffassung die, es handle sich bei meinem weitläufig-eigensinnigen Unternehmen um ein Privatvergnügen von geringen Weltaussichten und bestenfalls um eine ausgedehnte künstlerische Fingerübung. Ich wüßte kaum zu sagen, ob ich anderer Meinung war.*[44]

Wieder in München

Redakteur, Rekrut und Warten auf «Buddenbrooks»

Gebräunt, mager und in ziemlich abgerissenem Zustande nach München zurückgekehrt, sah ich mich endlich genötigt, von meinem Berechtigungsschein zum freiwilligen Dienst Gebrauch zu machen.[1] Doch die Mutter hatte Thomas schon in Briefen nach Italien einen Plan entwickelt, wie man es anstellen müsse, den Militärdienst zu umgehen: «...auf März mußt Du schon kommen, falls Du Dich I April stellen müßtest; damit Du einige Wochen vorher zum Geheimrath v. Ziemssen gehen kannst, u. zwar direkt nach der langen Reise, damit Du recht abstrappazirt erscheinst. Von Deinen verschiedenen Leidenszuständen mußt Du ihm genau u. etwas übertrieben erzählen; es wäre doch schön, wenn Du freikämest, u. ich schenke Dir dann etwas extra.» Mit ähnlicher List wurde das militärische Dienstverhältnis dann wirklich gelöst.

Ihm ging die einjährige Tätigkeit 1898–99 als Lektor für den «Simplicissimus» voraus. Korfiz Holm, Thomas Manns «Riegenführer» im Katharineum und Mitarbeiter am «Frühlingssturm» – in seinen Erinnerungen (1932) wußte Holm über den ehemaligen Mitschüler nicht mehr zu berichten, als daß dieser das Lübecker Gymnasium in den *Buddenbrooks* «lieblos porträtiert», auch durch seine «Verachtung» aller Turngeräte «den künftigen Olympier» habe «ahnen lassen» – *engagierte* Thomas Mann *mit einem Monatsgehalt von 100 Mark für die Redaktion des «Simplicissimus».*[2]

Die Tätigkeit brachte einen gewissen literarisch-kollegialen Verkehr mit sich. Thomas Mann setzte sich beim Verleger des «Simplicissimus» für Arthur Holitschers Roman «Der vergiftete Brunnen» ein; der damals erfolgreiche Kurt Martens lernte Thomas Mann zuerst als Redakteur kennen; Ludwig Thoma war Mitarbeiter an dem deutschen «Gil Blas illustré», wie Wedekind und Wassermann. Mit ihnen und den Zeichnern und Karikaturisten des Blattes, Th. Th. Heine, Thöny, Reznicek, traf man sich abends in der Odeonbar. Holitscher und Martens gehörten zu den wenigen, die Thomas Mann in seiner Schwabinger Junggesellenwohnung besucht haben und denen aus der *Buddenbrooks*-Handschrift vorgelesen wurde. Ihre Erinnerungen an diese Zeit halten alle das gleiche fest: ob Martens ihn «überaus bescheiden, fast schüchtern» und die Gespräche mit ihm «klug, besinnlich, in sanfte Schwermut getaucht» fand; ob Thoma sich der Begegnungen in den Redaktionsräumen erinnerte: «…er war sehr zurückhaltend, sehr gemessen im Ton, und man erzählte von ihm, daß er an einem Roman arbeite»; oder ob Holitscher «eine schmerzliche Ironie» bemerkte, «wenn Mann von seinem Leben sprach, das mancherlei Gram und Kümmernis zu enthalten schien» – es war das Wesen des «Gezeichneten, der sein Leben lang hervorbringen soll». Die Umwelt erkannte es, mehr oder weniger genau, aber mit der Scharfsicht nicht, die aus den Worten Heinrich Manns über den fast «unerträglichen Zustand der Erwartung» spricht. Unter den vielen Bekannten und wenigen Freunden war der Bruder noch immer der «früheste, mitgeborene Gefährte».

An ihn sind die Briefe aus dem Revier und Garnisonslazarett gerichtet, die die Qual des «Freiwilligen» im Dienst und seine manipulierte Erlösung beschreiben: *Siehe, es ist Alles gut geworden*, heißt es im Dezember 1900, nach zweieinhalb Monaten Dienstzeit. *Es bedurfte natürlich nur der Herstellung eines privaten und gesellschaftlichen Verhältnisses zu den ärztlichen Machthabern, damit sich Alles wende… und nun bin ich für untauglich zum Infanterie-Dienst erklärt worden.*[3] – Zwölf Jahre später – die *Bekenntnisse des Hochstaplers Felix Krull* waren begonnen, Heinrich Mann arbeitete gleichzeitig am «Untertan» – faßte Thomas Mann seine militärischen Erlebnisse auf Bitten des Bruders zusammen und überlieferte sie ihm als Material mit der Bemerkung, er selbst werde sie *in die Zuchthaus-Episode des Hochstaplers transponieren.*[4] Wirklich verwertete Heinrich Mann alle Details – auch den Zusatz Thomas': *Bei «Mannschaftszimmer» fiel mir noch ein: Jemand ist thatsächlich als untauglich freigesprochen, weil er vor der Ober-Ersatz-Kommission laut erklärt hat, er sei homosexuell. Könntest Du das nicht einflechten?*[5] – in der Musterungsszene des Untertanen Diederich Heßling, während Thomas Mann die *Zuchthaus-Episode* Felix Krulls nie geschrieben hat. Nur die *Ober-Ersatz-Kommission*[6] ist in die späte Fortsetzung der *Bekenntnisse* eingegangen…

Neben meiner redaktionellen Tätigkeit lief die Förderung des persönlichen Hauptgeschäftes, die Arbeit an «Buddenbrooks» her[7]; sie wurde entschieden über die Teilnahme an der literarischen Tagesbetriebsamkeit gestellt, und selbst engere Freunde erhielten Absagen: …*denn wenn ich außer der stupiden Redaktionsarbeit (Sie glauben nicht, wie zeitraubend der Quark ist!) täglich auch nur zwei arme Stunden übrig haben will, meinen Roman ein Stückchen weiter vor mir her zu wälzen; so muß ich mir auch die angenehmsten Ablenkungen versagen.*[8] Das Werk, das so im stillen fortgeführt wurde, verdankte dem literarischen Leben der Gegenwart allerdings so gut wie nichts.

Es waren gewisse *rückwärtige Bindungen*[9], die ihn förderten, wie Tho-

Heinrich und Thomas Mann um 1900

mas Mann selbst im Alter bekannt hat. Und wenn ihn zunächst die *Artistik der Goncourts*, an deren «Renée Mauperin» er die *Leichtigkeit, Geglücktheit und Präzision dieses in ganz kurzen Kapiteln komponierten Werkes* bewunderte, *in Bewegung* gesetzt[10], wenn die Familienromane Kiellands und Lies zu Beginn eine Einteilung des Stoffes in fünfzehn Kapitel und einen Umfang von 250 Seiten nahegelegt hatten – während der Arbeit las er anderes: schon in Italien die frühen moralkritischen Schriften Nietzsches, 1898, in München, entdeckte er Schopenhauer, und nebenher ging, die eigene *schwankende Kraft zu stützen*[11], die Lektüre Leo Tolstojs. Diese drei wurden das Richtmaß für die Grundzüge des Romans: Nietzsche und Schopenhauer haben seinen kritisch-metaphysischen Gehalt, Tolstoj seine Form, die *große Komposition* bestimmt. *Was das eigentlich sei, das Element des Epischen, ich erfuhr es erst, indem es mich auf seinen Wellen dahintrug. Was ich selber sei, was ich wolle und nicht wolle; wie ich mich zum Leben verhielt und zum Tode: ich erfuhr das alles, indem ich s c h r i e b*[12] – die Erinnerung ist ebenso aufschlußreich wie genau: denn wirklich waren Nietzsche, Schopenhauer und Tolstoj erst während der Arbeit hinzugetreten. Vorher war Bourget der Lehrmeister gewesen. Und was wäre aus dem *Verfall einer Familie* geworden, wenn Bourgets Ideen vom Ständestaat und insbesondere seine «Familientheorie» für Thomas Mann so gültig geblieben wären wie im Jahre 1896, als er das kernige Diktum verfaßte, daß *die Deutschen, als das jüngste und gesündeste Kulturvolk Europas, wie keine andere Nation berufen* seien, *die Träger von Vaterlandsliebe, Religion und Familiensinn zu sein und zu bleiben*[13]? Man erinnert sich: Die *Religion* betreffend, so beginnen *Buddenbrooks* zwar mit der Frage aus dem lutherischen Katechismus *Was ist das?*[14], aber sie wird stotternd vorgetragen und vom alten Johann Buddenbrook sehr ironisch mit einer plattdeutsch-französischen Wendung quittiert; es bleibt in diesem Punkt bei der Ironie: in *Gefallen*, unter Bourgets Ägide verfaßt, mochte es noch ernsthaft heißen, *Dann falte deine Hände fromm und schau zu Gott empor*[15]; in *Buddenbrooks* beschließt Pastor Pringsheim den Reigen der Gläubigen, und von ihm wird erzählt, wie er den sterbenden Senator anruft, daß er ihn erkennen möge: *... da dieser Versuch aber fruchtlos blieb, so wandte er sich direkt an Gott, redete ihn in stilisiertem Fränkisch an und sprach zu ihm mit modulierender Stimme...*[16] – Die allgemeine *Vaterlandsliebe* angehend: ihr wird im Roman von den hansischen Kaufleuten gar nicht gehuldigt. – Und der *Familiensinn* schließlich erscheint als Tony Buddenbrooks belächelnswerte Marotte, die Umwelt als *Geschmeiß*[17] und ausschließlich ihr Haus als *vornehm*[18] zu bezeichnen. Das sind Wirkungen der Zeitkritik Nietzsches, der die Religion als Narkotikum beargwöhnte, der den Nationalismus, und zwar insbesondere den deutschen, die «kulturwidrigste Krankheit und Unvernunft, die es gibt», genannt hatte und dem der Bürgersinn seiner Epoche verächtlich war.

Von Bourgets Einfluß ist dennoch auch in *Buddenbrooks* manches zu finden: Neben Christian Buddenbrook, der Figur des karikierten «Dilettanten», stehen die Gestalten seiner Generation, Thomas Buddenbrook und Gerda Arnoldsen, «Nervöse» im Sinn der «décadence».

Die Psychologie des Verfalls, wie Bourget und Nietzsche sie entwickelt hatten, erfuhr gegen Ende der Arbeit an dem großen Roman eine Steigerung durch Schopenhauers Philosophie der Selbstaufgabe. Die indisch-romantische Lehre, das Leiden zu überwinden, indem man den Willen zum Leben verneine, fügte sich bruchlos in die Konzeption vom Niedergang einer Familie ein. Thomas Mann selbst hat in den *Betrachtungen* geschildert, wie er *tagelang hingestreckt auf ein sonderbar geformtes Langfauteuil oder Kanapee*[19] in seiner Junggesellenwohnung «Die Welt als Wille und Vorstellung» gelesen habe: *Und welch ein Glück, daß ich ein Erlebnis, wie dieses, nicht in mich zu verschließen brauchte, daß eine schöne Möglichkeit, davon zu zeugen, dafür zu danken, sofort sich darbot, dichterische Unterkunft sofort dafür bereit war. Denn zwei Schritte von meinem Kanapee lag aufgeschlagen das unmöglich und unpraktisch anschwellende Manuskript, welches eben bis zu dem Punkte gediehen war, daß es galt, Thomas Buddenbrook zu Tode zu bringen.*[20]

Schopenhauers Pessimismus, auf den sich Nietzsche in seinen «Unzeitgemäßen Betrachtungen» berufen hatte, um dem Positivismus seiner Epoche desto schärfer entgegentreten zu können, entsprach der Lebensstimmung des jungen Thomas Mann; überdies aber erkannte er in Schopenhauer einen Stilisten ersten Ranges, *einen ganz großen Schriftsteller nämlich, einen Schöngeist und Sprachmeister von umfassendsten literarischen Wirkungsmöglichkeiten.*[21] Der spätere Versuch Thomas Manns über Schopenhauer (1938) betont eben diese *Schönheitsform* des philosophischen Systems, das *ganz vorzugsweise*[22] für Künstler und Kenner der Kunst geschaffen sei.

Thomas Manns Verhältnis zu Schopenhauer ist so vielschichtig wie sein Verhältnis zu Wagner, und von seiner jugendlichen Hingabe an die Schopenhauersche Metaphysik des Todes auf eine unwandelbare Lebensverneinung und Todessehnsucht zu schließen, wie es vereinfachenderweise geschieht, ist unrichtig. Schon 1906 sah Thomas Mann sich genötigt, gegen den Vorwurf, er schreibe «zersetzende» Bücher, Einspruch zu erheben: *Muß man Dithyramben schreiben, um als Lebensbejaher zu gelten? Noch jedes gute Buch, das gegen das Leben geschrieben wird, ist eine Verführung zum Leben.*[23] Und im Alter, als jener Vorwurf nicht aufgehört hatte, ihn zu belästigen, stellte er mit sachlicher Kühle fest, daß der *Verfall einer Familie* ein *brauchbares episches Thema* gewesen sei; *aber wir Buddenbrooks* – fügte er hinzu – *haben nach unserer bürgerlichen Auflösung in der Welt weiter ausgegriffen, dem Leben mehr geschenkt, als unseren biederen Vorvätern in ihren Mauern je gegönnt war.*[24]

Buddenbrooks waren um die Mitte des Jahres 1900 abgeschlossen. Der

S. Fischer Verlag bestätigte am 15. August «den Eingang» des «Manuscripts». Nach einigen hinhaltenden Zwischennachrichten erhielt Thomas Mann Ende März 1901 die Zusage, daß Fischer den Roman verlegen werde. Seine Bedenken wegen des Umfangs waren durch Empfehlungen Arthur Holitschers, Oscar Bies und des *Buddenbrooks*-Lektors Moritz Heimann überwunden worden. Ein dringender Brief des jungen Autors, noch im Garnisonslazarett geschrieben, mochte Fischers Entschluß gefördert haben. Im Mai 1901 begann man mit den Setzarbeiten, Thomas Mann empfing Fahnenabzüge und umbrochene Bögen zur ersten und zweiten Korrektur des Textes. Mitte August 1901, ein Jahr nach «Eingang des Manuscripts», wurden *Buddenbrooks* gebunden.

Anspruch – Der Göttliche Jüngling

Mit dem Erscheinen von *Buddenbrooks* trat Thomas Mann als reifer Künstler vor die Öffentlichkeit. Eine im Innern belastete und problematische, in ihren produktiven Äußerungen gebändigte Jugendzeit war abgeschlossen. «Als sein Roman mitsamt dem Erfolg da waren, habe ich ihn nie wieder am Leben leiden gesehen. Oder er war jetzt stark genug, um es mit sich abzumachen» – so Heinrich Mann über seinen Bruder, der nun wirklich Augenblicke kannte, in denen er schreiben konnte: *Ich verneine und ironisiere eigentlich nur noch aus alter Gewohnheit am Schreibtisch, im übrigen aber lobe, liebe und lebe ich.*[1] Hierauf folgten Rückschläge, Zweifel an sich selbst und seinem Können. Der Anspruch, den sein Jugendwerk an ihn stellte, entmutigte ihn zuweilen. Die Produktivität stockte. Der nächste große Roman erschien fast fünfundzwanzig Jahre nach *Buddenbrooks*.

Es war der Anspruch der *Größe*, den Thomas Mann an sein Schaffen erhob. *Auf Größe war nämlich während der Arbeit* (an *Buddenbrooks*) *fortwährend mein heimlicher und schmerzlicher Ehrgeiz gerichtet*[2], heißt es 1901, und fünf Jahre später an Kurt Martens: *Du mußt, wenn ich mäkle, bedenken, daß ich nachgerade einen verzweifelt ungenügsamen Maßstab handhabe, der mich voraussichtlich eines Tages hindern wird, überhaupt noch zu produciren.*[3] Thomas Mann hatte diesen *ungenügsamen Maßstab* an dem Werk eines entfernten Zeitgenossen ausgebildet: dem des Grafen Leo Tolstoj. Tolstojs Porträt stand auf Thomas Manns Schreibtisch, das Manuskript der fast vollendeten *Buddenbrooks* lag neben dem Bild, dem Vorbild des eigenen *Ehrgeizes*. Der Plan tauchte auf, den großen russischen Epiker zu sehen. Tolstoj hatte, kurz nach der Jahrhundertwende, seine Teilnahme an einem Friedenskongreß in Kristiania zugesagt, Thomas Mann wollte ihn aufsuchen, jedoch *Tolstoi wurde krank und sagte ab. So hatte ich es mir gedacht und war im Grunde*

Um 1899

wohl einverstanden damit. Tolstoi blieb Mythos.[4] Aber die geistige Liebe bedarf der persönlichen Kenntnis nicht. Thomas Mann fuhr fort, sich in Tolstojs Dichtungen zu vertiefen, fasziniert *durch das «große Werk», den «langen Atem», das in mächtiger Geduld durchgehaltene und vollendete epische Monument,* dem es *irgendwie nachzutun* sein *Traum war.*[5]

Er fand in Tolstojs Romanen die Kompositionstechnik vorgebildet, die er dann selbst aufgenommen und weiterentwickelt hat: die Verknüpfung der Erzählung durch das Leitmotiv, jene *autoritative Formel, die wörtliche und gewichtige Rückbeziehung über weite Strecken hin, das Zusammentreten von höchster Deutlichkeit und höchster Bedeutsamkeit.*[6] Die etwas emporgezogene, «vom Anflug eines leichten Bärtchens beschattete» Oberlippe der Fürstin Bolkonskij in «Krieg und Frieden» – ein wiederkehrendes Detail, das der Schilderung der Lebenden und der Toten dient, ja das humoristischerweise im Angesicht des marmornen Engels über dem Grab der Fürstin und, Jahre nach ihrem Tod, sogar an ihrem Sohn wiedererkannt wird – oder auch die Eigenart Anna Kareninas, die sie annimmt, nachdem sie ihren Mann verlassen hat: ein Auge zusammenzukneifen, um gleichsam Leben und Umwelt nicht ganz erkennen zu müssen, waren die auffallendsten Beispiele von Tolstojs leitmotivischem Erzählen. Übrigens kannte schon Iwan Alexandrowitsch Gontscharow diese Technik und hat sie, vor Tolstoj, in seinem «Oblomow» sowohl als einfache *wörtliche Rückbeziehung* wie auch als Mittel der steigernden Wiederholung einzelner Szenen angewandt. Thomas Mann las «Oblomow» in Ålsgård am Øresund, wo er im Herbst 1899 *einen Urlaub verbrachte, und wo der «Tonio Kröger» unbewußt entworfen wurde*[7]. – Das Leitmotiv war im europäischen Roman des 19. Jahrhunderts bereits erprobt (auch Zola bediente sich seiner), und Thomas Mann hat es der literarischen Sphäre des Realismus und Naturalismus entnommen. An der Wagnerschen Leitmotivik, die in den Visionen Tristans oder im Trauermarsch der «Götterdämmerung» die Gesamtgeschehnisse zu einer musikalisch-symbolischen Simultanrevue zusammenfassen will, mag Thomas Mann den gesteigerten Beziehungsreichtum wiederkehrender Formeln in späteren Werken, im *Zauberberg* und in den *Joseph*-Romanen, ausgebildet haben. Jedenfalls hat Thomas Mann seine leitmotivische Technik mit Wagners Kompositionstechnik erst in Beziehung gesetzt, seit ihn ein Interpret, Alexander Pache, über den wagnerisch-musikalischen Charakter seiner Erzählweise aufgeklärt hatte. Daß er das Leitmotiv in seinem Jugendroman zunächst *physiognomisch-naturalistisch, naturalistisch-charakterisierend*[8] angewandt habe – *wie bei Tolstoi und Zola*[9] –, hat Thomas Mann selbst mehr als einmal ausgesprochen.

Bourget, Nietzsche, Schopenhauer haben Thomas Manns Einsichten, seine *Meinungen* bestimmt und gefördert. Tolstoj war das Vorbild seines künstlerischen Schaffens, seines *Tuns*[10]. Es blieb nicht dabei, daß Thomas Mann von ihm schriftstellerische Technik lernte: außer dem Leit-

Leo N. Tolstoj

motiv die Achtung vor dem *Detail*[11] (Tolstoj betrieb archivalische, psychologische und geographische Vorstudien zu seinen Romanen – das Schlachtfeld von Borodino hat er selbst besichtigt, um die Strategie Kutusows und Napoleons in «Krieg und Frieden» genau und anschaulich darstellen zu können); es blieb auch nicht bei der allgemeinen hohen Verehrung für den «großen Schriftsteller des Russenlandes». Tolstojs Werk bestätigte Thomas Mann die eigenen schriftstellerischen Absichten auf eine ebenso umfassende wie besondere Weise: noch bevor ihm Goethes bekennendes Dichtertum zum Inbegriff bildnerisch-erzieherischer Lebensleistung wurde, fand er durch Tolstoj verwirklicht, was er anstrebte: die Darstellung seiner selbst; er sah in dem Werk des Russen das autobiographische Verfahren zur Würde künstlerischer Repräsentanz erhoben.

Ich sage, daß sehr große Dichter ihrer Lebtage nichts erfunden, sondern nur Überliefertes mit ihrer Seele erfüllt und neu gestaltet haben. Ich sage, daß Tolstoi's Werk mindestens ebenso streng autobiographisch ist, wie mein winziges.[12] In einem Brief leidenschaftlicher Selbsterklärung an den Freund Martens fällt Tolstojs Name – in der fast gleichzeitig erschienenen Streitschrift *Bilse und ich*, in der Thomas Mann den Wirklichkeitsgehalt seiner Dichtungen gegen den plumpen Vorwurf, *Buddenbrooks* seien ein Kolportageroman, verteidigte, nennt er ihn nicht. Die Scheu, seine Arbeiten dem *moralistischen Gigantenwerk* Tolstojs[13] öffentlich zu vergleichen, mag ihn gehindert haben. Auch noch in den *Betrachtungen eines Unpolitischen*, in denen Thomas Mann seine intime Kenntnis von Tolstojs Gesamtwerk, von den frühesten autobiographischen Erzählungen bis zu den letzten moralisierenden Traktaten, durch häufiges Zitieren erweist, wird jedes Bekenntnis eigener Teilnahme vermieden. Jedoch wenig später, 1921, an dem gewichtigsten Wendepunkt seiner weltanschaulichen Entwicklung, sind es die Gestalten Goethes und Tolstojs, an denen Thomas Mann sich aufrichtet, die ihm als Leitbilder dienen, sein eigenes Verhältnis zu Kunst, Natur, Nation und Menschlichkeit erneut zu befestigen. Die *kultur-konservativen* Ideen, das romantische Gedankengut, das ihm während der Kaiserzeit genügt hatte, waren erschüttert. Und indem Thomas Mann begann, sich selbst die neuen Fragen *demokratischer* Menschlichkeit zu beantworten, indem er ansetzte, seine *Versuche zum Problem der Humanität* beizutragen – *Versuche*, die ihn bis zum Ende seines Lebens beschäftigten und die als schriftstellerische Leistung den Essayband *Adel des Geistes* mit dem zwanzigsten Versuch, *über Schiller*, beschlossen –, stellte er seinen ersten *Fragmenten zum Problem der Humanität*[14] die Namen *Goethe und Tolstoi* voran.

Thomas Mann war auf den engen Zusammenhang des autobiographischen und des pädagogischen Elements im Schaffen Tolstojs durch den russischen Romancier, Kultur- und Literaturkritiker Dmitri Sergejewitsch Mereschkowskij hingewiesen worden, dessen Studie über «Tolstoi und Dostojewski» auf ihn *einen so unauslöschlichen Eindruck gemacht*[15] hatte. Mereschkowskij betonte den moralischen Kern in Tolstojs dichterischem Werk, indem er es «eigentlich ein mächtiges, durch fünfzig Jahre hindurch führendes Tagebuch» nannte, es sogar der religiösen Rechtfertigung, der «ausführlichen ‹Beichte›» verglich. Jedoch gab der Nietzscheaner Mereschkowskij dem religiösen Begriff einen säkularisierten Sinn: er erkannte in Tolstoj, dem Darsteller der eigenen Zweifel und Leiden, den größten Darsteller des «psycho-physiologischen Lebens – des seelischen Menschen – jener Seite des Fleisches, die nach dem Geiste, jener geistigen, die nach dem Fleische gerichtet ist». Mereschkowskijs dualistische Normen der Interpretation haben Thomas Mann sehr beeindruckt: zwischen den Problemen, die der «Geist», und denen, die das «Fleisch» dem Menschen stellen, zwischen asketisch-christlichen Lehren und einer heidnisch-sinnlichen Naturschau bewegen sich Thomas Manns Gedanken über Tolstoj, als er sie 1921–1923 in jenen ersten *Fragmenten zum Problem der Humanität* niederschrieb. Die Antithese hat

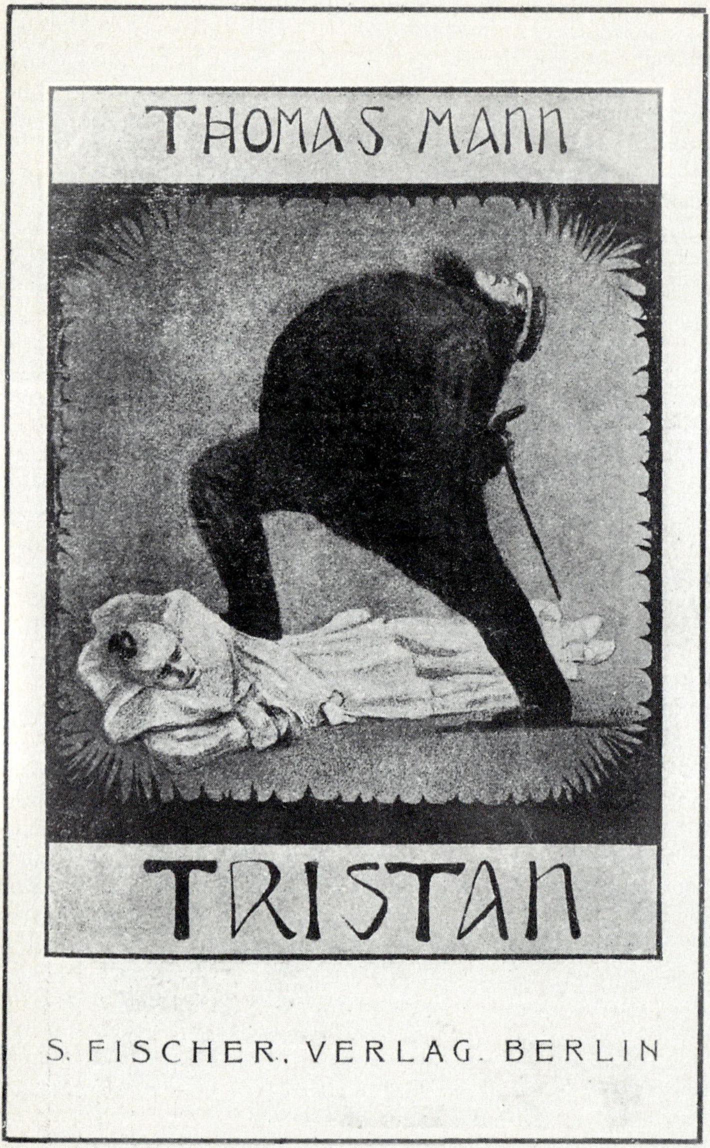

Umschlag der Erstausgabe, 1903. Von Alfred Kubin

auch auf den gleichzeitig entstandenen Bildungsroman, den *Zauberberg*, ja noch auf die Konzeption des *Joseph*-Romans eingewirkt.

Nicht von Anfang an hat Thomas Mann sein Schaffen und vor allem dessen erlebnishaften Gehalt als einen Beitrag zu den *Humaniora*[16] angesehen und ihm einen erzieherischen Wert beigemessen wie seit der Arbeit am *Zauberberg*. Zur Zeit des *Tonio Kröger*, unter dem Einfluß der Nietzscheschen Antinomik von Kunst und Leben, war er imstande auszurufen: *Ach, die Litteratur ist der Tod!*[17] Das ist die kürzere Formel für Tonio Krögers Klage gegenüber Lisaweta: *Ich sage Ihnen, daß ich es oft sterbensmüde bin, das Menschliche darzustellen, ohne am Menschlichen teilzuhaben.*[18] In Briefen an seine Leser und sogar noch an seine Braut Katja Pringsheim wiederholt Thomas Mann Bekenntnisse wie dieses, daß er sich *Jahre lang als Menschen für nichts geachtet und nur als Künstler habe in Betracht kommen wollen.*[19] Aber diese wiederkehrenden Zweifel an seinem Beruf hinderten nicht, daß Thomas Mann nebenher sehr entschieden und bestimmt die Reflexionen über den autobiographischen Charakter seines Werks fortführte. Seinem Verleger gegenüber sprach er von den *fleißig geschmiedeten Symbolen* seines *Lebens.*[20] Und nur wenige Wochen später schrieb er, daß er gewohnt sei, *sich symbolisch, das heißt: in Kunstwerken zu äußern. Man führt, möchte ich sagen, ein symbolisches, ein repräsentatives Dasein, ähnlich einem Fürsten.*[21] Den drei Hauptwerken der anderthalb Jahrzehnte nach der Jahrhundertwende, *Tonio Kröger*, *Königliche Hoheit* und *Der Tod in Venedig*, liegt diese persönliche Erfahrung zugrunde.

Es dauerte lange, bis sie zustande kamen. Schon die Arbeit am *Tonio Kröger* ging *sehr behutsam und noch zeilenweiser, als gewöhnlich*[22], vonstatten, die Niederschrift des Thesen-Dramoletts oder der dialogisierten Novelle *Fiorenza* zog sich über Jahre hin. Bei beiden handelte es sich um Konzeptionen aus der Zeit der *Buddenbrooks*, stofflich um Nachklänge eines Aufenthalts in Florenz und jener Urlaubsreise nach Ålsgård, die über Lübeck geführt hatte; geistig um Folgen der Nietzsche-Lektüre. Mit *Fiorenza* hatte sich Thomas Mann Nietzsches weltanschaulichem Psychologismus am engsten angenähert; er hatte sich, dieses eine Mal, Nietzsches Trieblehre derart zu eigen gemacht, daß er den «Geist» als instinktiven «Willen zur Macht» auffassen konnte. Etwas von diesen Abstraktionen ist noch in die ästhetische Streitschrift *Bilse und ich* eingegangen, in der Thomas Mann von der *Rache des Künstlers an seinem Erlebnis*[23] spricht. Und wenn auch Thomas Mann diese schroffen Thesen alsbald wieder aufgab – er behielt eine Erkenntnis Nietzsches unbedingt bei: die der Isolation des Geistigen, des Künstlers in der Gesellschaft. Sie bestätigte sein eigenes Erleben. Und nur dieses war Thomas Mann der dichterischen Darstellung wert. Immerhin mußte sich zu der Grunderfahrung eine Fülle inszenierbarer Realien gesellen: der allegorische Roman von der lebensfernen *sinnbildlichen Existenz*[24], *Königliche Ho-*

heit – der bereits 1903 konzipiert war –, wurde Jahre später ausgeführt, als ein neuer Erlebnisbereich Thomas Mann mit verwendbaren Materialien versehen hatte: seine Heirat mit Katja Pringsheim. Vorher und auch nach Vollendung von *Königliche Hoheit* verraten eine Anzahl von Plänen das Tasten Thomas Manns nach geeignetem Stoff: ein Roman über Friedrich II. von Preußen, eine Goethe-Novelle, die Geschichte Fausts reizen ihn zur Ausführung. Das sind aristokratische Pläne. Thomas Mann hätte den Figuren seiner Wahl mühelos die eigene Lebensstimmung unterlegen können: die Leiden der Isolation, den Anspruch auf Repräsentanz. Wirklich zeigen die Äußerungen aus den anderthalb Jahrzehnten der geheimen Unsicherheit, soweit sie überliefert sind, daß die Stoffsuche geleitet wurde von dem Wunsch, Spiegelbilder seiner selbst zu finden, daß Friedrich von Preußen, Goethe und Faust Umhüllungen des autobiographischen Bemühens sein sollten:

Unter uns (und ich bitte, nicht darüber zu sprechen): mein unverschämter Plan, einmal den Lebensroman Friedrichs des Großen zu schreiben, datiert hinter «Königliche Hoheit» zurück. Mit einem solchen Plan im Herzen glaubt man offenbar nicht sehr innerlich an die obengenannte Synthese, nämlich an *die Synthese von Hoheit und Glück*[25] – ein Geständnis von 1910. Zwei Jahre später heißt es von Gustav von Aschenbach, daß er *der Autor der klaren und mächtigen Prosa-Epopöe vom Leben Friedrichs von Preußen*[26] sei. Und nach abermals zwei Jahren hat Thomas Mann seinen eigenen Plan – nicht ausgeführt, sondern als *aktuelle Schrift* zum Kriegsausbruch, als die Studie *Friedrich und die große Koalition*, aus der Hand gegeben. In den *Betrachtungen* nannte er den Aufsatz einen *vorläufigen Abriß eigener lange gehegter Träume und Entwürfe, die dichterischer Natur gewesen waren, und deren geistigen Kern als Essay herauszustellen ich in jenen Tagen selbstvergessen und rücksichtslos genug war.*[27] Hier auch, in den *Betrachtungen*, sprach Thomas Mann von der *geistigen Rechtmäßigkeit* seines *Verhältnisses zum Friedrich-Stoff*[28], er sah in seinem Bild des vereinsamten Monarchen den *reinen und freien Ausdruck* des eigenen *Wesens.*[29]

Von Gustav von Aschenbach, dem Helden des *Tod in Venedig*, sprach Thomas Mann selbst als von seinem *verstorbenen Freund.*[30] Man bedürfte dieses Bekenntnisses der Solidarität mit der Gestalt des *Leistungsethikers*[31] nicht, es bestätigt lediglich die vielen Merkmale einbekannter Identität des Autors mit seinem Geschöpf, die Thomas Mann in die Novelle verwoben hat. Nicht allein sind sämtliche äußeren Umstände Aschenbachs, die Reise, der venetianische Aufenthalt, ja auch das homoerotische Erlebnis von Thomas Mann selbst erfahren worden; er hat überdies das dichterische Bild des Dichters mit allen eigenen Wesenszügen ausgestattet: *Sein Lieblingswort war «Durchhalten», – er sah in seinem Friedrich-Roman nichts anderes als die Apotheose dieses Befehlswortes, das ihm als der Inbegriff leidend-tätiger Tugend erschien*[32], der Satz

Venedig, die Piazetta. Gemälde von Antonio Canaletto

aus der Novelle enthält die positive Entsprechung zu dem brieflichen Geständnis von 1910, das jede Möglichkeit einer Synthese von *Hoheit und Glück*[33] entschieden negierte. – Gewisse Wesenszüge Aschenbachs weisen aber über Thomas Mann hinaus auf ein anderes Vorbild hin: auf Goethe. Es heißt von Aschenbach: *Auch wünschte er sehnlichst, alt zu werden, denn er hatte von jeher dafür gehalten, daß wahrhaft groß, umfassend, ja wahrhaft ehrenwert nur das Künstlertum zu nennen sei, dem es beschieden war, auf allen Stufen des Menschlichen charakteristisch fruchtbar zu sein.*[34] Thomas Mann hat diesen Wunsch an anderer Stelle auch für sich selbst geäußert, und er wiederholt mit ihm einen Ausspruch Goethes (zu Eckermann, den 17. Februar 1831). So ist auch die anschauliche Charakteristik Aschenbachs: *«Sehen Sie, Aschenbach hat von jeher nur so gelebt» – und der Sprecher schloß die Finger seiner Linken fest zur Faust –; «niemals so» – und er ließ die geöffnete Hand bequem von der Lehne des Sessels hängen*[35] – ein Bild, das Goethe zur Darstellung seiner selbst in einem Brief an Zelter verwandt hat. – Thomas Mann begann, sich in diesen Jahren eine vertraute Kenntnis nicht nur des Goetheschen Werks, sondern mehr noch seiner Person und persönlichen Umwelt anzueignen, im besonderen angeregt durch Ludwig Geigers «Goethe und die Seinen» (1908), im ganzen informiert durch die verbreitete Goethe-Biographie Albert Bielschowskys (seit 1904 vollständig vorliegend). Die beiden überaus faktenkundigen, materialreichen, ganz im Geist der positivistischen Epoche geschriebenen Bücher unterrichteten Thomas Mann zuverlässig über Goethes Leben und Entwicklung – sie boten Stoff in Fülle. Was sie aber nicht boten, war die Betonung der tragischen Seiten dieses Lebens, der Leiden des vereinsamten Dichters. Allein eben diese Seiten der Goetheschen Existenz interessierten Thomas Mann, und zwar in engstem Zusammenhang mit der Arbeit am *Tod in Venedig*. Nur wenige Jahre nach der Niederschrift gab Thomas Mann die Auskunft, er habe in der Novelle vor allem *das Problem der Künstlerwürde* darstellen wollen: *Ich wollte etwas geben wie die Tragödie des Meistertums. Ich hatte ursprünglich nichts Geringeres geplant als die Geschichte von Goethes letzter Liebe zu erzählen, – eine böse, schöne, groteske, erschütternde Geschichte, die ich vielleicht trotzdem noch einmal erzähle.*[36] Der frühe Plan wurde später verwirklicht in dem, wie ursprünglich, als Novelle gedachten Goethe-Roman *Lotte in Weimar*, als dessen unausgesprochenes, aber leitendes Thema sich, durch alle Jahre hin, *die Tragödie des Meistertums* erhalten hat. – Zu Thomas Manns Zeit der Vereinsamung, der Stoffsuche und Suche nach dem eigenen Weg, der über *Buddenbrooks* hinausführen würde, bahnt sich die Annäherung an Goethe an, die so oft mißverstanden worden ist und von der Thomas Mann selbst halb scherzhaft als einer *mythischen Identifikations-Hochstapelei*[37] sprechen konnte.

Der Faust-Plan dieser Jahre mag wohl im Hinblick auf Goethe gefaßt worden sein, jedoch, wie die übrigen Entwürfe, war er vor allem autobiographisch bestimmt. Als Thomas Mann sich mehr als vier Jahrzehnte später anschickte, das frühe Vorhaben auszuführen, notierte er – unterm 27. März 1943 – in seinem Tagebuch: *Machte den Drei-Zeilen-Plan des Dr. Faust vom Jahr 1901 ausfindig. Berührung mit der Tonio Kröger-Zeit, den Münchener Tagen.*[38] Und in der *Entstehung des Doktor Faustus* fügt

Thomas Mann hinzu, daß um den *vagen thematischen Kern*, den *Teufelspakt eines Künstlers, von Anfang an eine Aura von Lebensgefühl, eine Lufthülle biographischer Stimmung lag.*[39] Der vollendete *Doktor Faustus*, soweit sein Gehalt sich auch im Für und Wider der Probleme, die er aufwirft, über die Werke der *Münchener Tage* erhebt, hat dennoch Thomas Manns *Lebensgefühl* der Vorkriegsjahre getreu bewahrt. Wenn der fingierte Erzähler der Lebensgeschichte Adrian Leverkühns, *des deutschen Tonsetzers,* gleich eingangs das *Künstlerleben, diese Sonderform des Daseins*, als *das Paradigma aller Schicksalsgestaltung*[40] auszeichnet oder wenn er von der *hohen Schwierigkeit seiner Existenz*[41] spricht, so greifen diese Äußerungen auf Erfahrungen zurück, wie sie in *Tonio Kröger*, *Königliche Hoheit* und im *Tod in Venedig* gestaltet worden waren.

Die Motiv- und Gestaltenfülle des Spätwerks hat verzweigtere Wurzeln; aber sie weisen alle zurück in die Jahre zwischen 1900 und 1914: Die Hinneigung des Komponisten zu einem Mann war von Thomas Mann in der leidenschaftlichen Freundschaft zu dem Maler Paul Ehrenberg erlebt worden – *eine verstandene, erwiderte, gelohnte Freundschaft,* wie Thomas Mann seinem Bruder gestand, *ein in diesem Leben nicht mehr erwartetes Entgegenkommen.*[42] Im Spätwerk kehrt das Bekenntnis in Adrian Leverkühns Worten wieder: *In meinem Leben war einer, dessen beherztes Ausharren – man kann beinahe sagen: den Tod überwand; der das Menschliche in mir frei machte, mich das Glück lehrte. Man wird vielleicht nichts davon wissen, es in keiner Biographie schreiben…*[43] Die Umstände, die dem Tod Rudi Schwerdtfegers im *Doktor Faustus* gegeben werden, ließ Thomas Mann sich damals von einer Freundin berichten (*Ich bemerke dabei, daß die Détails mir die Hauptsache sind. Sie sind so anregend!*[44]); ja der ganze obskurantistische Münchner Zirkel um Kridwiß, im *Doktor Faustus* um der «Akzeleration» des zeitgeschichtlichen Ablaufs willen in die zwanziger Jahre dieses Jahrhunderts verlegt, war Thomas Mann in Schwabing durch Karl Wolfskehl und Ludwig Derleth bekannt geworden, seine Novelle *Beim Propheten* (1904) hatte den messianisch-militaristischen Geist dieser Konventikler sogleich entlarvt; dafür schließlich, daß der familiengeschichtliche Hintergrund des *Doktor Faustus* auch auf Pläne der Frühzeit zurückgeht, findet sich – drei Jahre nach dem Selbstmord der Schwester Carla, der Clarissa Rodde des Romans – in einem Brief an Heinrich Mann vom 11. November 1913 das höchst aufschlußreiche Zeugnis: *In meinen besten Stunden träume ich seit langem davon, noch einmal ein großes und getreues Lebensbuch zu schreiben, eine Fortsetzung von Buddenbrooks, die Geschichte von uns fünf Geschwistern. Wir sind es wert. Alle.*[45]

Der Kreis von Thomas Manns Stoffsuche ist damit durchlaufen; er schließt sich in einem vieldeutigen Sinn: nicht nur, daß das autobiographische Verfahren, unter Tolstojs, dann Goethes Anleitung, reflektiert und geübt wird – man kann an der vertraulichen Bemerkung gegenüber

1900

dem Bruder ermessen, wie sehr das unvergleichliche Jugendwerk der *Buddenbrooks* die weitere Produktion zu hemmen vermochte. Mit seiner *Größe* verglichen, erschien das zunächst Folgende unbedeutend. Ein Nachhall dieser Bedenken ist in der langwierigen *Selbsterforschung und Selbstbehauptung*[46], den *Betrachtungen eines Unpolitischen*, indirekt zu finden: Der Rechenschaftsbericht, der die anderthalb Jahrzehnte der Unsicherheit beschließt, stützt sich auf *Buddenbrooks*, *Tonio Kröger* und allenfalls den der Jugendnovelle *nächstverwandten Tod in Venedig* – vom übrigen wird nur einiges beiläufig erwähnt. Zwei umfangreichere Arbeiten, die über das Stadium des ersten Entwurfs hinaus gediehen waren, konnte Thomas Mann in den *Betrachtungen* noch nicht nennen: sein letztes erzählerisches Werk, die *Bekenntnisse des Hochstaplers Felix Krull*, war 1910, der Roman seiner eigenen Entwicklung, *Der Zauberberg*, 1913 nur erst begonnen worden.

Die Affäre mit Paul Ehrenberg blieb keineswegs die einzige homosexuelle Erfahrung Thomas Manns. Er hat seine Neigung zu Knaben und jungen Männern nie verhehlt. Er war ihr durch die Homosexualität seiner beiden ältesten Söhne Klaus und Golo auch stets persönlich und gesellschaftlich konfrontiert. Seit seinem Jugendwerk hat er sie in den Knabenlieben Hanno Buddenbrooks zu Kai Graf Mölln, Tonio Krögers zum blonden Hans Hansen und vollends durch Gustav von Aschenbachs Verfallenheit an den schönen Tadzio so mustergültig dargestellt, daß in der weltweiten Schar seiner Leser sich viele in ihrem Erleben oder auch ungestalten Träumen und Wünschen mit den Figuren der Dichtung identifizieren konnten – die einfachste Wirkung der Kunst und dabei ihre nachhaltigste.

Thomas Mann hat seinem Hang zur Selbstdarstellung in seinem weiteren Werk in immer gesteigertem Maß nachgegeben und sogar über sein reflektiv-kritisches Opus magnum im Tagebuch notiert: *Es unterliegt für mich selbst keinem Zweifel, daß «auch» die «Betrachtungen» ein Ausdruck meiner sexuellen Invertiertheit sind.* (17.9.1919) Er beobachtet damals mit *Entzücken*, ja *verliebt* das Heranwachsen seines Sohnes Klaus und sagt über den Vierzehnjährigen: *Finde es sehr natürlich, daß ich mich in meinen Sohn verliebe.* (25.7.1920) Er vermerkt, als er ihn einmal *völlig nackt* erblickt, den *starken Eindruck von seinem vormännlichen, glänzenden Körper* und erhöht diesen Eindruck zu einer *Erschütterung.* (17.10.1920) Gleichzeitig mehren sich die Notate zum heterosexuellen ehelichen Versagen, und eine ausfallende Gereiztheit gegen Weibliches nimmt zu. Über eine Tänzerin: *Öde, ja widerlich. Für den ersten jungen M a n n, den ich nachher auf der Straße sah, empfand ich etwas wie Begeisterung nach so viel ranzig-graziöser Weiblichkeit.* (23.3.1919) Eine Gereiztheit, die nur noch einmal zu Ende der dreißiger Jahre gegen seine hochgestellte Gönnerin Agnes E. Meyer, die ihm den Zugang zu den Washingtoner Offiziösen vermitteln sollte, überboten wurde. In den früheren Tagebüchern gipfeln alle derartigen Bedenken in der Frage: *Es scheint, ich bin mit dem Weiblichen endgültig fertig?* (25.7.1920) Dies alles nur anderthalb Jahrzehnte nach jener leidenschaftlichen Liebesaffäre mit dem wenig jüngeren Paul Ehrenberg, die Thomas Mann vor seiner Heirat erlebte und die er damals einzig und allein dem Bruder Heinrich gestanden hatte.[47] Erst im Alter, im *Doktor Faustus*, wird die Affäre veröffentlicht, und Paul Ehrenberg taucht in dem autobiographischen Roman unter dem ihre Intimitäten andeutenden naturalistisch-charakterisierenden Namen Rudi Schwerdtfeger auf.

Die Weimarer Republik, während der Thomas Mann sich von seinem Konservativismus unterm Kaiserreich lossagte und eine demokratische Liberalität zu entwickeln begann, setzte auch seine Homosexualität frei. Er gab seinen Begehrungen im Werk immer deutlichere Ableitungen. Pribiszlav Hippes *crayon* im *Zauberberg* ist noch ein verkümmertes, doch leitmotivisch hervorgehobenes phallisches Symbol. Der biblische Joseph wird dann mehr als einmal in seiner leiblichen Pracht und als geradezu göttlich gezeigt, bis hin zu der Entsagungsszene, die in den Aufschrei von Potiphars Weib mündet: *Ich habe seine Stärke gesehen.*[48] Goethe läßt Thomas Mann in *Lotte in Weimar* mit einer starken Erektion erwachen. Die Geilheit von Wiligis, Gregorius *(Der Erwählte)*, Ken Keaton *(Die Betrogene)* und Felix Krull ist durchaus phallisch geprägt. Hans Blühers «Die Rolle der Erotik in der männlichen Gesellschaft» war Thomas Mann seit 1919 bekannt – *Einseitig, aber wahr* (Tagebuch, 17.9.1919) –, sie bestimmte diese Thematik bis hin zu der Doktrin, daß Homosexualität *wesentlich zum Deutschtum* gehöre. (Tagebuch, 12.7.1934)

Für sich selbst führte Thomas Mann über seine Empfindungen Buch. Und wie er Charlotte in Weimar sagen läßt, die Lesewelt werde Goethes Liebschaften in toto auswendig lernen *wie die Amouren des Zeus*[49], hat er die Namen der von ihm Geliebten mehrfach aufgelistet, damit sie aufbewahrt blieben. Doch diese Listen sind nicht interessant oder wichtig. Gehaltvoller sind die Selbstdeutungen nach außen an die Mitwelt gerichtet wie die Erinnerung an die Münchener Paul-Ehrenberg-Zeit in der *Entstehung des Doktor Faustus* oder die Erinnerung an das Urbild des blonden Hans Hansen im Brief des Todesjahres an einen Lübecker Schulkameraden: *... den habe ich geliebt – er war tatsächlich meine erste Liebe, und eine zartere, selig-schmerzlichere war mir nie mehr beschieden.* Er habe *«dieser Passion der Unschuld»* im *«Tonio Kröger» ein Denkmal gesetzt, – einer Geschichte, die in manchen Ländern schon zum deutschen Schulbuch (mit Vokabular) geworden; und es ist merkwürdig zu denken, daß heute die Gesichter junger Engländer, Amerikaner, Franzosen, Ungarn sich über die Seiten neigen, die von ihm und dem Leid, das ich um ihn trug, erzählen. Merkwürdig zu denken auch, daß die ganze Bestimmung dieses Menschenkindes darin bestand, ein Gefühl zu erwecken, das eines Tages zum bleibenden Gedicht werden sollte.*[50] So ist das homosexuelle

Erleben universell legitimiert, ja in der Kunst geadelt. Schon zwanzig Jahre früher hatte Thomas Mann in ähnlichem Sinn in seinem Tagebuch die Reflexion angestellt, daß er das *Überwältigtsein,* den *Rausch*, der Paul-Ehrenberg-Zeit *doch nur einmal – wie es sich wohl gehört –* als *zentrale Herzenserfahrung meiner 25 Jahre* erlebt habe: *So ist es wohl menschlich regelrecht, und kraft dieser Normalität kann ich mein Leben stärker ins Kanonische eingeordnet empfinden, als durch Ehe und Kinder.* (6.5.1934)

Homosexuelle Liebeserfahrung ist Teil des allgemeinen und allgemeingültigen menschlichen Erlebens. Thomas Mann teilt diese Ansicht ja mit keinen geringen Geistern wie Michelangelo, Shakespeare, Goethe und Freud. Im *Joseph*-Roman steigert er seine Vorliebe für Jungmänner ins Universelle, in das Weltbild einer Kosmogonie: Religionsmythologische Forschungen dieses Jahrhunderts hatten dargelegt, daß in gleichen Elementen vom Fernen Osten bis nach Griechenland alles Urbildliche des Menschen angeschaut war *als ein Jünglingswesen aus reinem Licht, geschaffen vor Weltbeginn als Urbild und Inbegriff der Menschheit (Joseph und seine Brüder. Vorspiel).*[51] Joseph ist so ein Göttlicher Jüngling, und er präfiguriert seinesgleichen, den phönizischen Tammuz, den ägyptischen Osiris, den griechischen Apoll, auch das jüdisch-christliche inkarnierte Lamm. Es gefällt ihm, mit ihren Masken zu spielen und so Facetten der Menschheitsgeschichte auszustrahlen. An dieser sinnlichen Idee hat Thomas Mann immer festgehalten. Noch der Fünfundsiebzigjährige notiert im Tagebuch: *Krankhafter Enthusiasmus für den «göttlichen Jüngling».* (6.8.1950) Und: *Zweifellos ist mein Enthusiasmus für das Jung-Männliche in letzter Zeit, vielleicht aus Torschluß-Gefühl, stürmisch gewachsen, mein Auge ungeheuer wach und schmerzlich-begierig für alle dergleichen Schönheit, die Nicht-Empfänglichkeit dafür mir bis zur Verachtung unbegreiflich. Daß die Bewunderungswürdigkeit des «göttlichen Jünglings» alles Weibliche weit übertrifft und eine Sehnsucht erregt, vergleichlich mit n i c h t s in der Welt, ist mir Axiom.* (28.8.1950) Er setzt jedesmal hinzu, daß er mit diesen Hymnen nicht die Jungens meint, die ihn gerade entzückt hatten. Denn das göttliche Phantasma zu vergegenwärtigen, zu veranschaulichen, im Realen genau zu machen – oder wie sonst Thomas Manns realistische Ästhetik es forderte –, waren ja doch körperliche Erscheinungen nötig; und wenn keine einzelne *Augenweide* da war, mußten auf den täglichen Spaziergängen an der Pazifischen Küste derweil die California beach boys herhalten. Oder Kellner oder Tennisspieler (mit ihren *Hermesbeinen*) oder Mitreisende oder nackte Körper im Film, bei solchen fand Thomas Manns Wahrnehmungsbegabung seine Lust.

Es ist nur eines kleinen Zusatzes, aber vielleicht der Erwähnung wert, daß – so wie die Öffnung von Thomas Manns Nachlaß die Quellensuche nach seinen Vorlagen überborden ließ – die Veröffentlichung seiner Tagebücher eine Flut von Beobachtungen zu seiner Sexualität hat ansteigen lassen. Der Positivismus im ersten Fall und der Voyeurismus im zweiten Fall[52] haben zur Erkenntnis von Thomas Manns Werk wenig beigetragen.

Ansehen – Gegner

Von der Last seiner Zweifel und Bedenken teilte Thomas Mann der Öffentlichkeit nichts mit. Ein erster, fragmentarischer Lebensabriß, *Im Spiegel*, von 1907 sagt über diese Epoche: *Glanz umgibt mich. Nichts gleicht meinem Glücke. Ich bin vermählt, ich habe eine außerordentlich schöne junge Frau – eine Prinzessin von einer Frau, wenn man mir glauben will, deren Vater königlicher Universitätsprofessor ist und die ihrerseits das Abiturientenexamen gemacht hat, ohne deshalb auf mich herabzusehen.*[1] Die Ironie ist deutlich, aber sie verbarg diesmal nur den Ernst. Thomas Mann hatte am 11. Februar 1905 Katja Pringsheim geheiratet, die sehr kluge und schöne Tochter Alfred Pringsheims, des Ordinarius für Mathematik an der Universität zu München. Die Pringsheims waren reich, ihr Vermögen war von dem Großvater Rudolf Pringsheim, einem oberschlesischen Eisenbahnmagnaten, erworben worden. Die folgende Generation, die den jüdischen Glauben aufgab, schlug die akademische Laufbahn ein. Alfred Pringsheim, Ordinarius und Mitglied der Bayerischen Akademie der Wissenschaften, war, neben Nathan und Ernst Pringsheim, den Naturforschern, nicht der einzige Gelehrte, den die Familie hervorgebracht hatte. Sein Palais in der Arcisstraße galt als eines der bedeutendsten geistig-kulturellen Zentren des alten München. In einem renaissancistischen Saal musizierte der Hausherr mit Freunden; zwei Konzertflügel standen zur Verfügung und an Musikliteratur Auszüge aus Wagner-Opern, die Alfred Pringsheim persönlich fast alle für zwei Klaviere gesetzt hatte. Er war Wagnerianer vom alten Schlage, war sogar dem Bayreuther Meister selbst noch begegnet. Seine Frau, Hedwig Pringsheim, Tochter Ernst Dohms, des Gründers des Berliner «Kladderadatsch», vertrat die literarisch-künstlerischen Interessen des Hauses; zu ihren Verehrern gehörten Paul Heyse, Maximilian Harden, Franz von Lenbach, Kaulbach und Stuck. Sie war es auch, die Thomas Manns Rang unter den jüngeren Literaten bald erkannt hatte. Ob auf ihren Rat hin, Alfred Pringsheim jedenfalls – dessen Verhältnis zu dem jungen Schwiegersohn so kühl und gemessen war, daß es zwischen ihm und Thomas Mann stets beim «Sie» blieb – ließ sich herbei, dem jungen Ehepaar über Jahre hin einen *Zuschuß* zu gewähren, der erst nach Ausbruch des Weltkriegs *auf die Hälfte herabgemindert werden mußte*[2].

Katja Pringsheim, 1905

Haus Pringsheim, München, Arcisstraße 12

«Ihre Ehe war nicht die Begegnung zweier polarer Elemente; eher handelte es sich wohl um die Vereinigung von zwei Wesen, die sich miteinander verwandt wußten – um ein Bündnis zwischen zwei Einsamen und Empfindlichen, die gemeinsam einen Kampf zu bestehen hofften, dem jeder für sich vielleicht nicht gewachsen wäre» – Klaus Mann, der genaue und feinfühlende Beobachter seiner Eltern, fand diese Worte. Sie werden durch alle ebenso dankbaren wie zurückhaltenden Äußerungen

Thomas Manns über seine Frau bestätigt. Öffentlich huldigte er ihr zuerst in dem *Lebensabriß*, als die Ehe mit Katja Pringsheim bereits fünfundzwanzig Jahre bestand; das «Bündnis» mit *der Frau, die mein Leben teilt, – dies schwierige, Geduld vor allem erfordernde, aber leicht ermüd- und verstörbare Leben, von dem ich nicht weiß, wie es sich ohne den klugen, tapferen und zart-energischen Beistand der außerordentlichen Gefährtin auch nur, wie geschehen, hätte behaupten sollen.* [3] Katja Mann übernahm in dem Schriftstellerhaushalt die Leitung der «geschäftlichen» Angelegenheiten: sie besorgte die Verlagskontrakte, kontrollierte wohl auch Interviews, erledigte *Bücher- und Manuskriptbegutachtung, Wohltätigkeit, menschliche Beratung und so weiter*[4]; kurz, sie entlastete ihren Mann durch die Organisation äußerer Pflichten und trug dazu bei, den geregelten Tagesablauf – die Bedingung für Thomas Manns dichterische Arbeit – von Störungen frei zu halten.

Mit Tochter Erika

Schlüssel zu Die Buddenbrooks von Thomas Mann

Die Zeit der Handlung ist im Roman um ungefähr 12 Jahre zurückverlegt.

Familie Buddenbrook	Familie Mann
Der alte Buddenbrook	Konsul Johann Siegmund Mann
seine Frau Betty geb. Kröger	eine geb. Marty
Thomas ~~Mann~~ Buddenbrook	Senator Thom. Mann
Gerda seine Frau geb. Arnoldsen	Frau Senator Mann geb. Julia Bruhns
Christian	Friedel Mann
Tony	Elisabeth Mann
Clara	Olga Mann
Johann	Heinrich Mann
Onkel Gotthold	Siegmund Mann
seine Frau	eine geb. Behrens
Pfiffi } ihre Töchter	Fräulein Emmi Mann
Friederike } ihre Töchter	" Auguste "
Henriette } ihre Töchter	" Lina "
Clotilde	" Tekla "
Erika Grünlich	" Alice Biermann
Konsul Lebrecht Kröger	Marty sen.
seine Frau	geb. Gosemann
Jürgen Kröger	Paul Marty
Justus Kröger	Heinrich Marty
Prokurist Marcus	Konsul Eschenburg (Onkel v. Rich. Boy)
Permaneder	Haack
Makler Gritjens	Makler Gütjens
" Gosch	" Schunck
Dr. med. Grabow	Dr. Gitschow sen.
Sesemi Weichbrodt	Frau Therese Bousset
Madame Kethelsen	" Michelsen
Mademoiselle Popinet	Mlle Blanchard
Leutnant von Throta	Graf von Goertzen
Dr. Langhals	Dr. F. Plessing
Weinhändler Köppen	Weichbrodt
Holzhändler Overdieck	Bürgermeister Behn
Pastor Kölling	Pastor [illegible]

Ich komme mir oft recht stumpf vor. Meine Produktionsart macht starrsinnig und apathisch[5], teilte Thomas Mann seinem Bruder mit. Wirklich wiederholte sich bei der Arbeit an größeren Werken der Entstehungsprozeß der *Buddenbrooks*: *Gearbeitet habe ich nicht diesen Winter, sondern nur erlebt, sehr menschlich erlebt und mein Gewissen damit besänftigt, daß ich mein Notizbuch voll Beobachtungen schrieb*[6], heißt es einmal, und ein andermal – als er um *Détails* der Mordaffäre in der Trambahn bittet, die er dann im Kapitel von Rudi Schwerdtfegers Tod verwandte –: *Ich rechne auf die stimulierende Wirkung der Thatsachen und auf die Verwendbarkeit einiger lebendiger Détails.*[7] Hinzu kamen Studien und Notizen aus fachwissenschaftlichem Schrifttum, medizinischem, ökonomischem, historisch-politischem. *Dem Beginn eines größeren Manuskripts geht in der Regel eine Periode schriftlicher Vorarbeiten voraus. Das sind kurze Entwürfe und Studien, psychologische Pointen und Motive, Aufzeichnungen gegenständlicher Art, Auszüge aus Büchern und Briefen und so fort*[8], gab Thomas Mann 1928 der «Literarischen Welt» bekannt. Über das Sammeln persönlicher Eindrücke sprach er hier nicht, betonte sogar, er *führe kein Taschenbuch.*[9] Indessen ist überliefert, daß er stets ein Notizbuch bei sich trug, in das die Beobachtungen der alltäglichen Umwelt aufgenommen wurden. Für die sorgsame Transposition dieses Tatsachenmaterials in den *Plan*, für seine Reinigung vom bloß Zufälligen und seine Erhöhung zur bild- und aussagekräftigen Gestalt, für den Vorgang der dichterischen Arbeit, die regelmäßig die drei Stunden des Vormittags *etwa von neun bis zwölf oder halb ein Uhr*[10] füllte, hatte die beobachtete Umwelt nicht immer das vollste Verständnis.

Es war bekanntgeworden, daß Thomas Mann sein scharfes Auge «sogar mit einem Opernglas bewaffnete», um den Eigentümlichkeiten solcher, die ihn besucht hatten, auf die Spur zu kommen, indem er ihrem Abgang aus dem Fenster nachblickte. Arthur Holitscher berichtete das, und er verkündete in seiner «Lebensgeschichte eines Rebellen» (1924), daß Thomas Mann aus ihm den Dichter Spinell (in der Novelle *Tristan*) gemacht habe. Ebenfalls 1924 lag der *Zauberberg* vor, und jedermann erkannte in Mynheer Peeperkorn den physiognomischen Goethe-Imitator Gerhart Hauptmann wieder (tatsächlich hatte Thomas Mann einen gemeinsamen Hotelaufenthalt 1923 in Bozen genutzt, die imposanten Mienen und Gesten Hauptmanns aus nächster Nähe zu studieren). – Vorwürfe, die sich auf den Realiengehalt seiner Dichtungen gründeten, sind Thomas Mann bis in sein hohes Alter nicht erspart geblieben. Man hatte sie auch rechtzeitig erhoben: In Lübeck war der Kreis der durch *Buddenbrooks* Betroffenen so groß, daß man Entschlüsselungslisten aufge-

Lübecker Entschlüsselungsliste zu «Buddenbrooks»

Katja Mann mit Kindern (von links nach rechts): Monika, Golo, Michael, Klaus, Elisabeth, Erika

stellt hatte, und es gab in der Breiten Straße sogar eine Buchhandlung, die der Neugier des Publikums entgegenkam, indem sie zwei Exemplare des Romans mitsamt den Personalcodes auslieh. Der Lübecker Rechtsanwalt von Brocken machte sich nur die Meinung seiner Mitbürger zu eigen, wenn er Thomas Manns Jugendwerk zusammen mit dem wertlosen Kolportageroman des Leutnants Fritz Oswald Bilse, «Aus einer kleinen Garnison, ein militärisches Zeitbild», unter der literarischen Gattung der «Bilse-Romane» in öffentlichem Plädoyer zusammenfaßte. Er war Thomas Manns erster Gegner. Andere sollten folgen.

Dem Ansehen des jungen Dichters, den literarische Gesellschaften in München, Königsberg, Göttingen, Berlin, Basel, Hamburg, ja auch in Lübeck bereits im ersten Jahrfünft nach Erscheinen von *Buddenbrooks* zu Vorlesungen baten (*Das Repräsentieren macht mir Spaß*[11]), wurde im nächsten Jahrfünft von manchen Kollegen seiner Zunft die Berechtigung aberkannt. In ihren Urteilen vermischten sich ästhetische und weltanschauliche Einwände. Rainer Maria Rilke, der *Buddenbrooks* bald nach ihrem Erscheinen sehr wohlmeinend rezensiert hatte, fand den zweiten Teil vom *Tod in Venedig* «ausfließend wie verschüttete Tinte». Ricarda Huch «ärgerte» sich (1913) darüber, «daß man jetzt überall liest, Thomas Mann wäre der größte lebende Epiker, und ich finde seine korrekt gedrechselten Sachen so unbedeutend im Grunde». Stefan Zweig bemängelte (1912) «das Breitbürgerliche, das heute die deutsche Kunst so zu verfetten droht», und spielte gegen Thomas Manns in Dichtung «verwandeltes Eigenerlebnis» das «freie Erfinden» Jakob Wassermanns und Heinrich Manns aus – deutlicher durfte er nicht wohl reden: er schrieb für die «Neue Rundschau», das Organ von Thomas Manns Verlag S. Fischer. In derselben Zeitschrift äußerte sich auch Alfred Kerr, verklausuliert, in *tänzerischen Pamphletchen*[12], er sprach von «mittleren Roman-Boßlern» – nur Thomas Mann wußte, wer gemeint war (*Ich muß gestehen, daß mir Tage lang sehr übel davon war*[13]). In seinen Theaterkritiken für den Berliner (‹roten›) «Tag» war Kerr freier; hier ließ er nach einer Aufführung von *Fiorenza* drucken: Der Verfasser des Stückes sei ein feines, etwas dünnes Seelchen, dessen Wurzel ihre stille Wohnung im Sitzfleisch habe. Rächte sich Kerr für die im «Zwanzigsten Jahrhundert» empfangenen Hiebe? – Die jüngere Generation, die dem «Expressionismus» huldigte – unter ihr etwa Kasimir Edschmid, Kurt Hiller, Ernst Blass –, wußte mit dem wirklichkeitsgesättigten Werk Thomas Manns gar nichts anzufangen; aber Franz Kafka ist zu nennen, der Thomas Mann seit *Tonio Kröger* zu den wenigen zählte, «nach deren Geschriebenem» er «hungere». – Auch das quasi politische Argument wurde schon vor dem Ersten Weltkrieg gegen Thomas Mann laut: Anlaß gab seine Ehe mit einer Halbjüdin. Selbst engere Freunde, wie Kurt Martens, versagten sich publizistische Sticheleien gegen Katja Mann nicht – von den aus persönlicher Bosheit scharfsichtigen Pamphleten Theodor Lessings («Tomi melkt die Moralkuh. Ein Dichterpsychologem», 1910) und den überaus grobschlächtigen und vor Dummheit geblähten Anwürfen des Professors Adolf Bartels zu schweigen. – Wie lästig die zahlreichen offenen und geheimen Feindschaften auch waren, sie haben Thomas Manns Werdegang so wenig zu verrücken vermocht wie das Kopfschütteln des Lübecker Bürgermeisters: Franziska Gräfin Reventlow, in Lübeck aufgewachsen, hatte es von Ohrenzeugen erfahren, daß man auf einer Abendgesellschaft die berühmt gewordenen Kinder der Stadt habe Revue passieren lassen: Heinrich Mann, der die Lübecker Wohlanständigkeit mit «Professor Unrat» verletzt hatte, Fritz Behn, Senatorensohn, derzeit noch nicht Professor, sondern brotloser Bildhauer, Erich Mühsam, als Anarchist polizeilich beargwöhnt, die Reventlow, Mutter eines unehelichen Kindes, Thomas Mann... Und da hatte die literarisch unbelehrte Magnifizenz denn Anlaß gefunden, zu seufzen: «Daß die auch gerade alle aus Lübeck sein müssen – was sollen bloß die Leute im Reich von uns denken!»

Der eigentliche Gegner unter allen war der Bruder: Heinrich Mann. Thomas Mann fand sein Werk durch ihn angezweifelt. 1904, in einer autobiographischen Äußerung, hatte Heinrich mit Bezug auf seine Herkunft die bissige Wendung gefunden: «Nachdem wir zwei dicke Bände lang hanseatische Kaufleute gewesen waren, brachten wir es endlich bis zu Künstlertum.» Hier sind die Argumente Kerrs, Stefan Zweigs und der

Expressionisten gegen Thomas Manns Arbeiten in nuce versammelt: es ist die Ablehnung der wirklichkeitstreuen Genauigkeit. Man zog die kühne Erfindung und ein gesteigertes Pathos vor. *«Du hältst dich zu lange bei der Kritik der Wirklichkeit auf», so hörte ich aus nächster Nähe. «Aber du wirst schon auch noch zur Kunst gelangen»*[14] – Thomas Mann hat die Bemerkung seines Gegners in die *Betrachtungen* aufgenommen. Heinrich Mann, der Schüler Balzacs, erhob gegen Thomas, den Schüler der russischen Realisten, diese ästhetischen Einwände. Die Zeit ihrer nicht nur persönlichen, sondern auch geistig-künstlerischen Brüderlichkeit war vorbei, seit Thomas Mann sich zum *Tolstoismus*[15] bekannte, was ihn hinderte, die Balzacschen Übersteigerungen der Wirklichkeit im Werk seines Bruders gutheißen zu können. «Die Göttinnen» machten ihn *rathlos*[16]. *Daß die «Jagd nach Liebe» in sechs Monaten hingelegt wurde, hindert nicht, daß wir Anderen Gründe haben, bedachtsamer vorzugehen.*[17]

Immerhin, die fast alljährlich aufeinanderfolgenden Romane Heinrich Manns begründeten damals seinen Ruhm. Und wenn auch die zunächst ästhetische, dann weltanschauliche Kontroverse zwischen Thomas und ihm nicht mit Fragen nach Eifersucht und Neid auf seiten des Jüngeren verquickt zu werden braucht – etwas davon spielte in das Kapitel des Bruderzwistes doch hinein. Thomas Mann sah sich damals genötigt, seine Novelle *Wälsungenblut*, zu der die Familie Pringsheim Modell gestanden hat, vom Druck zurückzuziehen (seither ist die Erzählung «skandalumwittert» geblieben in einem Maß, das ihr nicht zukommt; Thomas Mann selbst nannte sie später *zweiten Ranges, ich meine selbst innerhalb meiner Produktion*[18]). An den Bruder schrieb er über diesen diplomatischen Akt: *Schlimm ist hauptsächlich, daß ich, der ich ohnehin so wenig fertig bringe, auch noch die skrupulöse Arbeit langer Wochen aus Rücksichten unterdrücken muß.*[19] – Bei Heinrich sah Thomas die Produktion *strömen*; indessen fand er, daß der Bruder sich *ins andere Extrem verloren* habe: ... *indem Du nachgerade nichts weiter mehr, als nur Künstler bist, – während ein Dichter, Gott helfe mir, m e h r zu sein hat als bloß ein Künstler.*[20]

Hier wird, unter dem Nietzscheschen Begriff des versatilen «Künstlers» und dem klassisch-romantischen des «Dichters», jener Gegensatz zu Heinrich Mann ausgesprochen, der, zehn Jahre später in den *Betrachtungen* mit politischem Akzent versehen, den *Zivilisationsliteraten*[21], den *belles-lettres-Politiker* gegen die eigene Haltung des *kultur-konservativen Epikers*[22] herabsetzt. – Der *Dichter*, anders als der schnell produzierende Literat, *stützt sich – statt frei zu «erfinden» – auf irgend etwas Gegebenes, am liebsten auf die Wirklichkeit*[23] – der programmatische Satz scheint durch den Einspruch des Bruders hervorgerufen zu sein. Er ist in Thomas Manns erster großer Selbstrechtfertigung *Bilse und ich* (1906) enthalten und wird in den *Betrachtungen* in der strengeren Definition wiederholt, daß ihm dichterisches Schrifttum *nichts anderes als Wirklich-*

München, Poschinger Straße 1

keitskritik durch den Geist[24] bedeute – eine Definition, zu der Nietzsche, Tolstoj und dessen Interpret Mereschkowskij gleichermaßen beigetragen haben. Sie blieb für Thomas Mann gültig. Die politischen Anschauungen seiner unpolitischen *Betrachtungen* mochte er, durch die zeitgeschichtlichen Ereignisse belehrt, aufgeben; den ästhetischen Maximen seines Realismus oder *Tolstoismus*, die sich im Streitgespräch mit dem Bruder befestigt hatten, konnte er sein Leben lang anhänglich bleiben.

Krieg

Glanz und äußeres *Glück*[1] waren angestiegen. Außer einem Landhaus in Bad Tölz war Anfang des Jahres 1914 eine Villa in München, Poschinger Straße 1, nahe der Isar, bezogen worden; erbaut in dem historisierenden Stil der Jahrhundertwende, geräumig für einen großbürgerlichen Haushalt, die Balkone von Säulen getragen, eine Freitreppe führte von der Terrasse in den Garten. Man lebte herrschaftlich, ja in einem Punkt sogar höfisch: Der Münchner Generalmusikdirektor Bruno Walter, Leiter der Hofoper und der Odeon-Konzerte, holte seine Freunde und Nachbarn, Thomas Mann und Frau, zu den Konzerten meist in einer zweispännigen blauen Staatskarosse ab, ein galonierter Diener saß auf dem Bock. Seine Kenntnis der Musik Gustav Mahlers, seine Hingabe an Hans Pfitzners «Palestrina» verdankte Thomas Mann dem hervorragenden Dirigenten. Indessen, das Pfitzner-Erlebnis fiel bereits in das dritte Kriegsjahr...

Am 3. August 1914 hatte eine dicht gedrängte Menge auf dem Odeonsplatz der Proklamation der deutschen Kriegserklärung an Frankreich mit lautem Jubel zugestimmt. (In die Menge eingekeilt, ziemlich nahe der imitierten Loggia dei Lanzi, schwenkte Adolf Hitler seinen Hut.) Es ist ja überliefert, daß die Bevölkerung rauschhaft ergriffen war und bis in die Nächte jener ersten Augusttage «Deutschland, Deutschland über alles» und «Morgenrot, Morgenrot» sang. Nicht nur eine schlecht unterrichtete Masse nahm an dieser Bewegung teil, sondern auch zu kritischem Denken befähigte Männer. *Muß man nicht dankbar sein* – schrieb Thomas Mann seinem Bruder – *für das vollkommen Unerwartete, so große Dinge erleben zu dürfen?* Und er sprach von diesem *großen, grundanständigen, ja feierlichen Volkskrieg.*[2] Öffentlich äußerte er sich später. Der einundfünfzigjährige Dehmel hatte seine Meldung als Kriegsfreiwilliger sofort im August in einem «Offenen Brief» gerechtfertigt. Gerhart Hauptmann gab dann mit seinem Zeitungsaufsatz «Gegen Unwahrheit» den Anstoß zu einer Kette polemischer Schriften hüben und drüben. Er erklärte, dieser Krieg sei ein «Schicksal» und ein «Verhängnis» und Deutschland kämpfe «für Freiheit und Fortschritt» – leere Begriffe, wenn man nicht sagt, Freiheit wovon und Fortschritt wohin... Romain Rolland antwortete im «Journal de Genève». Er forderte die deutschen Intellektuellen auf, ihre Regierung zu verurteilen, ihre Stimme gegen die «Hunnen» zu erheben, die in Deutschland das Kommando führten (Wilhelm II. hatte einst seine nach Peking gesandten Truppen als «Hunnen» gelobt; Rolland griff nur auf das kaiserliche Wort zurück). Karl Wolfskehl und Hauptmann antworteten im September, Friedrich Gundolf (eigentlich Gundelfinger) im Oktober, im November Thomas Mann. Robert Musil, Rudolf Borchardt, Ernst Bertram folgten, und schließlich – verspätet – Stefan George mit einem brutalen Hymnus.

Heute sind fast alle Zeitungsaufsätze und Reden der deutschen Schriftsteller von 1914–15 verschollen. Allein einige Dokumente Thomas Manns sind geblieben; mit gutem Recht. Denn Thomas Mann nahm die von seinen Kollegen geäußerten Gedanken auf, präzisierte sie und führte sie weiter. Dieser Prozeß vollzog sich langsam, seine Publikationen zum Tagesthema bezeichnen die Entwicklung: Im November 1914 die *Gedanken im Kriege*, im Februar 1915 *Friedrich und die große Koalition von 1756. Ein Abriß für den Tag und die Stunde*, im Mai 1915 der Brief *An die Redaktion des «Svenska Dagbladet», Stockholm*, im August desselben Jahres *Gedanken zum Krieg* in der «Frankfurter Zeitung». Ende Dezember kam ihm der Essay «Zola» des Bruders Heinrich, mit dem jeder persönliche Austausch unterbrochen war, zu Gesicht. Er löste

1919

die mehr als zwei Jahre währende Niederschrift der *Betrachtungen eines Unpolitischen* aus, von denen seit Anfang 1917 Kapitel als Vorabdrucke in der «Neuen Rundschau» erschienen. Ein am 27. Dezember 1917 in dem liberalen «Berliner Tageblatt» eingerückter Artikel *Weltfrieden?* hält den vorläufigen Endpunkt eines vollzogenen Anschauungswandels fest. Gleichzeitig erfolgte der Abschluß der *Betrachtungen*; das Vorwort zu diesem Werk, Anfang 1918 verfaßt, nimmt dessen äußerste Positionen zurück, es *wird kritisch, es stellt sich über das Ganze; eine Notwendigkeit, die ich längst empfand*[3] – wie Thomas Mann dem Vertrauten seiner *uferlosen politisch-antipolitischen Grübeleien*[4], Ernst Bertram, mitteilte. Der *Fortschritt* (zur Demokratie) *hat alles für sich*, heißt es nun, sein eigener *erhaltender Gegenwille* habe sich in *aussichtsloser Verteidigung* befunden.[5]

Der Anfang solcher Erkenntnis waren die *Gedanken im Kriege*. Als Thomas Mann diese niederschrieb, lagen ihm die Äußerungen Wolfskehls und Gundolfs bereits vor; sie waren in der «Frankfurter Zeitung» erschienen und Thomas Mann bekannt geworden. Seine Gedanken entsprachen den ihren. Wie George und sein Kreis bereits Jahre vor dem Krieg in den «Blättern für die Kunst» der Sonderstellung deutschen Geistes, deutscher Kultur das Wort geredet hatten und von dieser These her zur Bejahung des Krieges als der Verteidigung deutschen Wesens gegen westliche «Zivilisation» gelangt waren – so stellte sich auch Thomas

Heinrich Mann

Mann die Lage 1914 dar: *Es ist nicht einfach, ein Deutscher zu sein, – nicht so bequem, wie es ist als Engländer, bei weitem eine so distinkte und heitere Sache nicht, wie es ist, auf französisch zu leben… aber wer da wünscht, daß deutsche Art zugunsten von humanité und raison oder gar von cant von der Erde verschwinde, der frevelt.*[6] Allein der Sieg Deutschlands werde Europa den Frieden verbürgen, nur die Erhaltung und Entfaltung der deutschen Seele ein Wachsen der tieferen Gesittung bedeuten, die er *Kultur* nennt – das ist der Gegenbegriff zur Vernunft, *raison*, oder zur Konvention gesellschaftlicher Sittlichkeit, dem englischen *cant*, kurz: der Gegenbegriff zur westlichen *Zivilisation*.[7] Schon der George-Kreis hatte den Begriff «Zivilisation» mit politischen Anschauungen gefüllt, indem er ihn mit «Demokratie» gleichsetzte, um ihn desto tiefer herabsetzen zu können. Nichts anderes tat Thomas Mann. Aber er ging weiter als George und seine Schüler: Während diese, ihren lebensphilosophischen Grundlagen gemäß, jedes historische Denken ablehnten, bemühte sich Thomas Mann, die Antithese «Kultur/Zivilisation» aus ihren geschichtlichen Bedingungen zu erklären.

In seinen *Betrachtungen* führt Thomas Mann diese Untersuchung durch. In ihnen setzt er sich mit der deutschen Vergangenheit und ihrer Historiographie auseinander. Bei Luther, Goethe, Schopenhauer, Nietzsche findet er – auf der Suche nach *Eideshelfern*[8] seiner Überzeugungen – den Gedanken von der antidemokratischen *Legitimität des Einzelwesens* entwickelt, er findet durch sie das *aristokratische* Ziel der persönlichen *Bildung, feind aller politischen Ideologie überhaupt*[9], aufgerichtet. Die deutsche literarische Romantik bietet ihm das Beispiel der zur Weltanschauung erhobenen Apolitie. Es mutet etwas komisch an, aber tatsächlich erkannte Thomas Mann damals in Eichendorffs Taugenichts – *überzeugend und exemplarisch*, wie er betont – den *deutschen Menschen*.[10] Treitschkes Schriften endlich erschließen Thomas Mann das Verständnis für den Zusammenhang zwischen der deutschen idealistisch-romantischen Apolitie und der deutschen politischen Geschichte. Tatsächlich muß man in dem preußischen Staatshistoriographen Heinrich von Treitschke – neben dem romantisch-konservativen Staatsphilosophen Edmund Burke, neben den Soziologen Werner Sombart und Max Weber – den wichtigsten Gewährsmann für Thomas Manns politische Überzeugungen um 1914 erkennen. Dieser wortgewandteste Apologetiker der deutschen Geschichte hatte in seinen Werken stets betont, daß Deutschland seine eigentümliche Kultur dem zählebigen Partikularismus und kleinstaatlichen Absolutismus verdanke. Thomas Mann hat Treitschkes Apologie der politischen Vergangenheit Deutschlands aufgegriffen und nachdrücklich *die Bedeutung dieser Geschichte für die Ausbreitung sowohl wie für die Vertiefung deutschen Wesens*[11] gutgeheißen.

Thomas Mann folgte Treitschke am engsten in seinem *Friedrich*-Essay. In ihm antwortete Thomas Mann in besonderer Weise auf die Vorwürfe, die Romain Rolland wegen des deutschen Neutralitätsbruchs gegen Belgien erhoben hatte: Zwar, Thomas Mann verteidigte nur den Einfall Friedrichs II. in das neutrale Königreich Sachsen, aber er tat es durchaus im Hinblick auf die gegenwärtige Lage; er nannte den Weltkrieg die Fortführung der Schlachten Friedrichs, wie Treitschke den Krieg 1870/71 die Fortsetzung des Siebenjährigen Kriegs genannt hatte. Thomas Mann begründete das völkerrechtswidrige Verhalten Preußens ehemals und des Deutschen Reichs gegenwärtig: Der König *war nicht im Recht, sofern Recht eine Konvention, das Urteil der Majorität, die Stimme der «Menschheit» ist. Sein Recht war das Recht der aufsteigenden Macht*[12]. Das ist die machtideologische Argumentation Treitschkes in seiner Ansicht der preußisch-deutschen Geschichte. Indem sich Thomas Mann ihrer bediente, hatte er allerdings den Höhepunkt seiner Kriegsbegeisterung erreicht. Schon der Brief an das «Svenska Dagbladet» vom Mai 1915 und alle folgenden Publikationen rechtfertigen und mildern zugleich seine Haltung. Des Einspruchs im «Zola»-Essay (November 1915): «Was ist Macht, wenn sie nicht Recht ist», bedurfte er nicht mehr. Bereits im März 1915 hatte er einem *Vertrauten* – nicht Ernst Bertram, der dem schöngeistigen Chauvinismus Georgescher Observanz anhing und übrigens Thomas Mann mit manchen *Citanda*[13] für die *Betrachtungen* versah –, hatte er dem Österreicher Paul Amann, der neben Georg Brandes, René Schickele, Heinrich Mann, Henri Barbusse, Romain Rolland zu den wenigen dezidierten Pazifisten zählte, geschrieben: *Was ich wünsche ist, daß die Überwindung des politischen Preußentums, die Demokratisierung Deutschlands, die dieser Krieg offenbar zur Folge haben wird, Deutschland entdüstern möge, ohne es zu verflachen, daß sein Verhältnis zur Wirklichkeit sich vertraulicher und heiterer gestalten möge.*[14] Der Wunsch, früh ausgesprochen, weist weit voraus in die Sphäre der Dichtung, die damals ruhte: den *Zauberberg*, diesen menschenwürdigsten Bildungsroman der Epoche, in dem alles Spekulieren über Pathologie, Historie, Theologie darauf abzielt, den «Helden», das *Sorgenkind des Lebens,* zur *Lebensbürgerlichkeit*[15] zu erziehen, ihn von der *Sympathie mit dem Tode*[16] abzuwenden.

Sympathie mit dem Tode[17], ein Wort Hans Pfitzners – von Thomas Mann im abendlichen Gespräch mit dem Komponisten, Juni 1917, aufgenommen –, es umfaßte, jenseits jeder antipolitisch-politischen Polemik, von der damaligen Lebensstimmung Thomas Manns viel. Nicht nur war es ihm *Formel und Grundbestimmung aller Romantik*[18], der er sich in jenen Jahren, literarisch und musikalisch, sehr verbunden fühlte, es sprach auch Persönlichstes aus. Der Streit mit dem Bruder Heinrich, dem *Zivilisationsliteraten* der *Betrachtungen*, so gewandt er sich literarisch ausnahm, Thomas Mann litt unter ihm bis zur Verzweiflung. Er war bedrückt, als er hörte, Heinrich habe über seinen Artikel *Weltfrieden?* geweint, weil in ihm, mit den Worten des Johannes-Evangeliums, die allgemeine Philanthropie als *ein Opferrauch, welcher nicht steigt*, verurteilt wurde, wenn man *unterdessen «seinen Bruder hasset»*.[19] Den «Versuch einer Versöhnung», den Heinrich sogleich einleitete, wies Thomas dennoch zurück: *Laß die Tragödie unserer Brüderlichkeit sich vollenden... Ich habe dies Leben nicht gemocht. Ich verabscheue es. Man muß zu Ende leben, so gut es geht.*[20] Das ist der rückhaltloseste Ausdruck verzweifelter

Lebens- und Selbstverneinung, den Thomas Mann jemals gefunden hat. Allein im hohen Alter seiner letzten Jahre, nach dem Tod des Bruders und abermals zu Zeiten einer nationalen Katastrophe, die sich diesmal endgültig zeigte, hörte man ihn die Worte Shakespeares aussprechen: «and my ending is despair»...

Die Aussöhnung mit dem Bruder konnte nicht eher erfolgen, als bis die *Erkundung der konservativ-nationalen Sphäre*[21] vollzogen war. Sie war es bei Abschluß der *Betrachtungen* bei weitem noch nicht. Vielmehr steigerten das zeitgeschichtliche Wirrwarr nach dem Versailler Frieden, die fortgesetzte wirtschaftliche Schwächung Deutschlands durch die auferlegten Reparationen, die Münchner Räteregierung, die Rheinstaat-Pläne Frankreichs Thomas Manns nationalistischen Konservativismus aufs äußerste – *Was war Canossa gegen die Szene, die den deutschen Kaiser vor dem Entente-Tribunal zeigen wird!*[22] Während Heinrich Mann zu Ehren des ermordeten sozialistischen Ministerpräsidenten des Freistaates Bayern, Kurt Eisner, sprach, begrüßte Thomas Mann das Militärregime der *Reichstruppen*[23] in München, die sich zumeist aus Freikorpsverbänden rekrutierten (Stabschef der Münchner Stadtkommandantur war der Hauptmann Ernst Röhm) und die das Aufleben eines alldeutsch-völkischen Nationalismus beschirmten und begünstigten. – Dem schweren Rückschlag bei den Reichstagswahlen im Juni 1920 für die sogenannte «Weimarer Koalition» von SPD, Zentrum und Deutscher Demokratischer Partei und der Verdoppelung der Sitze der beiden Rechtsparteien Deutsche Volkspartei und Deutschnationale Volkspartei stimmte er im Tagebuch als Hieb gegen *die «Demokratie»* erfreut zu: *anerkennenswert, daß sich die Wahlen zu einem Protest gegen den gegenwärtigen Saustall gestaltet haben.* (8.6.1920).

Thomas Mann war zu dieser Zeit im politischen Sinn ein Reaktionär. Man sollte das nicht zu retuschieren suchen. Denn erst im Licht dieser Tatsache gewinnen die Worte, die er in seiner berühmten Washingtoner Rede *Deutschland und die Deutschen* von 1945 über den Zusammenhang des *guten* und des *bösen* Deutschland fand, den Charakter des wahrhaften Bekenntnisses: *Nichts von dem, was ich Ihnen über Deutschland zu sagen oder flüchtig anzudeuten versuchte, kam aus fremdem, kühlem, unbeteiligtem Wissen; ich habe es auch in mir, ich habe es alles am eigenen Leibe erfahren.*[24] – Erst an seinem romantisch-umdüsterten Nationalismus ist Thomas Manns Entwicklung zu freiester humaner und politischer Liberalität zu ermessen, die im folgenden Jahrzehnt begann.

Deutsche Republik

Keine Metamorphose des Geistes ist uns besser vertraut als die, an deren Anfang die Sympathie mit dem Tode, an deren Ende der Entschluß zum Lebensdienste steht[1] – Thomas Mann sprach dieses Bekenntnis vier Jahre nach Abschluß der *Betrachtungen* in seiner Berliner Rede *Von Deutscher Republik*, Oktober 1922, aus. Eine Vielzahl geistiger und persönlicher Eindrücke der Nachkriegsjahre hatte zum fortschrittlichen Wandel seiner Anschauungen beigetragen.

Er erfuhr von der Teilnahme des Auslands an seinem Werk: Eine Übersetzung von *Königliche Hoheit* ins Englische (*schon anno 1916 erschienen*[2]) gelangte zuerst zu ihm, und den bequemen Ton der eigenen Erzählung im fremden Idiom wahrzunehmen amüsierte ihn; *Buddenbrooks* kamen in Amerika heraus, und wenn sie dort zunächst wenig Erfolg hatten, dann veranlaßte doch der Abdruck des «Death in Venice» im «Dial» «a real stir in the American literary world», wie der Editor Thomas Mann schrieb; in Italien, in der Schweiz erschienen Aufsätze über ihn; ja in Petrograd, im «Haus der Künste» war (1921) ein Vortrag über ihn und Gerhart Hauptmann gehalten worden. – André Gides, André Suarès' und Ernst Robert Curtius' erste Äußerungen zu deutsch-französischen Kulturproblemen erregten Thomas Manns Aufmerksamkeit. Unter dem Eindruck ihrer öffentlich geführten Diskussion bejahte er zum erstenmal die schon in den *Betrachtungen* gestellte Frage, ob nicht die Rechtmäßigkeit des Nationalismus endgültig vorüber sei. – Der befreundete Hans Reisiger machte Thomas Mann mit seiner Übersetzung der Lyrik Walt Whitmans bekannt, dessen *tiefes neues Menschentum*[3] ihn ergriff: ... *denn ich sehe wohl, daß, was Whitman «Demokratie» nennt, nichts anderes ist, als was wir, altmodischer, «Humanität» nennen.*[4]

Die Aktivität der Rechtsterroristen andererseits erleichterte Thomas Mann die Aufgabe seines Konservativismus: Er war scharfsichtig genug, den *Diktator Kapp* und seinen Putschversuch sogleich abzulehnen, und er mißtraute – *bei aller Sympathie mit gewissen Tendenzen der augenblicklichen Machthaber*[5] – auch der nach dem Putsch eingesetzten konservativen bayerischen Regierung des Ritters Gustav von Kahr. Die Ermordung Walther Rathenaus, des vormaligen Reichsministers für Wiederaufbau und derzeitigen Außenministers, *bedeutete* für Thomas Mann *einen schweren Choc.*[6] Er hatte Rathenau persönlich gekannt; und er, der schon in den *Betrachtungen* den *Frieden mit Rußland*[7] vor allem begrüßt hatte, mußte in dem Minister, der im Jahr seiner Ermordung die Politik der Koexistenz zwischen Ost und West mit dem Abschluß des Rapallo-Vertrags und des Berliner Freundschaftsvertrags zwischen Deutschland und der Sowjetunion bekräftigt hatte, einen Verfechter der eigenen vermittelnden

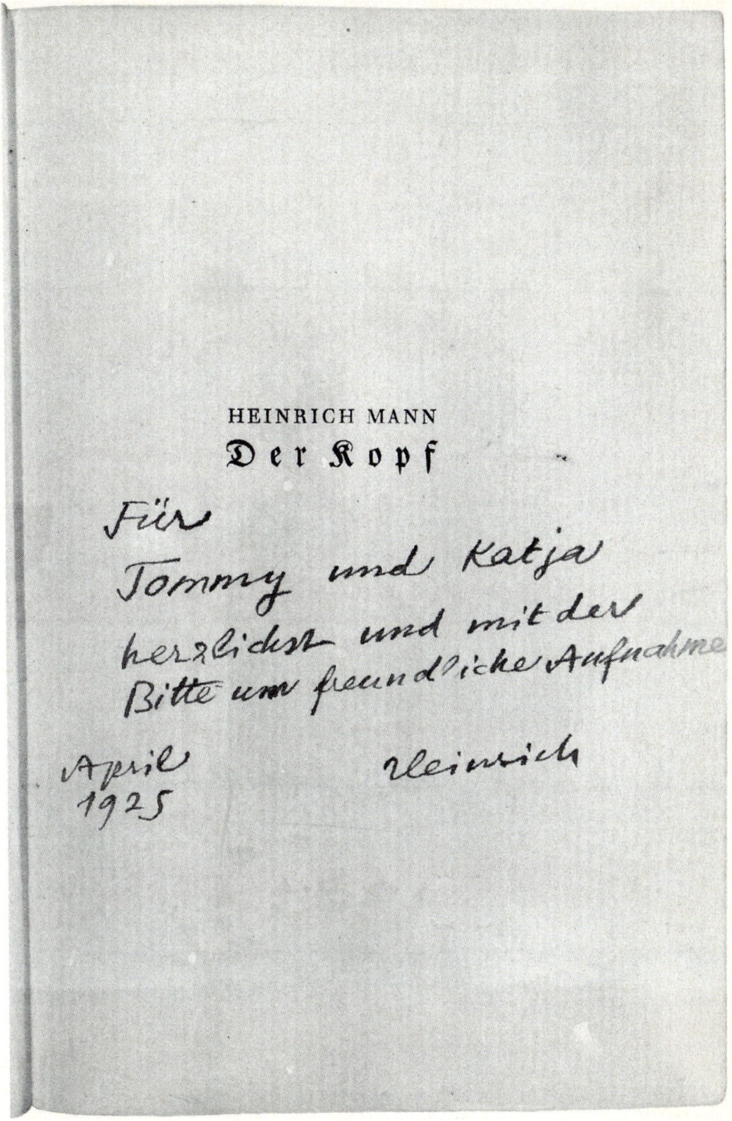
HEINRICH MANN

Der Kopf

Für
Tommy und Katja
herzlichst und mit der
Bitte um freundliche Aufnahme

April
1925

Heinrich

Mit dem Bruder in den zwanziger Jahren

Haltung erkennen. Jedenfalls löste der Mord an Rathenau den Entschluß aus, *einen Geburtstagsartikel über Hauptmann zu einer Art von Manifest zu gestalten, worin ich der Jugend, die auf mich hört, ins Gewissen rede.*[8]

Die Idee der *Erziehung*, die hier von Thomas Mann zum erstenmal deutlich ausgesprochen wird, steht in engstem Zusammenhang mit seinen Reflexionen über den Bekenntnischarakter des eigenen Werks und damit zugleich mit seinen Gedanken zum *Problem der Humanität: Beide Elemente, das pädagogische und das autobiographische, tun sich aufs stärkste hervor bei Goethe wie bei Tolstoi, sie sind aus beider Werk und Leben überhaupt nicht wegzudenken*[9], und Thomas Mann fügt hinzu, daß Goethe seine *sittigende Sendung*[10], daß er *seine nationale Berufung als wesentlich zivilisatorisch begriff.*[11] Die Sätze stammen aus dem für Thomas Manns Entwicklung höchst wichtigen Aufsatz über *Goethe und Tolstoi*, von dem er unter dem Titel *Erziehung und Bekenntnis* bereits ein Jahr vor seiner Rede *Von Deutscher Republik* einzelne Abschnitte öffentlich vorgetragen hatte. In diesem Aufsatz hatte sich die Abwendung von den *Betrachtungen eines Unpolitischen* bereits vollzogen. Daß Thomas Mann jetzt fähig ist, den vormaligen Schmähbegriff des *Zivilisatorischen* auf Goethe abzuwenden, macht seinen Wandel anschaulich. Und wenn er hier die Frage anknüpft, ob nicht Goethes *sittigende Sendung* der *eingeborene und bei schwerer geistiger Strafe unverbrüchliche Imperativ jedes geistigen Deutschtums* sei, *welches irgendwie und in welchem Grade immer zu bildender Verantwortlichkeit zu erwachsen bestimmt ist*[12] – so war das eine rhetorische Frage, die sich Thomas Mann im Innern bereits beantwortet hatte. (Übrigens mußte ihm der Begriff der «Zivilisation» schon im Widerspruch zu Oswald Spengler annehmbar werden, der in den ersten Jahren der Republik mit seinem «Untergang des Abendlandes» eine romantisch-kulturpessimistische *Verkalkungs-Prophetie*[13] vorlegte; Thomas Mann nannte ihn 1922 *Nietzsches klugen Affen*[14] und etwas später in einem kleinen Traktat mit befreiender Kurzbündigkeit *einen Snob*[15].)

Bei einem solchen Wandel seiner Anschauungen war die Annäherung an den Bruder Heinrich eine Gegebenheit, die nur des Anlasses bedurfte. Zu Anfang des Jahres 1922 erkrankte Heinrich Mann schwer. Nach überstandener Operation machte Thomas dem Genesenden einen Besuch. *Freudig bewegt, ja abenteuerlich erschüttert, wie ich bin*[16], sah Thomas Mann sich ein Verhältnis wiederherstellen, an dem ihm am meisten gelegen war (*lebenswichtige Dinge geschehen…*[17]). Der Wunsch, den Heinrich Mann bei dieser Gelegenheit aussprach, daß sie einander «nie wieder verlieren» wollten, hat sich bewährt. Die Wiederbegegnung der Brüder blieb dauerhaft. Und bei aller taktvollen Zurückhaltung, die beide in ihren Äußerungen über Werk und Wert des anderen wahrten, finden sich doch, vor allem aus den letzten Jahren ihrer kalifornischen Nachbarschaft im Exil, Zeugnisse, die bekunden, daß sie, über das menschliche Einvernehmen hinaus, einander als Schriftsteller nicht nur achteten, sondern daß einer dem Werk des anderen die höchste Stufe künstlerischer Vollendung zuerkannte: es scheint, als habe jeder von beiden neben sich nur den Bruder gelten lassen. Die vielen Würdigungen, die Thomas Mann über zeitgenössische Kollegen wie Gerhart Hauptmann, Hermann Hesse, Stefan Zweig, Lion Feuchtwanger, Bruno Frank usw. verfaßt hat, muß man auf ihre Vorbehalte hin lesen. Nur über Heinrich Mann fand er das unumwundene Wort, daß er *einer der größten Schriftsteller deutscher Sprache war...*[18]

Ich werde als Wahlredner für Eberten verstanden, Politik umschäumt mich, meldete Thomas Mann seinem Bruder nach dem *großen Berliner Abenteuer*[19], der Rede *Von Deutscher Republik*. Wirklich nahm die Öffentlichkeit den Auftritt so vordergründig wie möglich; allenfalls Ernst Robert Curtius ermaß seine Bedeutung für den Autor selbst und für das «junge Deutschland». Sonst sprach man von «Saulus Mann», von «Mann über Bord» und «Verrat»; das freundlichste war noch das Mißverständnis der «Vossischen Zeitung», die in Thomas Manns Ansprache einen Propagandaakt für den sozialdemokratischen Reichspräsidenten Friedrich Ebert witterte. Indessen lagen Thomas Manns Bekenntnis zur neuen Staatsform allgemeinere und grundsätzliche Erwägungen zugrunde, die, einmal angestellt, für ihn bestimmend blieben und über die er gegen Ende der Weimarer Jahre die eindeutigste Auskunft gegeben hat: *Wie heute alles liegt, sage ich, ist es für den geistigen, den Kulturmenschen, eine falsche und lebenswidrige Haltung, auf die soziale, die politisch-gesellschaftliche Sphäre hochmütig herabzublicken. Das Politische und Gesellschaftliche ist ein Bereich des Humanen.*[20]

Mit solcher verbindlichen Klarheit trat Thomas Mann in jener ersten Rede zum Zeitgeschehen noch nicht hervor. Sei es aus eigenem Bedürfnis, sei es, um seine jungen Zuhörer zu packen, verquickte er damals die romantisch-legitimistischen Aphorismen des Novalis mit der demokratischen Hymnik Whitmans; er, selbst noch suchend, suchte die Gegenstände seines Denkens: *Krankheit/Gesundheit, Mystik/Ethik, Innerlichkeit/Staatlichkeit*, zu verneinen oder doch in dem höheren Begriff der *Humanität* aufzuheben. Und er verband mit dem neuen Inbegriff des *Schön-Menschlichen* denjenigen der *deutschen Mitte*[21] – ein Wort, das seinen weiten Hintergrund in der politischen Konstellation der Weltmächte hat: zwischen dem sowjet-bolschewistischen Osten und dem formal-demokratischen Westen sah Thomas Mann damals – wie auch sein Bruder Heinrich, wie Suarès, Gide, Curtius, Bertrand Russell, Ernst Troeltsch – dem Deutschen die Aufgabe politischer und kultureller Vermittlung zuwachsen. – Im *Zauberberg*, der in diesen Jahren fortgeführt wurde, treten alle diese geistigen Polaritäten in dem feindlichen Erzieherpaar Naphta und Settembrini persönlich auf.

Die Rede *Von Deutscher Republik* machte ihren Autor zu einem Mann des öffentlichen Lebens. Seit diesem 15. Oktober 1922 wurde jeder seiner Äußerungen das Odium des Politikums angeheftet. Und wenn schon in den Anfangsjahren der Republik die Jugend, *stolz und vertrotzt in ihren scharrenden Teilen*[22], ihr pimpfhaftes Mißfallen gegen Thomas Mann laut werden ließ – nur acht Jahre weiter, und in demselben Berliner Beethoven-Saal seines ersten politischen Auftretens brach gegen ihn der Auf-

Mit Frau Katja

ruhr getarnter nationalsozialistischer Störtrupps los. Thomas Mann hatte sich deren Widerspruch früh verdient: Als er *Goethe und Tolstoi*, seine ersten *Fragmente zum Problem der Humanität* 1923 drucken ließ, hatte er sie mit zeitkritischen Einschaltungen versehen, in denen er nicht nur das *Anschwellen des Nationalismus – das truthahnmäßige Selbstgefühl der einzelnen europäischen Völker*[23] – im besonderen Hinblick auf

Mit den Schwiegereltern. Zweiter von rechts: Geheimrat Prof. Dr. A. Pringsheim, ganz links: Monika Mann

den italienischen und deutschen Faschismus geißelte, sondern das *völkische Heidentum*, den *Wotanskult* in Deutschland – *feindlich ausgedrückt (und wir wollen uns feindlich ausdrücken)* – eine *romantische Barbarei*[24] nannte.

Unterdessen hatten die Grenzen nach dem neutralen und kriegsfeindlichen Auslande sich geöffnet. Ausländische Vortragsreisen begannen.[25] Sie führten Thomas Mann nach Holland, mehrmals in die Schweiz, über Prag – Brünn – Wien bis Budapest, hinauf nach Dänemark und Schweden, hinab nach Madrid, Aranjuez, Sevilla. 1924, der Besuch des vor zwei Jahren gegründeten Pen-Clubs in London – *Heut Abend wird also mit Galsworthy, Wells und Shaw gedinnert*[26] – trug bereits den halboffiziellen Charakter *kulturellen Versöhnungswillens*[27], der die folgenden großen Reisen zu diplomatischen Aktionen machte: 1925 nach Florenz, 1926 ein neuntägiger Aufenthalt in Paris, Treffen mit Ministern, Botschaftern, Gesandten und den Vertretern der Literatur; Gegenstand des Gesprächs war die Frage *Wird Deutschland in den Völkerbund eintreten?*[28] Der französische Unterrichtsminister de Monzie hatte ein Jahr zuvor Heinrich Mann gegenüber die Schriftsteller «die Vordiplomaten» genannt; und im Sinne des «Geistes von Locarno» optierte Thomas Mann jetzt für eine europäische, völkerverbindende Politik. Ja er ging soweit wie sein Bruder, der 1923, angesichts der rechtsterroristischen Pläne einer «Reichsdiktatur Lossow-Seißer-Hitler» in offenem Brief an den Reichskanzler Gustav Stresemann eine «Diktatur der Vernunft» gefordert hatte; Thomas Mann sagte dem deutschen Botschafter in Paris, von

Hoesch: die Demokratie *sei in gewissem Sinne ja heute eher ein Hindernis: «Was heute für Europa not täte, wäre die aufgeklärte Diktatur.»*[29] Ein Jahr später, Deutschland war dem Völkerbund beigetreten, wiederholte Thomas Mann seine diplomatische Mission in Warschau.

Die Anforderungen, die Zeit und Umstände an Thomas Mann stellten, waren außerordentlich. Er kam ihnen nach. Er trachtete, den *Lebensdienst*, das neue Ethos der *Lebensbürgerlichkeit* zu erfüllen. *Es ist ein tolles Leben, und die Sammlung auf eine große Composition überhaupt noch zu finden ein Kunststück, das aber vollbracht sein will*[30], klagte er wohl einmal. – Übersieht man den schriftstellerischen Ertrag des Weimarer Jahrzehnts, so zeigt sich, daß Thomas Mann wenig Zeit geblieben ist, neben den *großen Compositionen* des *Zauberberg* und erster Teile der *Joseph*-Romane Weiteres hervorzubringen. Die bedeutenden, unter dem Titel *Adel des Geistes* vereinten Essays entstanden zumeist in den beiden letzten Lebensjahrzehnten. Aber in einem Rückblick des Jahres 1930 konnte Thomas Mann mit Genugtuung die *Essay-Bände «Rede und Antwort», «Bemühungen» und «Die Forderung des Tages»* aufzählen und sie eine *Rechenschaft* über die *Entwicklung* seiner *sozial-moralischen Ideen* nennen.[31]

Die Auszeichnung

Man kennt die Ursprünge des *Zauberberg*, Thomas Mann hat mehrfach über sie berichtet: Wie seine Frau im Jahre 1912 *an einer – übrigens nicht schweren – Lungenaffektion erkrankt* und genötigt war, *ein halbes Jahr im Hochgebirge, in einem Sanatorium des Schweizer Kurortes Davos, zu verbringen*[1]; wie er sie im Mai/Juni für drei Wochen besuchte; ja wie sogar ihm, dem Besucher, der sich *einen lästigen Katarrh der oberen Luftwege* zugezogen hatte, von den *Spezialisten*[2] des Hauses eine halbjährige Kur angeraten wurde. Thomas Mann *sammelte* hier *jene wunderlichen Milieueindrücke*[3] – und zahlreiche verlorene Briefe Katja Manns ergänzten seine Beobachtungen –, die er im folgenden Sommer 1913 zu *einer Art von humoristischem Gegenstück zum «Tod in Venedig»*[4] zu verarbeiten begann. Der *etwas ausgedehnten short story*[5] zuliebe wurde die Niederschrift des *Krull* unterbrochen; kaum jedoch hatte Thomas Mann den *englisch-humoristisch ausladenden*[6] Tonfall für die neue Arbeit gefunden, kaum war ihm der Beziehungsreichtum der neuen Konzeption klargeworden, da unterbrach der Weltkrieg ihre Ausführung. Schon in den *Betrachtungen* deutet Thomas Mann auf den *Zauberberg* als *kleinen Roman*[7] hin; und zur Zeit seiner Wiederaufnahme und Weiterführung spricht er von seinem *Wilhelm Meisterchen*[8]. In gleichem Maß wie seinem Autor war dem Werk während der zwölf Jahre seiner Entstehung ein

Reichtum des Gehalts zugewachsen, der seine Form, die des großen europäischen Bildungsromans, bestimmte: *Sicher war, daß die beiden Bände auch nur zehn Jahre früher weder hätten geschrieben werden noch Leser finden können. Es waren dazu Erlebnisse nötig gewesen, die der Autor mit seiner Nation gemeinsam hatte.*[9] – Als *Der Zauberberg* im Herbst 1924 erschien, erregte das umfangreiche, schwierige Werk sogleich ein allgemeines Interesse; das 100. Tausend war schon nach vier Jahren, als Übersetzungen in fast alle europäischen Sprachen entweder vorlagen oder beschlossen waren, erreicht. Thomas Mann selbst geriet «beim Durchblättern des ersten gebundenen Exemplars, das ihm Fischer zugesandt hatte, so tief ins Lesen» – wie er einer Besucherin erzählte –, «daß er – *wahrhaftig* – nicht mehr aufhören konnte. *So gefesselt war ich!* Er lachte herzlich und leichte Selbstverspottung war durchzuhören.»[10]

Was Thomas Mann da vorlag, war ein *großes und getreues Lebensbuch*[11] geworden; der Traum seiner *besten Stunden*, den er dem Bruder einst gestanden hatte, war verwirklicht. Das Werk hatte, in noch höherem Grad als *Buddenbrooks*, autobiographische Qualität, und es besaß, wie jenes, den Reichtum der Faktizität, der vor seinem Autor Maßgabe für Wert und Rang einer Dichtung war. Tatsächlich hat Thomas Mann den *Zauberberg* – alles Dazwischenliegende übergehend – zum *literarischen Gegenstück von «Buddenbrooks»* erklärt, zu *einer Wiederholung dieses Buches auf anderer Lebensstufe.*[12]

Hans Castorps, des Helden, exklusive Herkunft – er ist Enkel eines Hamburger Senators – erinnert ja an die Umwelt der Buddenbrooks, sein zweifaches kindliches Erleben des Todes ruft tiefste Eindrücke aus Thomas Manns Jugend hervor; aber nicht diese Einzelheiten legten dem Autor den Vergleich mit *Buddenbrooks* nahe, sondern der Gesamtplan von Hansens Bildungsgang, der Thomas Manns Selbsterziehung nachgebildet war, mochte ihn an die autobiographische Welt des Jugendwerks erinnern. – Zu Beginn seiner Geschichte ist Hans Castorp nicht mehr als ein Patriziersohn, erzogen von jener sehr hamburgischen Dezenz, die lediglich Regeln der Etikette kennt, wie diese: *... daß man einen Hut aufhaben soll! damit man ihn abnehmen kann, bei Gelegenheiten, wo es sich schickt.*[13] Erst bei *denen dort oben*[14], im Sanatorium, *beschwipst* von leichter fiebriger Temperatur, fühlt sich sein Hirn *aufgelegt* zu *Indiskretionen und Quengeleien*[15], die ihn weiterführen. Die *hermetische Pädagogik*[16], die ein Jesuit und ein Freimaurer leiten, läßt ihn viel *Zweifel und Erwägungen*[17], viel *enzyklopädische*[18] Unterweisung und Unterricht in den *Humaniora*[19] durchmachen. Eigene *Forschungen*[20] kommen hinzu. Wirklich werden Himmel und Hölle bemüht, den Jungen zu belehren: Die Naturfeindlichkeit Naphtas (auf der Stufe höheren Bewußtseins diejenige des Savonarola in *Fiorenza*) beruft sich auf den *pessimistisch-asketischen Geschmack*[21] Innozenz' III., jenes mittelalterlichen Papstes, der in seinem Traktat «De miseria humanae conditionis» das Leben selbst un-

In Paris, 1931

schmackhaft gemacht hatte durch einen mißbilligenden Katalog seiner Widerwärtigkeiten. Der Enzyklopädist und Humanist Settembrini seinerseits führt Voltaires Empörung über das Erdbeben von Lissabon im Jahre 1755 an als Beispiel des Protestes *im Namen des Geistes und der Vernunft gegen diesen skandalösen Unfug der Natur*[22]. Schopenhauers Animosität gegen das Geschlechtliche, Nietzsches Psychologismen zur «Genealogie der Moral», Novalis' naturphilosophische Spekulationen spielen mit herein – ohne daß die drei Namen genannt würden. Aber der heimlichste Reiz der Erziehungsgeschichte ist der, daß Hans Castorp sich keinem Theorem unterwirft. Er nimmt alles unverbindlich zur Kenntnis, neugierig übrigens wie die Bourgetschen «épicuriens intellectuels». *«Ocean steamships»*[23], das Fachbuch, mit dem versehen er, der junge Ingenieur, *herauf*gekommen war, liegt längst beiseite, statt seiner hat er sich *Lehrwerke der Anatomie, Physiologie und Lebenskunde*[24] verschafft, an Hand deren er der allgemeinsten Frage nachgeht: *Was war das Leben?*[25] Er lernt es als einen Prozeß *unaufhörlicher Zersetzung und Wiederherstellung*[26] begreifen; das Goethesche Weltverständnis der «Gestaltung – Umgestaltung» scheint hier einzudringen, und wirklich ist es die eigentlich wissenschaftliche Beschäftigung mit den Lebensbedingungen des

Organismus, die Hans Castorps Todessehnsucht aufhebt. Oberhalb der pädagogischen Streitgespräche um die Formen des gesellschaftlichen Lebens, des religiösen Konformismus, den der Jesuit, des vernünftigen Demokratismus, den Settembrini predigt, vollzieht sich Hans Castorps – und so auch Thomas Manns – Suche nach einem Ausgleich der bisher als Gegensätze empfundenen Bereiche der Moral und des Lebens, des Geistes und der Wirklichkeit.

Aus Goethes Werk hat einiges auf Thomas Manns *Wilhelm Meisterchen* eingewirkt: nicht nur der Blocksbergzauber der «Walpurgisnacht» in «Faust I.», nicht nur das «Faust»-Zitat «als Soldat und brav», das dem Tod von Hansens Vetter und seinem Gedächtnis ehrenhalber gewidmet ist; durch ein besonderes Motiv hat Thomas Mann anspielend darauf hingedeutet, daß die gesamten naturwissenschaftlichen Bemühungen seines Helden ihr Vorbild in Wilhelm Meisters praktischem Entschluß, «Wundarzt» zu werden, haben: Im Röntgenlabor des Hofrats Behrens betreibt der Sanatoriumsgast *Lichtanatomie*; der Arzt erläutert ihm die Fotografie eines Skeletteils: *Das ist ein Frauenarm, Sie ersehen es aus seiner Niedlichkeit. Damit umfangen sie einen beim Schäferstündchen, verstehen Sie.*[27] Es ist derselbe «schönste weibliche Arm, der sich wohl jemals um den Hals eines Jünglings geschlungen» und den der Anatom Wilhelm Meister einst auf seinem Seziertisch vorgefunden hatte. – Im *Krull* hört man abermals von dem *vollschlanken Frauenarm*[28], diesmal dient er als paläozoologisches Lehrmittel. Er ist eines jener *Leitmotive*, die die *Lebenseinheit* im Gesamtwerk Thomas Manns befestigen sollen. – In dem neben dem *Zauberberg* entstandenen Essay *Goethe und Tolstoi* hat Thomas Mann sich ausdrücklich auf Goethe, den Naturforscher, bezogen und sich aus dessen Maximen die eigene abgeleitet: daß der Künstler über das *bloß lyrische Verhältnis zur Natur*[29] hinaus sich eine schärfere Kenntnis ihrer Erscheinungsformen anzueignen habe. Ja, Thomas Mann geht weiter: indem er sämtliche Fakultäten des Wissens, *Philosophie, Juristerei, Medizin, Theologie, wie selbst auch Naturwissenschaften und Technologie* als *Abwandlungen und Spielarten* des menschlichen Selbstverständnisses begreift, bestimmt er auch *die Kunst* als *eine humanistische Disziplin unter den anderen.*[30]

Das ist neu. Nietzsches frühe Bestimmung der Kunst als der einzigen «metaphysischen Rechtfertigung des Lebens», Schopenhauers pessimistischer Ästhetizismus – die beide noch in den *Betrachtungen* wirksam waren – sind damit aufgegeben; ihre philosophischen Antithesen: «Geist/Natur» – oder «Kritik/Sinnlichkeit», wie ihr Schüler Mereschkowskij sie formuliert hatte – werden gleichermaßen in dem höheren Begriff des *Humanismus* aufgehoben. Wie Thomas Mann in diesen Jahren zu den Zeit- und Tagesfragen die vermittelnde Auskunft suchte, ebenso kreist auch sein dichterisches Schaffen um *ein und dasselbe Interesse am Menschen*[31]. Und wenn Hans Castorp von seiner Freundin Clawdia Chauchat *Bourgeois, humaniste et poète, – voilà l'Allemand au complet, comme il faut*[32], genannt wird, so spiegelt sich darin der kulturpolitische Leitgedanke Thomas Manns über das *Deutschtum* und über *Bürgerlichkeit: Es ist die Idee der Mitte*, die Hans Castorp verkörpert und die Thomas Mann – wie er in seiner Rede *Lübeck als geistige Lebensform* erläutert – *als die Idee des Lebens selbst und der Menschlichkeit erscheint.*[33] Diese *Idee* ganz zu begreifen, seine *Bürgerlichkeit* zur *Weltbürgerlichkeit*, sein *Deutschtum* zu *Weltmitte, Weltgewissen, Weltbesonnenheit, welche die Idee des Menschen und seiner Bildung nach rechts und links gegen alle Extremismen kritisch behauptet*[34], zu erweitern, ist das Ziel aller geistigen Exerzitien, denen der *Held* des *Zauberberg* unterworfen wird. – Im Alter auf den *Zauberberg* zurückblickend, findet Thomas Mann im Tagebuch für sich ein höchstes, alle inhaltlichen Kategorien übersteigendes Urteil: *Auf der Höhe meines Lebens hatte ich mein Ideal der magischen Intellektualität... erreicht.* (17.1.1952)

Auf geistige, steigernde Art nach der Natur zu arbeiten, ist das Allervergnüglichste[35], hat Thomas Mann gelegentlich bemerkt. Er hatte es im *Zauberberg* getan. Für gewisse Züge des Mynheer Peeperkorn hatte Hauptmanns büstenreife *Lineatur*[36] das Modell geliefert; Hofrat Behrens ähnelte – *wie Sie sich denken können*[37] – dem Davoser Anstaltsarzt ein wenig; Settembrini soll Thomas Mann in Gestalt eines italienischen Literaten während eines Hotelaufenthalts begegnet sein (in seinem Beinamen des «Drehorgelmannes» wirken die Erinnerungen Julia Manns noch einmal nach); auch Naphta hatte ein Vorbild: Man hat sich bisher geniert, es zu nennen, und in Monographien über Thomas Mann findet sich an den Stellen, an denen der Verfasser sich «drückt», von informierten Lesern am Rand mit Bleistift eingetragen: «Georg Lukács!» Thomas Mann war diesem ein einziges Mal kurz nach dem Krieg in Wien begegnet und beeindruckt von seiner *im Sinnlichen wie im Geistigen asketischen Natur*[38], von der *fast unheimlichen Abstraktheit*[39] seiner Theorien. Etwas gutgläubig-naiv hat Thomas Mann dann später die Verwunderung ausgesprochen, daß Lukács sich in Naphta *offenbar nicht erkannt*[40] habe. Wie sollte er? Jesuitismus und Marxismus sind denn doch nicht ein und dasselbe...

Sonst hielt sich die Lesewelt sehr an die Realien des Buchs. In den Erfolg mischte sich Kritik; wieder einmal hieß es, der Roman sei «zersetzend»; aus den Reihen der Ärzte kamen eingeschnappte Anschuldigungen, die indessen gegen die medizinisch-fachlichen Teile nichts Stichhaltiges vorzubringen wußten. Carl Sternheim und Bertolt Brecht mäkelten öffentlich. Einsichtsvolle Beurteiler wie Arthur Schnitzler (selber Arzt), Ernst Robert Curtius, André Gide, Georg Lukàcs hielten dagegen mit Lob und Anerkennung nicht zurück. Gleichwohl beunruhigte die *magische Intellektualität* des *Zauberberg* weiterhin – und es bleibt merkwürdig und bedenkenswert, daß ein akademisches Gremium, das Nobelpreiskomitee zu Stockholm, als es, im Jahre 1929, Thomas Mann den Literaturpreis zuerkannte, in der Verleihungsurkunde seinen Schiedsspruch fast ausschließlich auf *Buddenbrooks* gründete.

Gerüchte, daß Thomas Mann den schwedischen Preis erhalten solle, geisterten seit Jahren durch die Presse. Die Ehrung, die ihn erwartete, war nicht die erste: 1919 schon war Thomas Mann zum Ehrendoktor der Philosophischen Fakultät der Bonner Universität promoviert worden; 1926 berief ihn der preußische Kultusminister Carl Heinrich Becker als eines der ersten Mitglieder in die neugegründete Sektion Dichtkunst der Preußischen Akademie der Künste; im gleichen Jahr verlieh der Senat seiner Vaterstadt Lübeck Thomas Mann Titel und Würde eines Profes-

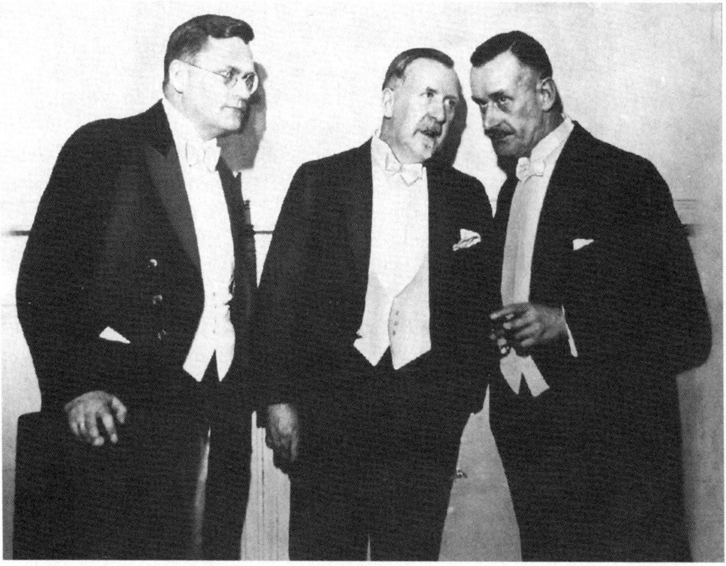
Mit Kultusminister Adolf Grimme bei der Feier der Preußischen Akademie der Künste zu Heinrich Manns 60. Geburtstag

sors. Nach den deutschen Anerkennungen wurde Thomas Mann durch den Nobelpreis die erste Auszeichnung zuteil, die Weltgültigkeit besaß.

Thomas Mann nahm sie so dankbar wie gelassen entgegen. Während er in Stockholm im Festsaal des Grandhotels in seiner Dankesrede den Ruhm, den er erworben hatte, an sein *Land und Volk – diesem verwundeten und vielfach unverstandenen Volk* – als ein *Zeichen der Weltsympathie*[41] weitergab, erklärte Heinrich Mann über Radio Berlin diesem Land die Bedeutung des Ereignisses: «Er hat besonders deutsche, diesem Volk besonders dienliche und erwünschte Werke vollbringen wollen, und fand in sich sowohl die Liebe als den kritischen Sinn. Das Beispiel Thomas Manns zeigt, wie Liebe und Kenntnis zusammenwirken. Hier wird jemand aus einem Menschen, der vorwiegend als Erkennender begann, ein teilnehmender Mensch, ein im Geiste hilfreicher und für sein ganzes Volk wissentlich werbender Schriftsteller.»

Exil

Indessen schritten die politischen Ereignisse accelerando voran. Die Notverordnungen des deutschen Reichskanzlers Brüning, die gegen die ausgreifende wirtschaftliche Weltkrise gerichtet waren, führten zur Auflösung des Reichstags und am 14. September 1930 zu Neuwahlen seiner Mitglieder, bei denen die Nationalsozialisten einen bedrohlichen Stimmenzuwachs gewannen. Zu diesem Zeitpunkt ergriff Thomas Mann ein zweites Mal das Wort als politischer Redner: seine *Deutsche Ansprache. Ein Appell an die Vernunft*, im Berliner Beethoven-Saal am 17. Oktober 1930 gehalten, war nicht die letzte Mahnung, ehe er Deutschland verließ, aber es war die nachdrücklichste. Er konnte damals noch hoffen, daß seine Forderung eines *Zusammenwirkens von Bürgertum und Sozialismus*[1] als das Gebot der Stunde, und das hieß: Abwehr des faschistischen *Fanatismus*[2], verstanden werden würde – damit nicht *heute München und morgen Berlin italienisch gemacht werden könnten*[3] – Badeaufenthalte in Forte dei Marmi bei Viareggio hatten ihm von dem italienischen Faschismus und der Wut seiner nationalistischen Parolen einen so nachhaltigen Begriff gegeben, daß er im Sommer 1929, die Erlebnisse im Süden novellistisch verarbeitend, jene *stark ins Politische hinüberspielende Geschichte: Mario und der Zauberer*[4] schrieb. Sie ist, nach dem *Gesang vom Kindchen*, nach *Herr und Hund* und *Unordnung und frühes Leid*, die letzte unverhüllt autobiographische Dichtung und reflektiert wie jene persönliche zeitgeschichtliche Erfahrungen: in diesem Fall die Macht des

Grandhotel in Forte dei Marmi

verdummenden Terrors, die der *Zauberer* über seine Zuschauer und Opfer auszuüben vermag. Er zwingt selbst den Widerwilligen, nach dem Pfiff seiner Peitsche zu tanzen; Thomas Mann hat darüber die hervorragend kluge Bemerkung getan: *Verstand ich den Vorgang recht, so unterlag dieser Herr der Negativität seiner Kampfposition. Wahrscheinlich kann man vom Nichtwollen seelisch nicht leben, eine Sache nicht tun wollen, das ist auf die Dauer kein Lebensinhalt; etwas nicht wollen und überhaupt nicht mehr wollen, also das Geforderte dennoch tun, das liegt vielleicht zu benachbart, als daß nicht die Freiheitsidee dazwischen ins Gedränge geraten müßte.*[5] Das ist eine Einsicht in die Psychologie des Faschismus, deren Wahrheit sich lauthals gegen Thomas Mann selbst wandte, als er in seiner *Deutschen Ansprache* dem *nichtwollenden*[6] Bürgertum vortrug, daß nur sein Bündnis mit dem Sozialismus die *bürgerlichen Glücksansprüche wie Freiheit, Geistigkeit, Kultur*[7] zu gewährleisten vermöge. Die Antwort war ein Randal: der Rechtsterrorist Arnolt Bronnen, damals Intimus von Joseph Goebbels, dirigierte die Demonstrationen, unterstützt von zwanzig SA-Leuten, die durch Smokings getarnt waren. Nach dem korrekten Abschluß seiner Rede war Thomas Mann genötigt, sich von dem Freund Bruno Walter über die Hintergänge des festlichen Lokals schnell hinausführen zu lassen. Durch den dunklen Saal der benachbarten Berliner Philharmonie erreichten sie einen heimlichen Ausgang; Bruno Walters Wagen, den er hier vorsorglich hatte warten lassen, brachte Thomas Mann in Sicherheit.

In seinem Münchner Heim erreichten ihn anonyme Anrufe und Briefe, daß man ihn «umzulegen» gedächte, wenn er sich weiterhin gegen die «nationale Erhebung» wende. In das neue Sommerhaus in Nidden auf der Kurischen Nehrung wurde ihm im Jahre 1932 *ein Paket* nachgeschickt, sein Inhalt: ein verbranntes, verkohltes Exemplar der *Buddenbrooks, – mir übersandt vom Besitzer zur Strafe dafür, daß ich meinem Grauen vor dem heraufkommenden Nazi-Verhängnis öffentlich Ausdruck gegeben hatte.*[8] – Thomas Mann beobachtete die Vorgänge genau: nach mehrfachem krisenhaftem Wechsel der Reichsregierung 1932 vollendeten sie sich in der Unfähigkeit des vierundachtzigjährigen Reichspräsidenten Hindenburg, dem Druck deutscher Industrieller einerseits, dem von den Nationalsozialisten andererseits angedrohten «Osthilfeskandal» standzuhalten (bereits zur Zeit der ersten Kandidatur des Generalfeldmarschalls zum Reichspräsidenten, 1925, hatte Thomas Mann gegen die Wahl *eines Recken der Vorzeit* polemisiert und in ihr eine *schändliche Ausbeutung der romantischen Triebe des deutschen Volkes*[9] erkannt); am 30. Januar 1933 berief der zu alte Hindenburg Adolf Hitler als Reichskanzler. Die Tatsachen hatten sich etabliert. Ihre Unverrückbarkeit einzusehen, das Ausmaß ihrer Folgen zu begreifen, sträubte sich Thomas Mann – gehalten von einem Vertrauen auf dies Land, dem er noch in den Tagen der «Machtergreifung» Ausdruck gab: *Deutschland ist*

Klaus und Erika Mann, 1927

groß, und der Sinn für Freiheit und Vernunft im Grunde weiter verbreitet und mächtiger als das Geschrei der Rohlinge und Finsterlinge glauben läßt.[10] Noch drei Wochen nach Hitlers Regierungsantritt konnte der preußische Kultusminister Adolf Grimme dem Kongreß «Das Freie Wort» im großen Saal der Berliner Krolloper eine republikanische Botschaft Thomas Manns unter starkem Beifall verlesen.

Die Ereignisse widersprachen dem Glauben. Am 10. Februar 1933, dem 50. Todestag Wagners, sprach Thomas Mann im Auditorium maximum der Universität München über *Leiden und Größe Richard Wagners*. Am folgenden Tag verließ er Deutschland, um den Vortrag in Amsterdam, in Brüssel und Paris zu wiederholen: dieses Glanzstück essayistischer Kunst, dessen Einsichten in die persönlich-künstlerischen, geist- und zeitgeschichtlichen Bedingungen des Wagnerschen Werks bisher durch nichts überboten worden sind. Wie Thomas Mann die romantischen Bildner von Wagners Geschmack, Friedrich Schlegel, Novalis und Achim von Arnim, wie er Schopenhauer, den philosophischen Lehrmeister, in Wagners Erlösungsmetaphysik auffand und ihre Einflüsse kritisch umgrenzte, wie er Wagners «Gesamtkunstwerk» mit der europäisch-literarischen Sphäre seiner Zeit, mit Zola und Ibsen, verglich, wie er Wagners Person – seine *gesunde Art, krank zu sein, seine morbide Art, heroisch zu sein* [11] – durch das Werk und das Werk durch die Epoche – des Deutschen Reiches Bismarckscher Gründung und seiner *machtgeschützten Innerlichkeit* [12] – erklärte, das alles war unnachahmlich. Es war außerdem belehrend, wenn Thomas Mann Wagners *nationalistische Gesten* [13] historisch relativierte und sie dadurch dem Gebrauch von 1933 entzog. Gedankt wurde ihm die geistige und künstlerische Mühe dieses Vortrags nicht. Thomas Mann hielt sich bereits im Ausland auf, da druckten die «Münchner Neuesten Nachrichten» am 16./17. April 1933 – ziemlich zwei Monate nachhinkend, aber dafür durch Reichstagsbrand, Hindenburgs Notverordnungen, durch die Reichstagswahlen im März, die der NSDAP die Stimmenmehrheit eingebracht hatten, durch das Hitlersche «Ermächtigungsgesetz» in ihrer Meinungsmache bestärkt – einen «Protest» gegen seinen Wagner-Vortrag ab, der von den Komponisten Richard Strauss und Hans Pfitzner, von dem Dirigenten Hans Knappertsbusch, dem «Simplicissimus»-Karikaturisten Olaf Gulbransson und anderen unterzeichnet war. Zwar waren die ältesten Kinder, Erika und Klaus, von der Schweiz aus im März noch einmal nach München gefahren und hatten angesichts der Zustände die Eltern telefonisch vor jeder Rückkehr sofort gewarnt – dennoch gab der «Protest» der Intellektuellen das eigentliche Signal. Noch 1945 erging an Walter von Molo die Antwort: *Nie vergesse ich die analphabetische und mörderische Radio- und Pressehetze gegen meinen Wagner-Aufsatz, die man in München veranstaltete und die mich erst recht begreifen ließ, daß mir die Rückkehr abgeschnitten sei.* [14]

Das Emigrantendasein begann mit einem *Wander- und Hotelleben von vielen Wochen* [15]. Arosa, Lugano, Bandol und Sanary-sur-Mer waren die ersten und vorläufigen Stationen des Jahres 1933. In dem kleinen Ort der französischen Mittelmeerküste fand sich erstmalig ein größerer Kreis *Deutschlandflüchtiger*, wie später in und um Los Angeles, zusammen: Annette Kolb, René Schickele, Julius Meier-Graefe, Arnold Zweig, Lion Feuchtwanger, Bertolt Brecht, Heinrich Mann; *man traf Aldous Huxley, man kam mit Paul Valéry zusammen und erprobte die Verständnislosigkeit*

Mit Bruno Walter und Arturo Toscanini in Salzburg, 1935

des westlichen Ästhetizismus für das, was uns aus Deutschland vertrieben hatte. Valéry fand es charmant, daß die Nazis den Geist so verachteten. «Wenn man welchen hat», bekam er zur Antwort, «mag das ganz gut sein.» – «Ah, ça c' est très bien!» rief er aus, nun wieder charmiert von dieser Wendung.[16] – Auf der Suche nach einem Wohnsitz wurden *verschiedene Städte*[17], Basel, Zürich, Straßburg, Prag, auch Wien, in Betracht gezogen. Im Oktober endlich mietete Thomas Mann ein Haus in Küsnacht am östlichen Ufer des Zürichsees, die Herberge der nächsten fünf Jahre.

Leiden an Deutschland, seine *Tagebuchblätter aus den Jahren 1933 und 1934* hat Thomas Mann so genannt. Die Aufzeichnungen dieser Zeit, im Tagebuch, in den Briefen, zuletzt die öffentlichen Äußerungen, Manifeste und Vorträge, enthüllen, daß das *Leiden* desto tiefer, je klarer die Erkenntnis der Lage war. *Hitler, der eigentliche Beauftragte des Kapitals*[18], vermerkt Thomas Mann im Juli 1933, und ein Jahr später: *Der Nationalsozialismus eine Weltanschauung! Geschwätz! Er ist das Instrument zur Aufrechterhaltung der durch den Sozialismus bedrohten Wirtschafts- und Gesellschaftsordnung.*[19] Die originalen Tagebücher weisen aus, daß einige der ökopolitischen Einsichten bei der Drucklegung von *Leiden an Deutschland* in Los Angeles 1946 nachträglich interpoliert sind. Dennoch: Wer die Ursachen der Lage so deutlich begriff, der sah auch ein, daß das Verhalten der westlichen Demokratien zu Hitler – ein Verhalten duldsamer Befriedigungsgunst – auf wirtschaftspolitischen Opportunitätsgründen beruhte; Thomas Mann verstand das. Sein *Leiden an Deutschland* weitete sich aus zu einem *Leiden* an der moralischen Labilität der Epoche. In der unbedingt neutralitätswilligen Schweiz, dem *«autarkischsten», auf sich und die Seinen am meisten bedachten, den Ausländern abholdesten* Land *von allen*[20], fand Thomas Mann sich unverstanden bis zu dem Grad, daß sein erstes nachhaltiges Bekenntnis zur Emigration – hervorgerufen durch einen mißlichen Artikel des Feuilletonchefs der «Neuen Zürcher Zeitung», Eduard Korrodi, über «Deutsche Literatur im Emigrantenspiegel» – zu Anfang des Jahres 1936 hier eher Befremden auslöste. *Ich erkläre offen, daß ich mich für jede Verehrung bedanke, die die organische Verbindung zwischen allem, was ich als Künstler tat, und meiner heutigen Kampfstellung gegen das «Dritte Reich» nicht sieht und respektiert*[21] – schroffe Abwehr, die man sonst von Thomas Mann nicht kannte, bestimmt jetzt oft seinen Ton. – Die verständigen Freunde seines Werks und besonders auch seine Ältesten Erika und Klaus hatten ihn seit langem gedrängt, die *bewußte und überlegte Zurückhaltung* gegenüber Nazi-Deutschland während der ersten drei Jahre des Exils aufzugeben. Harry Slochower, Brooklyn, mahnte ihn ebenso wie Georg Lukács, Moskau; ja der verehrte Sigmund Freud nahm die Gelegenheit von Thomas Manns 60. Geburtstag, 1935, wahr, in seinen Glückwunsch die Aufforderung einzuflechten: «Sie werden auch in Zeiten und Lagen, die das Urteil verwirren, den rechten Weg gehen und ihn anderen weisen.»

Am 2. Dezember 1936, mit der 7. Ausbürgerungsliste im «Reichsanzeiger», antwortete Deutschland auf Thomas Manns Bekenntnis zur Emigration; der Akt schloß den Verlust der Staatsbürgerschaft und die Beschlagnahme des Besitzes ein (nur wenige Möbel, darunter Thomas Manns Schreibtisch, sein Vorlesesessel aus Lübecker Erbbesitz, einige Bücher waren durch eine Hausangestellte, Marie Kurz, rechtzeitig an die Adresse René Schickeles in Badenweiler und von diesem weiter in die Schweiz befördert worden). Doch bereits am 18. August hatte Thomas Mann die tschechoslowakische Staatsbürgerschaft – die ihm auf Wunsch des Präsidenten Beneš Anfang August, wenige Stunden vor der österreichischen, durch Vermittlung Rudolf Fleischmanns angeboten worden war – erhalten; im Januar 1937 nahm er selbst die «Heimatrechtzusage» seiner neuen Gemeinde für sich, seine Frau Katja, Sohn Golo und die noch minderjährigen Kinder Elisabeth und Michael in Proseč entgegen. Gestützt auf die vollzogenen juristischen Formalitäten, vermochte Thomas Mann nach außen hin dem nationalsozialistischen Unwesen desto fester die Stirn zu bieten.

Er hatte den *absurden und kläglichen Akt seiner nationalen Exkommunikation*[22] ohne Gegenäußerung entgegengenommen. Den kurz darauf folgenden Entzug seines Dr. phil. h. c. durch den Dekan der Philoso-

Mit Dorothy Thompson und Frau Katja in New York, 1938

phischen Fakultät der Bonner Universität, Karl Justus Obenauer, betrachtete er als *schickliche Gelegenheit zu einem knappen persönlichen Bekenntnis*[23] der Trennung und Absage von dem *menschenverderberischen Regime*[24], das auf Deutschland lag. In diesem offenen Brief fand Thomas Mann die (schon 1933 in einem Schreiben an Albert Einstein vorgeprägte) vielzitierte Wendung: Er sei *weit eher zum Repräsentanten geboren als zum Märtyrer*[25]. Indem er das Wort aussprach, war ihm die Rolle eines Repräsentanten des geistigen Deutschtums zugefallen: Der *Briefwechsel mit Bonn* war kaum veröffentlicht – er kam in Übersetzungen in fast allen europäischen Sprachen heraus, gelangte sogar in Tarnausgaben unter dem Titel «Briefe deutscher Klassiker, Wege zum Wissen» nach Deutschland –, als ein ungeheures Echo der Zustimmung wie der Ablehnung in Thomas Manns Äußerung die bedeutendste anerkannte, die seit 1933 gegen Nazi-Deutschland erhoben worden war.

Thomas Mann verstärkte seine kulturpolitischen Bemühungen. Noch im Jahr des Bonner Briefwechsels trat er – der sich noch 1934 von der ersten Emigrantenzeitschrift seines Sohnes Klaus distanziert hatte – als

Herausgeber der «Zweimonatsschrift für freie, deutsche Kultur», «Maß und Wert», hervor, zu der Gide, Sartre, Brecht, Werfel, Hesse, Bruno Frank, Annette Kolb, René Schickele, Heinrich Mann, Golo Mann, Hans Mayer, Ernst Bloch, Walter Benjamin und andere Beiträge lieferten. Sie alle bejahten den gesellschaftlich verstandenen Kulturbegriff Thomas Manns, über den er 1939, nach seinem Fortgang aus der Schweiz, der «Basler Nationalzeitung» die genaue Auskunft gab: er sei *aus einer Einsicht hervorgegangen, die gewonnen sein wolle und meiner deutsch-bürgerlich-geistigen Herkunft und Erziehung ursprünglich fremd war: der Einsicht, daß das Politische und Soziale ein Teilgebiet des Menschlichen ausmacht, daß es der Totalität des humanen Problems angehört, vom Geiste in sie einzubeziehen ist, und daß diese Totalität eine gefährliche, die Kultur gefährdende Lücke aufweist, wenn es ihr an dem politischen, dem sozialen Element gebricht.*[26]

Neben seinem Antifaschismus festigt sich in diesem Jahrzehnt Thomas Manns Sozialismus: zu der Negation die notwendige Position. Sah er sich nach den Möglichkeiten ihrer Verwirklichung um, so erkannte er damals allein in der Politik Franklin Delano Roosevelts die Bestätigung eigener Anschauungen. Die ministerielle Volksfürsorge *Josephs, des Ernährers*, ahmt das Muster des New Deal nach. Und es entspricht durchaus den Grundsätzen des amerikanischen Präsidenten, der, ohne das Mittel der Diktatur, durch eine erweiterte staatliche Aufsicht über die Wirtschaft des Landes nicht nur eine Besserung der sozialen Verhältnisse, sondern auch eine Festigung der gesellschaftlichen Moral zu erreichen hoffte, wenn Thomas Mann in seiner Rede *Vom kommenden Sieg der Demokratie*, mit der er im Frühjahr 1938 eine *Lecture-tour* durch fünfzehn Hauptstädte der Nordstaaten antrat, den Wunsch des *Notwendigen* aussprach: daß die *Demokratie im Ökonomischen wie im Geistigen aus einer liberalen zur sozialen Demokratie werde.*[27]

Während dieser *Lecture-tour* wurde die Übersiedlung nach den USA beschlossen. Die Verbindung zu der Neuen Welt war seit der ersten Amerikareise Thomas Manns, 1934, stets enger geworden. 1935 hatte ihn die Harvard University, zusammen mit seinem späteren Hausnachbarn in Princeton, Albert Einstein, zum Doctor of Letters ehrenhalber promoviert. Roosevelt hatte auf die Wahl seinen Einfluß ausgeübt und anschließend Thomas Mann und seine Frau – *ohne Beanspruchung des* (deutschen) *Botschafters natürlich*[28] – als private Gäste zu sich ins Weiße Haus gebeten. Es war nicht die letzte Begegnung Thomas Manns mit dem großen Staatsmann; aber es war eine entscheidende; zur Zeit seiner tiefsten Niedergeschlagenheit, da sich in Deutschland *eine Revolution nie gesehener Art: ohne Idee, gegen die Idee, gegen alles Höhere, Bessere, Anständige, gegen Freiheit, Wahrheit, Recht*[29] dauerhaft und ohne den Widerspruch der europäischen Demokratien einzurichten schien, empfing Thomas Mann die Ermutigung, die ihn aufrichtete, daß der mächtigste

Albert Einstein

Mann der Welt sein Verbündeter im Kampf gegen Hitler-Deutschland sein würde.

Das künstlerische Werk, das unter allen wechselnden und widrigen Umständen *Zuflucht, Trost, Heimat, Symbol der Beständigkeit, Gewähr eigenen Beharrens*[30] blieb: *Joseph und seine Brüder*, war noch in Deutschland begonnen worden: Zu Ende des Jahres 1926 erfuhren Freunde von dem Plan, ein Jahr später erschien das erste Kapitel *Höllenfahrt*, der *phantastische Essay, der die Einleitung* des ungeheuren Werks bildete, in der «Neuen Rundschau» – ein *Vorspiel*[31] in pleno organo, alle Künste der Sprache und der Form, alle humoristischen und alle szientifischen Motive sogleich voll und frei entfaltend. *Auf Pathos und religiöse Inbrunst lasse ich mich nicht ein*, schrieb Thomas Mann damals. *Mein eigentlicher Text steht in der Bibel. Es ist der Segen des sterbenden Jakob über Joseph: «Von dem Allmächtigen bist du gesegnet, mit Segen oben vom Himmel herab, mit Segen von der Tiefe, die unten liegt.» Damit man sich zu einem Werk entschließe, muß es, als Stoff, irgendwo einen Punkt haben, bei dessen Berührung einem regelmäßig das Herz aufgeht. Dies ist dieser produktive Punkt.*[32]

Das Wort aus dem 49. Kapitel der biblischen Genesis umschloß das *Problem der Humanität*, wie es sich Thomas Mann seit Jahren unter den

Begriffspaaren «krank/gesund», «Geist/Natur», «Moral/Leben» darstellte. Der Roman seiner *pädagogischen Selbstdisziplinierung*[33], der *Zauberberg*, war zum Zeugnis eines ausgleichenden Bewältigungsversuchs geworden. In ihm hatte das humanistische *placet experiri*[34], ein Grundsatz des Geltenlassens von Unvereinbarem, zum Zeichen der anzuerkennenden Gegensätzlichkeiten geherrscht. Im *Vorspiel* zu den *Joseph*-Romanen nun wird die Antithetik sogleich wieder aufgenommen; und zwar im Hinblick auf ihre Überwindung: *...die stille Hoffnung Gottes liegt vielleicht in ihrer Vereinigung, nämlich in dem echten Eingehen des Geistes in die Welt der Seele, in der wechselseitigen Durchdringung der beiden Prinzipien und der Heiligung des einen durch das andre zur Gegenwart eines Menschentums, das gesegnet wäre mit Segen oben vom Himmel herab und mit Segen von der Tiefe, die unten liegt.*[35] Das Inbild dieses gesteigerten *Menschentums* ist Joseph, in dem *Geistiges und Körperliches sich vermählten und einander erhoben*[36]; er ist die Gestalt, die durch die Vereinigung des heidnischen und des jüdisch-christlichen Lebensgefühls eine neue Stufe menschlicher Gesittung verkörpert, wie sie – eine Synthese früh- und spätzeitlich-abendländischen Bewußtseins – als Kulturziel von Mereschkowskij gefordert worden war. Dieser weite Beziehungsreichtum der *Joseph*-Geschichten zeigte sich Thomas Mann bereits während der Konzeption. Und so konnte er die eingrenzende Bestimmung seines Werks als eines *Juden-Romans*[37] ebenso zurückweisen wie die mißverständliche Einengung, die Karl Kerényi vornahm, wenn er *Joseph und seine Brüder* einen «mythologischen Roman», seinen Autor «Doctor Hermeticus» nannte und ihm die Rolle des initiierten Mystagogen zuwies. *Mein Gott, die Gelehrsamkeit ist eine Maske, ein Kunstmittel*[38], gestand Thomas Mann während der Arbeit am *Joseph* Robert Faesi; und gleichzeitig, nur etwas vorsichtiger, schrieb er dem Mythologen Kerényi: *Anachronistisches stört mich gar nicht mehr, – tat es übrigens schon in den ersten Bänden nicht. Sprachlich wie mythologisch gehen im dritten das Ägyptische, Jüdische, Griechische, ja Mittelalterliche bunt durcheinander. Mehr und mehr sehe ich in dem Ganzen in erster Linie ein Sprachwerk, zu welchem alle möglichen Sphären herhalten und Material liefern müssen.*[39] Das entspricht der Haltung des alten Goethe, der die Erdentstehungstheorien seiner Zeit durch Thales und Anaxagoras in der «Klassischen Walpurgisnacht» abhandeln ließ oder der ungeniert Orientalisches und Abendländisches in den Gedichten des «West-östlichen Divans» mischte.

Goethe hatte den Stoff der Joseph-Geschichten immer lebendig gehalten, nicht allein durch die bekannte Bemerkung: «Höchst anmutig ist diese natürliche Erzählung (in den ersten Büchern Mosis), nur erscheint sie zu kurz, und man fühlt sich berufen, sie ins einzelne auszumalen» und den anschließenden Bericht über den eigenen (verschollenen) Jugendroman; sondern er hatte dies alles durch eine weitläufige Darstellung der

BIBLIA,
Das ist:
Die gantze
Heilige Schrifft,
Alten und Neuen
Testaments/
Nach der deutschen Ubersetzung
D. MARTINI LUTHERI,
Nebst
Dessen Geist-reichen Vorreden und Rand-Glossen;
Ingleichen mit
M. Viti Dieterichs Summarien/
Und
Francisci Vierlings Vorreden/
Dann
Mit des Herrn David von Schweinitz Historisch- und
Moralischen Versen über jedes Capitul der Heil. Schrifft,
erläutert:
Samt vielen locis parallelis, oder gleich-stimmigen Schrifft-Stellen,
Und
Einem dreyfachen Register
I. Der fürnemsten Haupt-Articuln Christlicher Lehre,
II. Der im N. Testament angeführten Mosaischen und Prophetischen Sprüche,
III. Der Evangelien und Episteln auf alle Sonn- Fest- und Apostel-Tage,
mit Fleiß ausgefertiget.
Mit Hertzogl. Braunschweig-Lüneb. gnädigstem Privilegio.
Braunschweig, Gedruckt und verlegt durch Friedrich Wilhelm Meyer, Hertzoglichen
privilegirten Buchdrucker. 1722.

«Und dann war umständlich nachgewiesen, daß ihm die alte, zu Wittenberg gedruckte Bibel zugehöre, und daß sie auf seinen Erstgeborenen und wiederum auf dessen Ältesten übergehen solle.» («Buddenbrooks») – Die Erbbibel der Manns

«Urgeschichte», der «Erzväter» des Alten Testaments eingeleitet und so die Gestalt Josephs in dessen ganzen Familienroman eingebettet («Dichtung und Wahrheit», 4. Buch). Im «West-östlichen Divan» nahm er diese bibelkritischen Versuche abermals auf. Thomas Mann war dies als Material gegenwärtig. – Überhaupt erinnert der geistige Weitblick des *Joseph*-Romans an die dichterischen Spätwerke Goethes: wie dessen «Divan» die Erkenntnis des eben erst erschlossenen orientalischen Kulturkreises aufsog, so nutzte Thomas Mann, was ihm die Mythenforschung und Archäologie der Gegenwart zutrug. Darüber hinaus machte er sich durch Reisen, eine kürzere 1925, eine ausgedehntere durch Palästina und Ägypten 1930, mit den Ortsverhältnissen vertraut.

Die Entdeckungen der Bild- und Bauwerke, der Papyri und Tontafeln in Sumer und Akkad, Assui und Tell El-Amarna hatten seit der Jahrhundertwende, unter zunehmendem Interesse von Kunst und Literatur, die Einsicht in die Menschheitsgeschichte bereichert. Der Blick auf älteste

Hochkulturen am Euphrat und Nil öffnete sich. Die religionshistorische Forschung vor allem der sogenannten panbabylonischen Schule in Deutschland deckte die Einheit der altorientalischen mythischen Vorstellungswelten und ihren Zusammenhang mit der Glaubenslehre des Alten Testaments auf; der phönizische Tammuz, der ägyptische Osiris und der griechische Adonis erschienen als Präfigurationen des biblischen Erlösergottes, und Joseph, dem Göttlichen Jüngling, gefällt das spielerische Verstecken unter der Maske jener «fremden Götter». Bewußtsein und unbewußtes *In den Spuren wandeln*[40] durchsetzen sich in seiner mythischen Lebensform, die zwischen Vergangenheit und Gegenwart, Traum und Wirklichkeit, *Bedeuten und Sein* nur dann unterscheidet, wenn *Lebensschläue* und *Gottesklugheit*[41] es gebieten. – Wieviel wissenschaftliche Fakten aus Religionshistorie, Mythologie, Archäologie, Sprachgeschichte und aus den Erkenntnissen der Psychoanalyse – die das mythische Bewußtsein nicht zufällig als ein wichtiges Analogie-Objekt ihrer Forschung ansieht – Thomas Mann als dienendes *Material* in seine Romanfolge aufgenommen hat, das wurde bald erkannt. Zu seinem 70. Geburtstag legten ihm Anna Jacobson und Käte Hamburger die ersten quellenkundlichen und erläuternden Studien vor, die Thomas Mann dankbar begrüßt hat.

Ein Sprachwerk, eine *Menschheitsdichtung*, einen *epischen Scherz*, ein *komisches Menschheitsmärchen* hat Thomas Mann den *Joseph*-Roman in Briefen genannt und hinzugefügt, er hoffe, *etwas Besonderes, menschlicher Heiterkeit auf neue Art Zuträgliches* mit dem Werk *in die Welt gesetzt*[42] zu haben. Wirklich leistet die Sprache von der Rührung bis zur hellsten Erheiterung alles, was Thomas Mann ihr abverlangt. Sein Hauptmittel der Ironie *(denn das Wissenschaftliche, angewandt auf das ganz Unwissenschaftliche und Märchenhafte, ist pure Ironie)* wird häufig noch übertrumpft durch einen Sprachwitz, der nicht seinesgleichen hat. Jargon wird eingewirkt: wenn von Josephs *vom Gerüchte ganz unnötig aufgedonnerter Anmut*[43] die Rede ist oder von Memphis, der *Weltstadt mit schnoddrig abgekürztem Todesnamen*[44], wenn *Kinkerlitzchen*[45], *bemogeln*[46] in das Vokabular der minäischen Händler aufgenommen werden; das Preziöse wird verulkt durch *lunch*[47], das als kretisches, und durch *eruieren*[48] und *merci*[49], die als babylonische Fremdwörter im Gebrauch der thebanischen Höflinge sind; sogar norddeutsche Sprachfärbungen dringen ein mit *kakeln, klatrig*[50] oder mit der Bezeichnung der Priester des *lehrhaften On*[51] als der *Plieräugigen*[52] (ihre Theologeme stellen übrigens eine Satire auf den Zank um das christliche Trinitätsdogma dar). Anglizismen werden verwandt, und es klingt äußerst belustigend, wenn ein hoher ägyptischer Hofbeamter sich mit dem modisch-saloppen *so lange!*[53] verabschiedet. – Das sind Einzelheiten. Erst als Teile im Ganzen des *Motivbaus*[54] gewinnen sie ihren vollen Reiz; aber auch für sich bezeugen sie im Kleinen die vollkommene geistige Energie und künstlerische Frische, mit der das gloriose Werk durch die sechzehn Jahre seiner Entstehung geführt wurde – bei gelindem Wandel der Konzeption, den man überschreiben könnte mit: Vom *Roman der Seele* zu einem fast barocken Staatsroman. Das Tagebuch gibt ein einziges Mal einen Hinweis auf diesen Wandel; als Joseph in der *Kretischen Laube* vor Pharao spricht, heißt es: *Gearbeitet am großen Gespräch. Nur wenig immer. Aber der Gang ist nun klar – so, wie er geworden ist, vielleicht nicht, wie er hätte werden sollen.* (14. 7. 1941)

Am Ende konnte Thomas Mann die vierbändige Romanfolge *Joseph und seine Brüder* als ein *Menschheitssymbol*[55] Goethes «Faust» vergleichen. *Immer wieder* hatte er während der Arbeit am Roman im zweiten Teil des Goetheschen *Weltgedichts*[56] gelesen, hatte sich durch dessen sprachliche Kühnheit und mythologische *Humoristik*[57] anregen und hat schließlich Joseph, den *göttlichen Schelm*[58], nach seiner Erhöhung zu *Ägyptens Statthalter*, im Anklang an die letzten Worte Fausts sprechen lassen: *... und Gott hat's freilich zum Guten gefügt, daß ich viel Volks ernährte und so noch etwas zur Reife kam.*[59]

Der unverrückbare Spiegel: Goethe

Wil einer sich gewöhnen
so seys zum Guten, zum Schoenen.
Man thue nur das Rechte.
Am Ende duckt, am Ende dient der Schlechte.
Goethe-Autograph aus dem
Besitz Thomas Manns

«Das Benutzen der Erlebnisse ist mir immer alles gewesen; das Erfinden aus der Luft war nie meine Sache: ich habe die Welt stets für genialer gehalten als mein Genie» – schon früh hat Thomas Mann dieses Goethe-Wort auf sich und den autobiographischen Gehalt der eigenen Arbeiten bezogen: in den Jahren der ersten Selbsterklärung, die eine so eingehende Beschäftigung mit Leben und Werk Goethes einschlossen, daß damals jene Novelle von der *Tragödie des Meistertums* geplant werden konnte, *aus der aber vorderhand der «Tod in Venedig» geworden*[1] war. 1910, nach einem Besuch Weimars, gesteht Thomas Mann dem Bruder, wieviel Verwandtes ihn *da auf Schritt und Tritt – und besonders in den rührenden Stübchen, die das Allerheiligste bilden – angeweht*[2] habe. In den *Betrachtungen* wird Goethe ebensooft genannt wie Schopenhauer und Nietzsche; übrigens wird er verstanden wie diese: als gesellschaftsfremder Bildungsaristokrat. Nur wenig später sprach Thomas Mann es öffentlich aus, daß er ihn einmal habe *nachahmen*[3] wollen, in der hexametrischen Idylle *Gesang vom Kindchen*. Zu dieser Zeit war Thomas

«Haben Sie bemerkt, daß ich ihn [Anup im Traum Jaacobs] genau in der Pose des Hermes von Lysipp in Neapel auf seinen Stein gesetzt habe? Ich liebe dies Bildwerk ganz besonders, und jene Stelle ist eine heimliche Huldigung.» – An Karl Kerényi, 20. Februar 1934

Manns Goethe-Rezeption bereits im Sinn kritischer Aneignung produktiv geworden: in seinem Essay *Goethe und Tolstoi* betrachtete er Goethe als das *antäische*, das ganz und gar gesunde, in *eingeborener Sympathie mit dem Organischen*[4] lebende und schaffende *Naturkind*[5], das ist mit den Augen Schillers gesehen, und es ist eine amplifizierende Wiederholung der Gedanken *an den dort, in Weimar*[6], *den Heilen, Tastseligen, Sinnlichen, Göttlich-Unbewußten*[7], die Thomas Mann in der frühen Studie *Schwere Stunde* Schiller hatte denken lassen. In dem folgenden Jahrzehnt wird dieses einseitige Goethe-Bild von Thomas Mann um die fehlende Komponente, nämlich die außerordentliche Intellektualität Goethes, zu einer Doppelheit erweitert, die in sich Natur und Geist, *Dämonie und Urbanität* umgreift – *die ihn zum Liebling der Menschheit gemacht hat.*[8]

Äußere Ansprüche bestärkten Thomas Manns Bemühung. 1922 hielt er seine erste Goethe-Rede im Rahmen einer Frankfurter Gedenkwoche (*Es wird offiziell. Der Reichspräsident hat seine Teilnahme zugesagt*[9]). 1932 folgten die großen Festvorträge zu Goethes hundertstem Todestag, gehalten vor der Preußischen Akademie der Künste zu Berlin und in der Stadthalle zu Weimar. Zwei Jahre zuvor war Thomas Mann angetragen worden, *ein Goethe-Buch* zu schreiben. Der Plan reizte ihn, gerade um seiner Schwierigkeiten willen. *Ich werde nicht neu, ich werde höchstens persönlich sein können*, äußerte er, fügte jedoch hinzu, daß er sich *auf dies Leben am Ende so gut und besser verstehe, als Emil Ludwig*, daß seine *Art, es auszusprechen, vielleicht ihr Rechtmäßiges, ihre Legitimität hätte*[10]. Es ist längst nicht mehr nur das Goethesche Werk mit seinen dichterischen Schönheiten oder Schaffensgrundsätzen wie dem, daß «das Erfinden aus der Luft» Goethes Sache nicht gewesen sei, es ist *dies Leben*, das Thomas Mann bewundert, und zwar mit einer Zuneigung wie sonst kein anderes. Er hat es ausgesprochen, daß Wagner etwa und Ibsen die Liebe zu ihrem *Werk* forderten, daß aber allein Goethe den *Liebes- und Wertakzent auf sein Leben*[11] zu legen geböte.

Zweierlei hat Thomas Mann von Goethe übernommen: Er hat sich aus dessen Biographie und Dichtung mit Motiven versehen für das eigene Werk. Diese Übernahme beginnt, wenn man so will, mit Goethe-Zitaten in den ersten Erzählungen und in den *Buddenbrooks*; sie wird fortgesetzt im *Tod in Venedig*, im *Krull*, im *Zauberberg* und in den *Joseph*-Romanen, in deren erstem schon die Brüder Joseph den *Hätschelhans*[12] nennen, wie Goethe von seiner Mutter genannt wurde; diese geheime Motivkette geht durch die folgenden Bände, Joseph wird äußerlich Goethe angeglichen, wenn es heißt, daß er in mittleren Mannesjahren stark zur Dickheit neigte, später aber wieder schön und schlank wurde, und im letzten Band entspricht Josephs Haltung vor Pharao genau der der Weimarischen Exzellenz vor ihrem Landesherrn Karl August: *Dieser Gott* (nämlich Pharao) *schwärmte nun einmal fürs Informelle, und es war Joseph, der, aus eingeborenem Vorbehalt, dem Verhältnis die Spannung höflichen Abstan-*

Johann Wolfgang von Goethe. Gemälde von George Dawe 1819: «... das ich immer als besonders lebenswahrscheinlich empfunden habe.»

des wahrte, – ja, oft brachte er den König zum Lachen durch die Förmlichkeit, die er mitten im Familiären aufrecht hielt.[13] Die Goethesche Motivik gipfelt zuletzt in jenem Hinblick Josephs, *des Ernährers*, auf die soziale Utopie Fausts. – Ein anderes ist die Belehrung, Bestätigung, ja Bekräftigung seiner selbst, die Thomas Mann durch Goethe erfuhr: *Ich erinnere mich des eigentümlichen Eindrucks von Paradoxie und gebietender Kühnheit, den ich empfing, da ich als junger Mensch, der von Schopenhauer die große Erlaubnis zum Pessimismus erhalten hatte, im «Epilog zur Glocke» zum erstenmal mit Verständnis auf dies Wort «lebenswürdig»: «Den Lebenswürd'gen soll der Tod erbeuten», stieß.*[14] Der *trotzige Lebenspositivismus* Goethes, die *überpessimistische Lebensbejahung* habe ihn zunächst *verwirrt*[15], so gesteht Thomas Mann. Aus dieser Verwirrung aber entwickelte sich die *Metamorphose*, die Thomas Mann von der *Sympathie mit dem Tode* zum *Lebensdienste* führte und die

eine willige Unterwerfung unter den *Liebesimperialismus eines sehr hoch gestiegenen Geistes*[16] bedeutete. Nicht nur lernte Thomas Mann jetzt die sozialpolitische Voraussicht des alten Goethe, der mit dem Saint-Simonismus seiner Zeit in Berührung gekommen war, begreifen – er vermochte sich nun auch, unter Goethes Anleitung, von der ihm durch Schopenhauer, Wagner und Nietzsche nahegebrachten Antithetik von Kunst und Leben zu befreien: Die Kunst erscheint ihm nicht länger als das Produkt romantischer, betrügerischer Asketik gegenüber dem Leben; ja er vermag ihr sogar einen höheren Rang als zu Zeiten des *Zauberbergs*, da er sie *eine humanistische Disziplin unter den anderen*[17] nannte, zuzuweisen: *Die Menschheit sorgt durch den Dichter sprachlich für ihre Erfahrungen, bringt sie in ewige Sicherheit*[18] (1932). Und: *Der Ernst des Künstlers... der berühmte «Ernst im Spiel», – diese reinste und rührendste Form menschlichen Hochsinns*[19] (1933). Und: *Das Leben will ernst genommen sein; die Kunst will es auch*[20] (1938). Das Wertbewußtsein des eigenen Tuns, das nicht immer gesichert war, hat ihn Goethe gelehrt. *Es gibt wenig Autoren, die neben ihrem Werk, in den Atempausen der Produktion, ihren Beruf, das Glück gerade dieses Berufes, mit innigeren Akzenten gefeiert haben als Goethe.*[21]

Gegen Ende des Jahres 1936 – der dritte *Joseph*-Band war, über *matte Zustände* hin[22], abgeschlossen worden – faßte Thomas Mann den Plan zu *einer Erzählung, 1816 in Weimar spielend, worin ich mir die phantastische Freude mache, Goethen einmal persönlich auf die Beine zu stellen.*[23] Was hier den Freunden so bescheiden angekündigt wurde, sollte die Summe der vollzogenen Goethe-Aneignung Thomas Manns werden: *Lotte in Weimar. Roman.* Statt der Goethe-Biographie, die man von ihm gefordert hatte, statt der einmal selbst entworfenen Novelle von Goethes Ulrike-Erlebnis, nahm Thomas Mann jetzt einen, wie es scheinen mochte, wenig bedeutenden Augenblick aus Goethes Leben zum Stoff: den Besuch Charlotte Kestners, geb. Buff, der Lotte aus Goethes Wetzlarer Werthertagen, den die Gealterte im September 1816 ihrem Jugendfreund in Weimar abstattete. Eine historische Geschichte zwar, aber kaum dokumentiert. Zudem war die Begegnung der beiden kurz: Goethe «speiste» den eher unwillkommenen Gast mit einer förmlichen Einladung zu Tisch «ab». Wie mit jedem seiner Werke löste Thomas Mann auch diesmal die ungewöhnlichen Schwierigkeiten der selbstgestellten Aufgabe auf eine formal neue, außerordentliche, ja kühne Weise: die eigentliche Begegnung, Lottes Tischbesuch bei Goethe, wurde im achten von neun Kapiteln des Buches zu einem Satyrspiel des Vorhergehenden gemindert, Goethe selbst trat erst im siebenten Kapitel auf. Und zuvor geschah nichts, als daß Charlotte am Tag ihrer Ankunft nacheinander Besucher empfing: Rose Cuzzle, eine reisende porträtzeichnende Engländerin (durch die man erfährt, wer in Europa neben Goethe beachtenswert ist); Adele Schopenhauer, die Schwester des Philosophen (die den Weimarer

Klatsch der Gebildeten um Goethe referiert; man beginnt den Grad seiner Einsamkeit zu ermessen); Dr. Riemer, der philologische Adlatus des Dichters (der *nicht mit gang und gäber Schwärmerei, sondern mit Ruhe und Trockenheit, einem gewissen Realism, aus der intimen Erfahrung des Alltags*[24] über das Doppelgesicht der *Größe*[25], über die Problematik der Goetheschen Existenz spricht); zuletzt August von Goethe, der Sohn, durch dessen Erzählungen, und mehr noch durch dessen unfreies Wesen, die Gloriole des Vaters, je näher seine Gestalt zu rücken scheint, nur desto tiefer umdüstert wird. – Es ist ein Goethesches Prinzip, das Thomas Mann in dieser Komposition angewandt hat: dasjenige der «wiederholten Spiegelung», unter der das mehrfach beleuchtete Objekt seine volle Erscheinung «erst recht entzündet».

Das siebente Kapitel[26] – ausdrücklich ist dieser einen Überschrift von Thomas Mann der hervorhebende Artikel zugesetzt worden – zeigt Goethe selbst: die Kreise seines Denkens, beginnend mit den Träumen des Erwachenden, werden weiter und weiter gezogen: der Hausvater, der Verwaltungsbeamte, der Hofmann, der Naturforscher, der Dichter entfaltet die Seiten des *eigenen nicht geheuren Seins*[27]. Von einer Zwieback-Bestellung in Frankfurt bis zum Entwurf der «Mummenschanz» des «Faust II» steigen seine Gedanken auf und werden zuletzt von der Umwelt nicht mehr verstanden. Thomas Manns altes Thema von der Isolation des Künstlers dringt hier durch, aber es ist um zeitgeschichtlich-kulturpolitische Akzente erweitert: 1934 schon hatte er im Tagebuch notiert: *Die Fremdheit Goethes in dem patriotisch-«freiheitlich» aufgeregten Deutschland seines Alters ist nicht peinvoll genug nachzuempfinden.*[28] Das ist mit Bezug auf sich selbst festgestellt und führte im Roman zu jenen Unheil prophezeienden Dicta Goethes über die Deutschen, die 1946 von dem britischen Ankläger in Nürnberg, Lord Hartley W. Shawcross, als aus Riemers «Mitteilungen über Goethe» stammend zitiert wurden…

Mit «Helden und Heldenverehrung» hat Thomas Manns Goethe-Bild nichts gemein. (Es ist bezeichnend, daß er schon 1930, als er einmal die Hilfsmittel seiner Goethe-Kenntnis aufzählt, die nach dem Muster Georgescher Kultvorschriften angefertigte Goethe-Dämonologie Gundolfs entschieden ablehnt.) Was Thomas Mann an Goethe liebt – *trotz aller Bosheiten und ironischen Verismen, in die diese Liebe sich kleidet*[29] – und was er durch ihn darstellt, ist ein Menschentum, weit genug, Widersprüche, ja Gegensätzlichkeiten in sich zu beherbergen. *Der Jakobssegen der Schrift*, so hat Thomas Mann Riemer sagen lassen, liege auf Goethe: *Sprachen wir doch von der Vereinigung der mächtigsten Geistesgaben mit der stupendesten Naivität in e i n e r menschlichen Verfassung und merkten an, daß es diese Verbindung sei, die das höchste Entzücken der Menschheit ausmache. Von nichts anderem ist aber mit jenem Segensworte die Rede.*[30] Die Polarität Goethes – seine *Allumfassung* und sein *Nihilism*[31] – wird als die Bedingung seines Schöpfertums verstanden. In ihm fühlte Thomas

Mann sich Goethe verwandt. (Die intime, ja kecke Nähe zu dem großen Vaterbild drückt – eindreiviertel Jahr nach Abschluß von *Lotte in Weimar* – das Tagebuch unterm 6.6.1940 aus: *Mein 65. Geburtstag... Erwachte wie G. im VII. Kap.* – nämlich mit einer starken Erektion.)

So drangen Selbstprojektionen nicht erst in den Roman, sondern auch schon in die Goethe-Reden ein. Wenn *Geduld*[32] als Merkmal des Arbeitsethos, wenn die Inanspruchnahme von *Stützwerk und Rohmaterial*[33] als wesentliche Arbeitsmethode des Dichters bezeichnet werden: dann diente das der Charakteristik Goethes ebensowohl wie der eigenen. Solche Identifikation verwirrte die Leser. Vor allem mochte man nicht hören, daß auch die Ironie – *als das eigentlich Objektive*[34] – ein Element Goethes gewesen sei; der historische Riemer hat aber gerade ihr in seinen «Mitteilungen» ein ganzes Kapitel gewidmet, und nur durch Gemütlichkeit bornierte Intelligenzen mögen Goethes wahrhaft abgründiges ironisches Vermögen bestreiten. – Allein im Weltverständnis beider blieb ein bedeutender Unterschied bestehen: Goethes Naturgläubigkeit wurde von Thomas Mann niemals geteilt. Von *lebensunziemlichen Angelegenheiten der Natur*[35] wird im *Zauberberg* gesprochen, die Natur sei das *übergewaltig Dumme*[36], heißt es in der Lübecker Rede von 1926 (der *dumme* Dinosaurier[37] im *Krull* ist das letzte Belegstück hierfür), und brieflich ging Thomas Mann im Alter, zur Zeit der *Betrogenen*, so weit, Blakes Meinung: «Die Natur ist des Teufels», noch zu übertrumpfen dadurch, daß er fand, es sei *alles in allem eine scheußliche Schweinerei*[38] mit ihr. Der durchaus moralische geistesgläubige Humanismus Thomas Manns mochte sich mit den wertfreien natürlichen Vorgängen lediglich aus *Interesse* befassen, aus Neigung nicht.

Nicht dem *Naturkind*, wie Thomas Mann ihn einst nannte, sondern dem «Weltkind», wie Goethe sich selbst genannt hat, galt Thomas Manns Verehrung, nicht dem unbedingten Stürmer und Dränger, sondern dem durch vielfache Ansprüche bedingten alten Goethe: dessen Lebensweisheit beruft Thomas Mann, sowohl zu eigener Ermutigung wie auch zur Belehrung derjenigen, die auf ihn hörten: *Das «Exil» ist etwas ganz anderes geworden, als es früher war* – schreibt Thomas Mann während des Zweiten Weltkriegs aus Amerika –; *es ist kein Warte-Zustand mehr, auf Heimkehr abgestellt, sondern spielt schon auf eine Auflösung der Nationen an und auf die Vereinheitlichung der Welt*[39] – ein Gedanke Goethescher Prägung im Sinne jenes Leitspruchs der Auswanderer: «Suchet überall zu nützen, überall seid ihr zu Hause» («Wilhelm Meisters Wanderjahre»; Bleistiftstriche in seinem Exemplar von Goethes Spätwerk bezeugen, daß Thomas Mann während der Emigrationsjahre wieder und wieder darin gelesen hat). Oder: *Wenn Goethe gegen das Ende seines Lebens erklärte, jeder vernünftige Mensch sei doch ein gemäßigter Liberaler, so heißt das Wort heute: Jeder vernünftige Mensch ist ein gemäßigter Sozialist.*[40] (*Meine Zeit,* 1950)

Mit lächelnder Genugtuung konnte Thomas Mann im Alter bemerken, wie sehr es ihm gelungen sei, *die Goethe-Assoziation heraufzurufen.*[41] Während der Arbeit am *Doktor Faustus* fand er, es klänge, als fragten Zelter oder Humboldt in Weimar an, wenn Freunde sich nach dem Fortgang des Werks erkundigten. Aber neben aller Belustigung konnte er doch auch mit dem Nachdruck ernstester Selbstprüfung Mißwollende durch die Goetheschen Worte zurückweisen, daß sie die *Nachwelt* nicht in dem Urteil beirren würden: *...ich hätte nicht nur einiges Schöne hervorgebracht, sondern sei auch immer, auf allen Stufen meiner Einsicht bemüht gewesen, mich ins Gute und Rechte zu denken.*[42]

USA

Weltkrieg – «Cold War»

1938: In das Jahr der Übersiedlung nach den USA fielen der «Anschluß» Österreichs und «München», die, wie es schien, endgültige Bekundung des westlichen «Appeasement»-Willens durch die Übereinkunft zwischen Hitler, Mussolini, Daladier und Chamberlain, daß die «Befreiung der Deutschen in Böhmen und Mähren von tschechischer Herrschaft» und ihre Einverleibung in das «Großdeutsche Reich» rechtens sei. *Scham, Ekel* und das *Begreifen des schmutzigen Stückes, das all die Zeit gespielt worden*[1], drückten Thomas Mann nieder. In öffentlicher Rede vor zwanzigtausend Zuhörern im Madison Square Garden, New York, verurteilte er *diesen Frieden* als *Verrat und Untat aus entsittlichter und lügenhaft-überflüssiger Friedensliebe.*[2] Alfred Neumann, dem alten Freund aus Münchner Zeiten, gegenüber sprach Thomas Mann seine Meinung noch offener aus: *Ich habe in «Dieser Friede» meinen tiefen Pessimismus, was die nächste weitere Entwicklung betrifft, unverhohlen eingestanden. Das klassenpolitische Interesse an der Erhaltung des Faschismus wird gewiß die Entwicklung vorläufig weiter bestimmen. Erst wenn es dann doch dem Kapital ernstlich an den Kragen geht, wird allerdings der Krieg fällig sein.*[3] «München» blieb, trotz aller Enttäuschungen, die noch folgten: der Nichtangriffspakt zwischen Hitler und Stalin, der hinausgezögerte Kriegsbeitritt der USA, das *furchtbarste Erlebnis* der deutschen Emigranten. Noch nach der Konferenz in Jalta (Februar 1945), da die bedingungslose Kapitulation Deutschlands als Kriegsziel der westlichen und östlichen Verbündeten unwiderruflich bekräftigt worden war, kamen Thomas Mann die alten Ängste wieder; er schrieb an den Historiker und Publizisten Antonio Borgese, den Mann seiner jüngsten Tochter: *Zu verwirklichen ist erst einmal und vor allen Dingen die Vernichtung der Nazi-Bestie, – die sich diplomatisch erbietet, im Westen die Waffen zu strecken, wenn man ihr erlaubt, gegen Rußland allein weiterzukämpfen. Was für eine Versuchung für eine Welt, die einst «München» lieferte! Ich werde nie das Zittern verlernen vor einem Über-München.*[4]

Der Ausbruch des Krieges, 1939, nötigte Thomas Mann keine allzu große Bestürzung ab. Vielmehr mußte er, politisch-ökonomisch, wie er die Gesamtlage längst begriffen hatte, im offenen Konflikt der Mächte eher eine Entwicklung zur Bereinigung der Situation erkennen, die über den bedrückenden Zustand eines verlogenen «Appeasements» hinausführte. Seinerseits tat er alles, was er vermochte, um die humanistische antifaschistische Front zu stärken. Die Aufgaben, die Thomas Mann auf Grund seines Ranges unter den Emigranten zuwuchsen, nahmen ein bisher nicht dagewesenes Ausmaß an; die Ausschüsse und Vereinigungen zur Hilfe für europäische Flüchtlinge, mit denen er zusammenarbeitete, denen er vorstand, sind kaum zu zählen: Committees for Jewish and for Christian Refugees, das Unitarian Service Committee in New York empfangen seine Empfehlungen, Geldspender empfangen seinen Dank – man findet die rührendsten Zeugnisse seiner tätigen Sorge unter den hinausgehenden Briefen dieser Jahre, wenn er im Namen der American Guild for German Cultural Freedom, deren Ehrenvorsitzender er war, für eine *kind gift of two dollars*[5] dankt, ein andermal für *ten dollars*[6], oder wenn er sich an Leute von Metro-Goldwyn-Mayer wendet und um Verlängerung der Verträge für deutsche Schriftsteller bittet, die als Scriptwriter verpflichtet waren, wie Alfred Döblin, Alfred Polgar, Wilhelm Speyer, Walter Mehring. Der British War Relief Society tritt er seine Einkünfte aus den Radioansprachen ab, die über BBC seit Herbst 1940 monatlich nach Deutschland gesendet wurden. Selbst an hohe Washingtoner Amtsstellen schreibt er, als Hilfe für eine Gruppe gefährdeter Deutscher in Prag nötig wird. Wirklich, die nicht enden wollende Mühe, die er um anderer willen auf sich nahm, die vollkommene Bescheidenheit, mit der er seine Person hinter jede ihm abverlangte Sache zurücktreten ließ – man muß diese Züge einer praktizierten Humanität dem Bild des großen Künstlers einfügen, das Mit- und Nachwelt nur zu oft etwas bläßlich aufgerichtet haben. Die menschliche «Detachiertheit», die Thomas Mann nachgesagt wurde, die leidenschaftslose Kühle und derlei Legenden – wenn sie zu widerlegen wären, dann durch die Dokumente seines Alltags. Und es tut wohl, unter diesen doch auch einmal ein Zeugnis heftiger Erheiterung zu finden: *Amerikanischer als alles, was Sie mir von den Licht- und Schattenseiten der amerikanischen Civilisation erzählen können, ist folgende Meldung von der Front page der Los Angeles Times: Bird to Sing at Funeral Tacoma (Wash.) Febr. 14.* (1944) *Dickie, his pet canary, will sing, accompanied by a harpist, at funeral services tomorrow for John H. Dilderoy, 73. Ich habe Tränen gelacht, als ich es beim Frühstück las, und kam mit feuchten Augen zum Schreibtisch …*[7]

Der Schreibtisch – ein Stilmöbel, in den Formen etwas zu schwer, um

Im kalifornischen Garten mit Enkeln Frido (‹Echo›) und Tonio, 1948

als Chippendale gelten zu können – war der alte, vertraute aus dem Münchner Herzogpark. Er war gerettet, und im Februar 1942 konnte Thomas Mann ihn in dem *schönsten Arbeitszimmer seines Lebens*[8] aufstellen lassen: Nach der dreijährigen Station in Princeton, New Jersey, wo Thomas Mann als Gastprofessor in loser Folge an der Universität über Goethe, die Geschichte des Romans, über Freud, Wagner und den *Zauberberg* gelesen hatte, hatte er seinen Wohnsitz in den Westen der Staaten, nach Kalifornien, verlegt. Kurz vor der Kriegserklärung der «Achsenmächte» an die USA und kurz bevor jede private Bautätigkeit eingestellt wurde, hatte der «hartnäckige Villenbesitzer» – wie Hermann Kesten ihn genannt hat – den Bau eines eigenen Hauses *in den Hügeln von Santa Monica*[9] beschlossen und eingeleitet. Es blieb für die folgenden zehn Jahre, bis zur Rückkehr nach Europa, die amerikanische Heimstätte des fast Siebzigjährigen, dessen schöpferische Kraft sich, allen Belastungen zum Trotz, mächtiger und mächtiger entfaltete:

Lotte in Weimar, noch in Küsnacht begonnen, in Jamestown/Rhode Island, in Noordwijk aan Zee fortgesetzt, war in Princeton September 1939 zu Ende geführt worden (das *Schlußmanuskript* ging *über Portugal, mit Schweizer Diplomatenpost*[10] nach Stockholm zum Druck). Der vierte

Band der *Joseph*-Romane, *der hellste und heiterste von allen*[11], *Joseph der Ernährer*, wurde ganz in der Neuen Welt, größtenteils in Pacific Palisades, Kalifornien, geschrieben. Und inmitten der Arbeit an ihm meldet sich schon der nächste Plan: … *eine Künstler-Novelle, die vielleicht mein gewagtestes und unheimlichstes Werk werden wird*[12]. Es ist der *Doktor Faustus*, von dem, im Februar 1942, die Rede ist. Thomas Mann nannte dies Bekenntnisbuch des Alters während der Entstehung sein *Letztes*, seinen *Parsifal*; aber weitere dichterische *Neuigkeiten* sollten folgen: *Der Erwählte, Die Betrogene*, die Vollendung des ersten Teils des *Krull*; einige der bedeutendsten Essays, über Dostojewskij, Nietzsche, Gerhart Hauptmann, Kleist, Tschechow, wurden im letzten Jahrzehnt geschrieben, dazu die Reden zum Goethe- und zum Schiller-Gedenkjahr (1949, 1955); endlich, angeregt durch die verhüllte Darstellung seiner selbst im *Doktor Faustus*, entstand eine neue Reihe autobiographischer Schriften, die, im Zusammenhang betrachtet, die frühere – *Im Spiegel*, *Betrachtungen eines Unpolitischen*, *Pariser Rechenschaft*, *Lübeck als geistige Lebensform*, *Lebensabriß*, *Leiden an Deutschland*, *Tagebuchblätter aus den Jahren 1933 und 1934* – fortsetzt, auch rückgreifend berichtigt, und so Chronik und Kommentar des eigenen Lebens zu einem Ganzen rundet: *Deutschland und die Deutschen* (1945), *Sechzehn Jahre*, *Zur amerikani-*

Im kalifornischen Seven Palms House, Pacific Palisades,
mit Katja und Erika, 1949

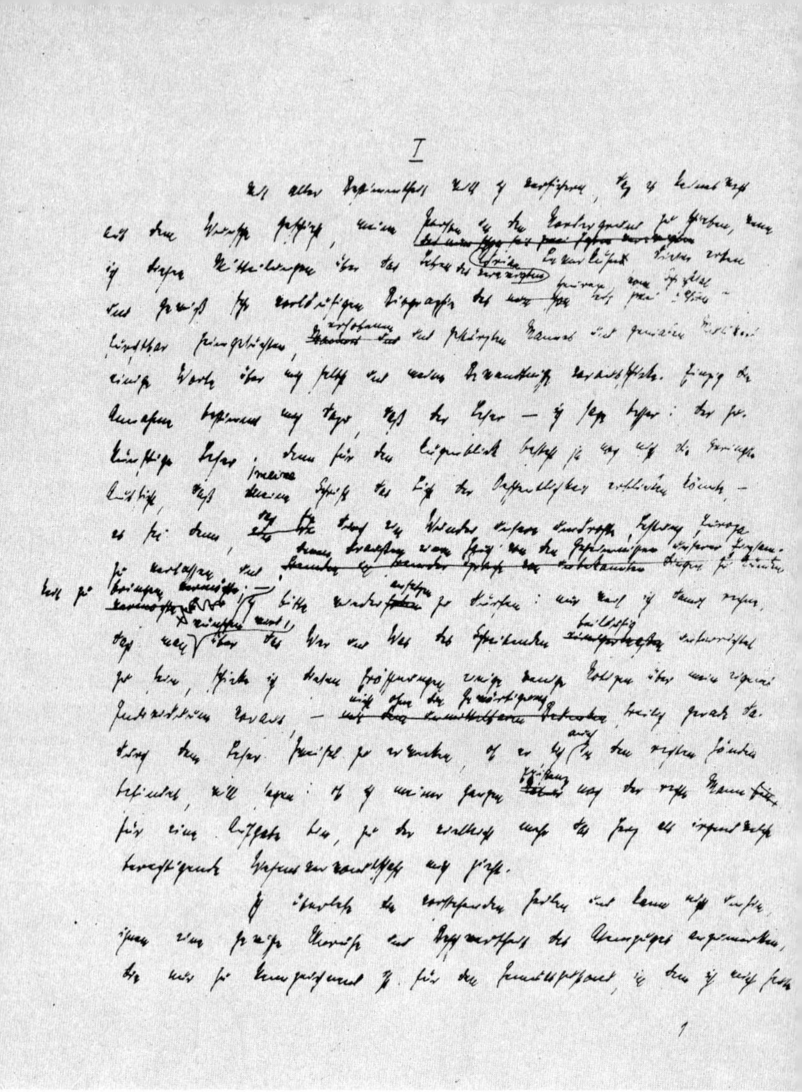

Anfang der Handschrift des «Doktor Faustus»

schen Ausgabe von «Joseph und seine Brüder» in einem Bande (1948), *Die Entstehung des Doktor Faustus* (1949), *Meine Zeit* (1950) und das *Vorwort* zu der selbstveranstalteten Auswahl der *kleinen Prosa aus fünf Jahrzehnten: Altes und Neues* (1953). Hinzu kamen die *messages, statements* und Erlasse zu weltpolitischen Fragen; der Verpflichtung als Consultant in Germanic Literature an der Library of Congress, Washington, war seit 1942 durch alljährliche Vorträge nachzukommen; anstrengende *lecture-tours*, einmal im Jahr unternommen, entführten Thomas Mann wochenlang seinem Schreibtisch. *Mit Nägeln und Zähnen* hielt er jedoch *unter allen Diversionen*[13] an den schriftstellerischen Aufgaben fest. Er vollendete im siebenten und achten Jahrzehnt ein Werk, dessen Vielgestalt, dessen *Greisen-Avantgardismus*[14] nur den Vergleich mit den sehr seltenen Erscheinungen der Geistesgeschichte erlaubt, denen nicht nur die geniale Begabung durch Gunst und Ungunst langer Lebensdauer bis in das höchste Alter ungebrochen erhalten blieb, die sich vielmehr durch die Teilnahme an den Umwälzungen ihrer Epoche zu wirklicher Universalität erhoben haben. Der fünfundsiebzigjährige Goethe sprach von dem «großen Vorteil» der ihm gewährten historischen Erfahrung europäischer Kriege und sozialer Revolutionen. Der fünfundsiebzigjährige Thomas Mann griff dieses Wort auf, und indem er die *markanten Weltveränderungen* seiner *Zeit und Geschichtsepoche* aufzählt – *die kontinentale Hegemonie Deutschlands unter Bismarck, die Hochblüte des britischen Imperiums unter Viktoria, die intellektuelle Unterminierung der bürgerlichen Lebensnormen überall in Europa; die Katastrophe von 1914 mit dem Eintritt Amerikas in die Weltpolitik und den Fall des deutschen Kaiserreichs; die Russische Revolution; das Heraufkommen des Fascismus in Italien und des Nationalsozialismus in Deutschland, den Hitlerschrecken, das Bündnis von Ost und West gegen ihn, den gewonnenen Krieg und den abermals verlorenen Frieden* – und sie *quantitativ den Erfahrungen Goethes*[15] gleichsetzt, tritt zugleich auch der universelle Aspekt hervor, unter dem jener «die größten Weltbegebenheiten» zu betrachten sich gewöhnt hatte.

Unter ihm betrachtete Thomas Mann den Ausgang des Weltkriegs und was diesem folgte – *den abermals verlorenen Frieden*. Seine Gefährdung hatte er bald erkannt. Im August 1943 notierte Thomas Mann in sein Tagebuch: *Mit Freunden über das schlechte Verhältnis zu Rußland. Eindruck, daß es sich kaum noch um diesen Krieg, sondern um die Vorbereitung des nächsten handelt.*[16] Nach der Kapitulation Japans kommentierte er *das Ende des «Zweiten Weltkriegs»*: *In Wahrheit endete nichts, sondern ein unaufhaltsamer Prozeß gesellschaftlich-ökonomisch-kultureller Weltveränderung, der vor einem Menschenalter begonnen hatte, rollte abenteuerträchtig ohne wirkliche Unterbrechung weiter.*[17] Warum sollte sich Thomas Mann bei solcher umfassenden Klarsicht um nationale Interessen sorgen? Dem in New Yorker Emigrantenkreisen Anfang 1944 gegründeten «Council for a Democratic Germany» hielt er sich fern, da er fand, eine demokratische deutsche Staatsführung habe sich aus den innerdeutschen antifaschistischen Kräften zu bilden. Diese Zurückhaltung trug ihm schon damals offene Feindschaft ein. Die Deutschen waren nach 1945 nur weniger gehemmt, mit Anwürfen gegen Thomas Manns «Deutschfeind-

Lübeck, Rathaus und St. Marien

lichkeit» hervorzutreten. Man griff aber mit diesem Wort fehl. Was Thomas Mann eine Parteinahme unmöglich machte, war ein viel allgemeinerer Argwohn: er traute der Friedenswilligkeit der Westmächte nicht, traute ihnen auch die an Deutschland zu leistende re-education nicht zu: *...denn da nie ernstlich und ungebrochenen Willens gegen den Faschismus Krieg geführt wurde, ist er auch nicht geschlagen und wird bewußt, halbbewußt, am liebsten unbewußt begünstigt so gut wie zur Zeit des appeasement. Die Furcht vor seinen Greueln wird weit überwogen von der vor seiner Alternative, dem Sozialismus, und so stehen die Gemüter ihm offen. Die Epoche selbst ist faschistisch – eine Feststellung, die sich gelassen gibt, aber eine resignierte Brandmarkung ist.*[18] Früher als andere bemerkte Thomas Mann, durch *Churchills Pan-Europa-Rede in Zürich*[19] 1946 aufs äußerste beunruhigt, die Absicht, Deutschland zu einem Instrument westlicher Politik zu machen. *Klarer als je zeichnete der Wille zur Wieder-*

aufrüstung Deutschlands gegen Rußland sich ab[20] – eine Einsicht des ersten Nachkriegsjahrs, die man ja nicht wird zerreden können…

Was immer Thomas Manns Gegner vorbringen mochten, sie irrten durchaus, wenn sie ihn einen politischen Träumer nannten und glaubten, er äußere sich ohne Sachkenntnis zur Lage. Die bedeutendsten Publizisten Amerikas, Dorothy Thompson, Walter Lippmann, waren ihm bekannt; im Hause Eugene Meyers, des Besitzers und Herausgebers der «Washington Post», und seiner sozial engagierten Frau Agnes E. – einer freigebigen, aber aufdringlichen Verehrerin von Thomas Mann* – traf er Angehörige der Diplomatie und hohen Washingtoner Bürokratie, engste Mitarbeiter Roosevelts, wie Henry A. Wallace, Vice-President von 1941 bis 1945, Francis Biddle, den Attorney-General, Adolf Berle, der schon 1932 dem «original braintrust» des Präsidenten angehört hatte; außer den *Offiziosen des Roosevelt-Regimes* – den *Männern meines Vertrauens*[21], wie Thomas Mann sie genannt hat – war ihm Archibald MacLeish, Leiter der Library of Congress in Washington, Intimer des Präsidenten mit dauerndem Zutrittsrecht zum Weißen Haus, freundschaftlich verbunden; nicht zuletzt war während des Krieges die persönliche Bekanntschaft mit dem Präsidenten erneuert worden und trug, wie der Umgang mit dessen Vertrauten, zu der außerordentlichen Wohlinformiertheit Thomas Manns über die Weltsituation bei: Januar 1941 waren Thomas Mann und seine Frau während zweier Tage abermals im Präsidentenpalais zu Gast: *…wo wir mit erstaunlicher Auszeichnung aufgenommen wurden… «Er» hat mir wieder starken Eindruck gemacht oder doch mein sympathisches Interesse neu erregt: Diese Mischung von Schlauheit, Sonnigkeit, Verwöhntheit, Gefallustigkeit und ehrlichem Glauben ist schwer zu charakterisieren, aber etwas wie Segen ist auf ihm, und ich bin ihm zugetan als dem, wie mir scheint, geborenen Gegenspieler gegen Das, was fallen muß. Hier ist einmal ein Massen-Dompteur modernen Stils, der das Gute oder doch das Bessere will und es mit uns hält wie sonst vielleicht kein Mensch in der Welt. Wie sollte ich es nicht mit ihm halten? Ich bin gestärkt von ihm gegangen.*[22] Noch unter Roosevelt, Mitte 1944, war Thomas Mann amerikanischer Staatsbürger geworden, und als solcher griff er selbst – wie Dorothy Thompson, MacLeish, Berle, die als ghost-writer die Ansprachen des Präsidenten entwarfen – in die Wahlkampagne zur vierten Präsidentschaftskandidatur Roosevelts ein: *Ich bin öffentlich für FDR herausgekommen, aber man hört auf mich immer noch viel zu wenig.*[23] – Dies war der Zeitpunkt, wo Thomas Manns *dégoût an allem Deutschen gerade jetzt ins Unermeßliche wächst. Eine unmögliche Rasse, wirklich une race maudite… Der Zusammenbruch wird rein äußerlich sein, und eine Kapitulation wird es nie geben.*

* In seinen manchmal *schwatzhaften* Briefen an sie redete Thomas Mann sie als *Fürstin* an, im *Doktor Faustus* erscheint sie als *Frau von Tolna*; im Tagebuch figuriert sie als *die beschwerliche Geist-Pute in Washington* (2.3.1942).

Wir wissen noch nicht, wie das ist, wenn ein Volk von 70 Millionen seine Niederlage einfach nicht annimmt. Es ist sehr unheimlich, schreibt er an Erich von Kahler unterm 20.10.1944.

Thomas Mann hatte in diesen Jahren 1944–45 den Höhepunkt seines öffentlichen Einflusses in Amerika erreicht. Im Jahr der deutschen Niederlage, auch vorher schon mit merklichen Symptomen, seit dem Tod Roosevelts jedoch ungehindert, begannen jene «Fanatiker und selbstangemaßten Wächter über unsere nationale Sicherheit» – wie der Präsidentennachfolger Truman sie erbittert nannte – «die Rechtsgarantien der Bill of Rights zu untergraben»; mit dem verderblichen Schlagwort vom «premature anti-fascism» (nämlich einem, wie es dem FBI nunmehr scheinen wollte, unerlaubten, vor Pearl Harbor geäußerten Antifaschismus), mit *Gesinnungsspionage* und gerüchteweisen Verdächtigungen kündigte sich die Epoche des McCarthyismus an. Das Committee on Un-American Activities fand die Library of Congress *offenbar kommunistisch verseucht.*[24] Thomas Mann, ihr Consultant in Germanic Literature, wurde «emeritiert» und gehörte ihr seither nur von fern als Fellow an. Seit diesen vierziger Jahren hörte man Thomas Mann ebensooft, wie er Hamlets «sits smiling to my heart» zitierte, wenn ihm etwas behagte, jenes Wort Prosperos sagen: «and my ending is despair».

Der Tod Roosevelts beendete einen Geschichtsabschnitt, und er zerschlug Thomas Mann alle Hoffnungen, die er einst auf die USA, *diese große kosmopolitische Gemeinschaft,* gesetzt hatte. Die glänzendsten Feierlichkeiten, mit denen im Juni 1945 sein 70. Geburtstag offiziell begangen wurde (Felix Frankfurter, Supreme Court Justice, Harold L. Ickes, Secretary of the Interior, Juan Negrin, Premier der letzten republikanischen Regierung Spaniens, William L. Shirer hielten zum Thomas-Mann-Dinner der Nation Associates im Waldorf-Astoria-Hotel, New York, die ehrenvollsten Ansprachen), waren ein Nachhall des Vergangenen – sie trübten Thomas Mann nicht den Blick für das, was bevorstand: die moralische Zerrüttung des kalten Krieges. – Nur noch einmal in seinem Leben begegnete Thomas Mann einem Staatsmann, dessen Umsicht ihn ermutigen konnte: Pandit Nehru hatte den Dichter, Ende 1949, zu einer Unterredung nach San Francisco gebeten: *Er ist bei Weitem der bedeutendste und hellste Staatsmann heute, – die unsrigen hier reichen ihm nicht das Wasser*, schrieb Thomas Mann an Anna Jacobson. Er war vor allem beeindruckt dadurch, daß Nehru sich standhaft geweigert hatte, *to attend the cold war.*[25]

Unter den Erschütterungen eines Weltkonflikts, der sich mehr und mehr zu einem Vernichtungskrieg auswuchs, hatte Thomas Mann begonnen, den Plan seines *vielleicht unheimlichsten Werkes*[26] auszuführen. *Dies eine Mal wußte ich, was ich wollte und was ich mir aufgab: nichts Geringeres als den Roman meiner Epoche, verkleidet in die Geschichte eines hochprekären und sündigen Künstlerlebens.*[27] Es war der Roman seines Le-

Thomas Manns Münchner Pension nach der Rückkehr aus Palestrina – und diejenige Adrian Leverkühns

bens, des geheimen Leidens an sich selbst und an dem katastrophalen Geschichtsablauf, des *Leidens an Deutschland.* Daß er *nur von sich zu erzählen brauche, um auch der Zeit, der Allgemeinheit die Zunge zu lösen*[28], war Thomas Mann eine Gewißheit, die er schon 1910 ausgesprochen hatte. Nun, im Alter, nachdem er die fremden Stoffe der Joseph-Geschichten, des Goethe-Romans, einer indischen Legende und der Moses-Novelle *Das Gesetz* behandelt hatte, wandte er sich wieder seinem Erlebnisbereich zu; und indem er, mit stärkstem kritischem Bewußtsein, durch Persönlichstes das epochal Gültige zugleich darstellte, entstand der Roman von Deutschlands Verhängnis, dessen Titel die Verschränkung von Lebensgeschichte und Zeitgeschichte andeutet: *Doktor Faustus. Das Leben des deutschen Tonsetzers Adrian Leverkühn, erzählt von einem Freunde.* Geschrieben in den Jahren 1943 bis 1947.

Thomas Mann hat über *die Entstehung des Doktor Faustus* berichtet. Er hat die unzähligen subsidia namentlich aufgezählt, die ihm während der Arbeit zukamen: die Lektüre allgemein musikwissenschaftlichen und biographischen Schrifttums über Mozart, Beethoven, Hector Berlioz, Hugo Wolf bis hin zu Alban Berg, der belehrende Verkehr mit den zeitgenössischen Komponisten Igor Strawinsky, Arnold Schönberg, Hanns Eisler, Ernst Křenek, Ernst Toch, die kritische Unterweisung durch Theodor Wiesengrund-Adorno; Theologisches; Medizinisches; Dokumentarisches und Historiographisches aus der Lutherzeit und der Zeit des Dreißigjährigen Krieges; Grimmelshausen und Sprichwörtersammlungen des Mittelalters; die unendlichen Ausformungen des Fauststoffs, von Christopher Marlowe über das deutsche Volksbuch bis zu Heinrich Heines Ballett-Entwurf; endlich Nietzsches Schriften und alle Biographica über ihn wurden gelesen und zu Rate gezogen. Thomas Mann hat ferner über die künstlerisch-technischen Probleme der Gestaltung Rechenschaft abgelegt: wie er gewisse Kapitel aber- und abermals *gebessert*[29], wie Erika, die älteste Tochter, Kürzungen veranlaßt habe, wie ihm die Erfindung des *narrators*[30] Serenus Zeitblom zu Hilfe gekommen sei, die zeitlichen Ebenen des Romans zu synchronisieren und den *düsteren Stoff,* die *Schrecknisse* des Buches zu *durchheitern.*[31] Was ihn jedoch während der Niederschrift und auch noch nach dem Erscheinen des Werks bis zu *Tränen* bewegen konnte, darüber hat Thomas Mann in dem Entstehungsbericht nur wenige, eher verhüllende Äußerungen getan: es war eine *Lebensbeichte*[32], die er mit diesem *Buch des Endes*[33] ablegte. Allenfalls näheren Freunden gab er nach Abschluß des Werks die bündige Auskunft: *Zeitblom ist eine Parodie meinerselbst. In Adrians Lebensstimmung ist mehr von meiner eigenen, als man glauben sollte – und glauben soll*[34] (an Amann).

Daß Leverkühn zum *Tonsetzer* gemacht wurde, ist symbolhaltige Camouflage, angeregt durch Luthers, Nietzsches, auch Fausts (der historischen Gestalt) Verhältnis zur Musik. Das eigene Dichten hatte Thomas Mann zudem des öfteren ein *Musizieren* und *Komponieren*[35] genannt; und hatte er nicht dem frühesten Abbild seiner selbst, dem jungen Hanno Buddenbrook, statt der literarischen die musikalische Begabung zugeschrieben? Dieses Motiv dichterischer Biographik wird nun, im Rückblick auf seine erste Form, entfaltet. Adrian Leverkühn und sein Freund Zeitblom teilen mit Hanno den Raum der Herkunft: das als Klosterschule gegründete Gymnasium *Kaisersascherns,* seine mit Inkunabeln versehene Bibliothek, *die treulich konservierten Bürgerhäuser und Speicher, ein Rathaus, im Baucharakter zwischen Gothik und Renaissance schwebend, mit einem Glockenturm auf dem hohen Dach, Loggien unter diesem*[36] – das ist Lübeck, beschrieben in Zeiten, da Thomas Mann die Nachricht empfangen hatte, daß das *Buddenbrook*-Haus und die ihm gegenüberliegende Hauptkirche St. Marien, daß der romanische Dom und das Rathaus seiner Heimatstadt durch Luftangriffe der Royal Air Force zerbombt worden seien. *Die alten Kirchen!* – in dem Jugendroman war ihnen geringe Aufmerksamkeit gewidmet; der alte Thomas Mann mißt ihnen höhere Bedeutung zu, den *Baudenkmälern,* die *weit in vorschismatische Zeiten, in eine christliche Einheitswelt zurückreichen,* die *für das Lebensgefühl die ununterbrochene Verbindung mit der Vergangenheit* herstellen und *jene berühmte Formel der Zeitlosigkeit, das scholastische Nunc stans an der Stirn*[37] tragen. Der Sohn dieser Stadt, Adrian Lever-

Hof Schweighardt, Polling/Obb. – ‹Hof Schweigestill, Pfeiffering› im «Doktor Faustus»

kühn, studiert *theologiam*. Doch schon in den Jahren des *Zauberberg* hatte auch Thomas Mann von sich gesagt, daß er wohl habe Theologe werden können. Im Gespräch mit dem Papst (1953) hat er sich den *homines religiosi* zugezählt; sein Interesse am Religiösen – wobei *das Konfessionelle schließlich keine so große Rolle spiele*[38] – hatte in seinen höheren Jahren zugenommen. In den *Joseph*-Romanen hatte er *die ziemlich kecke Definition des «Bundes» als einer wechselseitigen Hilfeleistung von Gott und Mensch,* als einen *Doppelprozeß, zu dem der Gott den Menschen ebenso nötig habe wie dieser ihn,* entwickelt und den *stark humoristischen Einschlag* der *ganzen Theologie des «Joseph»*[39] betont. Im Spätwerk des *Doktor Faustus* und auch in mancherlei öffentlichen und persönlichen Äußerungen seiner letzten Jahre hat Thomas Mann sich mit einem zentralen Begriff der christlichen Dogmenlehre befaßt: demjenigen der *Gnade*. Wenn er früher einmal, um sich die begünstigte Existenz Goethes zu erklären, die *aristokratische* Vorstellung der christlichen *Gnadenwahl*[40] herangezogen hatte, so hat Thomas Mann doch späterhin seinen *Gnaden*-Begriff von allen Anklängen an die Prädestinationslehre befreit. Er wird ihm zur Chiffre für einen ursächlich nicht begreifbaren menschlich-sittlichen Aufstieg, zu dessen Vollendung sich «Verdienst und Glück» gleichermaßen «verketten» müssen.

Thomas Mann hat es vermieden, sich der lutherischen Lehre zu unterwerfen, die von den «Werken» gar nichts hält und allein dem Gläubigen Gnade zuteil werden läßt; und er hat sich ebensowenig der Ansicht der katholischen Kirche angenähert, die Reue, «contritio», als Bedingung der Gnadenempfängnis vorschreibt. Er hat seinen *Gnaden*-Begriff der kirchlichen Dogmatik enthoben, hat ihn – so wie er in den *Joseph*-Romanen den *Mythos ins Humane umfunktioniert*[41] hatte – *säkularisiert*.[42] Er selbst sprach von der *Gnade der Zeit und ihrer geduldigen Erfüllung*[43] als der ihm gewährten Erfahrung. Den fiktiven Biographen Zeitblom im *Doktor Faustus* hingegen läßt er die göttliche Gnade über *Freund* und *Vaterland*[44] anrufen. In dieser gebethaften Formel gipfelt die religiöse Thematik des Werks, die sich, um der faustisch-lutherischen Stimmung willen, durchaus innerhalb des kirchlich-dogmatischen Bereichs bewegt. *Contritio cordis, attritio, Prädestinationslehre*[45] sind signalisierende Worte, die von dem protestantischen Leverkühn, dem katholischen Zeitblom und dem theologisch hochgebildeten Teufel gleichermaßen verwendet werden. Im ganzen weisen ja die katholisierenden Tendenzen Leverkühns und der Humanismus des Philologen Zeitblom, der seinerseits durch Schleiermachers identitätsphilosophische Theologeme erzogen zu sein scheint, auf eine überkonfessionelle Religiosität hin, für deren einstige Wirklichkeit Thomas Mann die romanischen und gotischen Sakralbauten aus *vorschismatischen Zeiten* in Lübecker Jugendjahren die mächtigsten Zeugen waren.

Bereits 1931, in einer Ansprache im Rahmen der Preußischen Akademie der Künste zu Ehren des 60. Geburtstags seines Bruders Heinrich, hatte Thomas Mann das ehemals bürgerlich-brave Lübeck *nicht ganz geheuer* genannt und in seinen *gotischen Winkeln allzu Altes, Erblasthaftes – hysterisches Mittelalter, verjährte Nervenexzentrizität, etwas wie religiöse Seelenkrankheit*[46] entdeckt. Wohl unter dem Eindruck des in Deutschland umgehenden *Wotanskults*[47], dem diese Stadt, dem «Nordischen» benachbart, besonders aufgeschlossen war. Aber auch, um sich und dem Bruder die Bewandtnisse ihrer geistig-künstlerischen Herkunft *aus mediterranem Geist* und aus *deutschem Meistertum* zu erklären: und dieses sah er – wie in den *Betrachtungen* – im Irrationalen wurzeln, im *seelischen Altertum*, sah es in Dürers Welt, *mit ihrer Neigung zur Passion, ihrem Leidenszug und Kryptenhauch, ihrer faustischen Melencolia, ihrer demütigen Kleinlichkeit, die Ewigkeitsblick besitzt.*[48] Die gesamte ideelle Thematik des *Doktor Faustus* wurde hier aus dem eigenen Erfahrungsbereich entwickelt. Sie blieb Thomas Mann im Innern so gegenwärtig, daß er in das Alterswerk einzelne Wendungen der Rede aufnehmen

Mit Journalisten beim italienischen Verleger Arnoldo Mondadori, Meina/Lago Maggiore, 1947

konnte, obwohl sie sich in Kalifornien, wie er Heinz Sauereßig mitteilte, *nicht mehr unter meinen Papieren fand.*[49]

Auch äußere Eindrücke wurden dem *Geheimwerk*[50] einverleibt. Es gibt unter den Romanfiguren wohl keine, die in ihren Umrissen nicht dem weiten Kreis persönlicher oder geistiger Bekanntschaften Thomas Manns entstammte. An seine Tochter Elisabeth schrieb er: ohnehin kämen schon alle Leute darin vor, *z. T. mit Namensnennung. Ganz einfach.*[51] Daß auch die wichtigsten Stationen von Leverkühns Lebensweg dem eigenen entsprachen, verschwieg Thomas Mann: Nach dem Abbruch des Theologiestudiums siedelt der junge Komponist nach München, Rambergstraße 2 über; er wohnt, für kurze Zeit, bei der hanseatischen Senatorin Rodde – sie ist das *kalte Portrait meiner Mutter*[52] –, deren Töchter Ines und Clarissa Abbildern von Thomas Manns Schwestern Julia und Carla entsprechen. Es folgt der Aufenthalt in Rom, Via Torre Argentina, dann der in Palestrina; und dort, in jenem *steinernen Saal*, in dem Thomas Mann einst sein Lebenswerk begann, geschieht die Verschreibung an den Teufel: sie ist das geheimste Symbol dichterischer Selbsterhöhung. Denn in dem Augenblick, da der Zweiundzwanzigjährige ansetzte, seinen *schmerzlichen Ehrgeiz auf die Größe*[53] zu vollendender Kunstwerke zu richten, schloß er sich von dem *Leben in seiner verführe-*

1947

rischen Banalität[54] *(Tonio Kröger)* aus, zog er um sich die Schranken einer *Jahre lang* währenden Einsamkeit, während deren er sich *als Menschen für nichts geachtet und nur als Künstler habe in Betracht kommen wollen*[55] (an Katja Pringsheim). Das *Du darfst nicht lieben*[56] als Bedingnis des Paktes, die *Gesamterkältung*[57] des Künstlerlebens als vom Teufel verordnet, war die späte, gesteigerte Symbolformel für Thomas Manns Leiden in jenen frühen Jahren. Tonio Kröger, den er zuerst davon hatte sprechen lassen, lehnte sich noch gegen das *Raffinierte, Exzentrische und Satanische*[58] in der Kunst auf. Leverkühn ergibt sich ihm, wie es der während der *Tonio-Kröger-Zeit* entworfene Plan wollte: *Figur des syphilitischen Künstlers: als Dr. Faust und dem Teufel Verschriebener. Das Gift wirkt als Rausch, Stimulans, Inspiration; er darf in entzückter Begeisterung geniale, wunderbare Werke schaffen, der Teufel führt ihm die Hand. Schließlich aber holt ihn der Teufel: Paralyse.*[59] – Leverkühn, aus Palestrina zurückgekehrt, mietet sich, wie Thomas Mann nach seinem Italienaufenthalt, in der Pension Gisela, nahe dem Münchner Siegestor, ein. Dann wird nur noch der zutrauliche, in die Einsamkeit eindringende Freund aus der Erinnerung Thomas Manns der romanhaften Biographie einverwoben; danach trennt der Autor das Leben seines Helden von dem seinen und läßt es sich nach dem Muster der Krankengeschichten Genialer, Nietzsches, Hugo Wolfs, als *gelebte Vita*[60] in den Euphorien des Wahnsinns vollziehen.

Lebensbeichte[61] – sie umfaßt die Jahre von Thomas Manns tief empfundenem menschlichem Ungenügen, und sie umfaßt die Zeit seiner romantischen Apolitie. Gerade ihr widmet Zeitblom in den zeitkritischen Passagen des Buches (unter anderm mit deutlichem Bezug auf die *Betrachtungen*) Worte distanzierter Zurechtweisung. Und es kann kein Zweifel bestehen, daß Thomas Mann die *Schuld, Verschuldung, Schuldigkeit* des *eigenen Lebens*[62], von der er noch lange nach dem Abschluß des *Doktor Faustus* gesprochen hat, in seiner verjährten Teilhabe am deutschen Irrationalismus erblickte. Die Vorträge *Deutschland und die Deutschen* und *Nietzsches Philosophie im Lichte unserer Erfahrung*, während und kurz nach der Arbeit am Roman entstanden, sind in demselben Sinn wie dieser persönliche und *deutsche Selbstkritik*.[63]

Wer war befugter, sie auszusprechen, als Thomas Mann, der der *Geschichte der deutschen «Innerlichkeit»*[64] fester verhaftet gewesen, dann aber mit kälterem Bewußtsein über sie hinausgewachsen war als die meisten seiner Generationsgefährten. Wenn Thomas Mann in seinem *Doktor Faustus* eine *Beichte* sah – dank des überlegenen Verstandes, der sie ablegte, wurde aus ihr Anklage ebensowohl wie Verurteilung eines Zeitalters, das haltlos vom Irrationalismus zum Barbarismus hinabtaumelte.

Besuche in Deutschland

Ich habe eine Art von irrationalem Grauen davor, «dereinst» in diesem Boden hier zu «ruhen», der mir nichts gegeben hat und nichts von mir weiß. Deutschland ist mir wild fremd geworden. Aber in der Schweiz, da würde ich gern meinen Stein haben[1] – dies ist in Amerika geschrieben, 1951; es ist das Resümee von sechs Nachkriegsjahren, während deren Thomas Mann dort das *Werk Roosevelts* von *mächtigen Interessen gründlich demoliert*[2] und in Europa *den Antibolschewismus – die Grundtorheit unserer Epoche*[3] stark aufleben sah. Viermal hatte er den alten Kontinent besucht, ehe, 1952, ein Jahr nach jenem tief enttäuschten Umblick, die Heimkehr nach Europa beschlossen war.

Letzten Anstoß gab eine Adresse des republikanischen kalifornischen Abgeordneten Donald L. Jackson vor dem Repräsentantenhaus im Kongreß zu Washington im Juni 1951. In ihr wurde Thomas Mann als «one of the world's foremost apologists for Stalin and company» denunziert. Nach den Vorladungen Hanns Eislers und Bertolt Brechts vor das House Committee on Un-American Activities 1947 – gleichzeitig übrigens mit Gary Cooper und Ronald Reagan; eines der Mitglieder dieses Committees war Richard M. Nixon – mußte Thomas Mann gleichfalls ein *Verhör durch das Unam. Committee* gewärtigen – *beunruhigend* vermerkt das Tagebuch mehr als einmal (20.6.1951). Genau ein Jahr später landete Thomas Mann in Zürich, um Europa nicht mehr zu verlassen.

Europa ehrte ihn, wie vormals Amerika. Thomas Mann, dem die Neue Welt die höchsten Auszeichnungen, die sie vergeben kann, zuerkannt hatte – er war Ehrendoktor der Hauptuniversitäten, Mitglied und Ehrenmitglied der bedeutendsten nationalen Institute und Akademien für Philosophie, Künste und Wissenschaften –, wurde nun in die ehrwürdige Accademia Nazionale dei Lincei, Rom (1947), aufgenommen; Oxford, eine der ältesten europäischen Hochschulen, ernannte ihn zum Ehrendoktor, die Universitäten Lund, Schweden, und Cambridge folgten. (In Cambridge, 1953, gab es ein überraschendes Wiedersehen mit Pandit Nehru, der zugleich mit Thomas Mann promoviert wurde.) Robert Schuman, französischer Minister des Auswärtigen, überbrachte dem Dichter persönlich die Rosette der Ehrenlegion: «Cette distinction est un hommage rendu par la France à l'exceptionnelle valeur et à la signification mondiale de votre œuvre littéraire ainsi qu'à la lutte que vous n'avez cessé de mener dans l'intérêt de la liberté et de la dignité humaine» (1952).

«Die menschliche Würde» – die geschlagenen Deutschen zeigten von

1946

ihr nicht sehr viel, indem sie sie Thomas Mann so ziemlich absprachen. Ein Katarakt des Übelwollens ergoß sich nach 1945 über ihn. Es ist wahr, er hatte diesem Land nichts Schmeichelhaftes zu sagen und hütete sich, durch eine Haltung des tout comprendre c'est tout pardonner den *deutschen Anspruch auf bevorzugendes Mitleid, besondere Rücksichtnahme und Fürsorge*[4] im geringsten zu unterstützen. Das taten andere, erfolgreich genug. – Walter von Molo, Thomas Mann aus den Tagen der Berliner «Dichterakademie» bekannt, hatte alsbald nach der Kapitulation in ruhig gesetzten Worten («mit aller, aber wahrhaft aller Zurückhaltung, die uns nach den furchtbaren zwölf Jahren auferlegt ist») den Emigranten zur Rückkunft als «Helfer» aufgefordert. Noch ehe Thomas Manns ausführliche, jedoch dilatorische Antwort – *Beschämenderweise brauchte ich nicht weniger als acht Tage zur Fertigstellung der Replik*[5] – in Deutschland bekannt wurde, meldete sich Frank Thiess zu Wort: Er setzte die «äußere» gegen die «Innere Emigration» herab («Wir erwarten dafür keine Belohnung, daß wir unsere kranke Mutter Deutschland nicht verließen. Es war für uns natürlich, daß wir bei ihr blieben») und hatte mit seinem tränentrieschkeschen Lamento ganz außerordentlich viele Deutsche gewonnen. Es blieb nicht bei derartigen Sottisen. In Thiess' Gefolge verlautbarte Manfred Hausmann: er habe Kenntnis von einem Bittbrief Thomas Manns an den Reichsinnenminister Wilhelm Frick aus dem Jahre 1933, in dem der Dichter aus seinem Schweizer Exil um die Erlaubnis zur Rückkehr nach Deutschland dringlich ersucht habe («Damals wäre er also gern ins Hitlerische Deutschland zurückgekehrt, aber er durfte es nicht»). Das war pure Lüge. Sie war überdies verquickt mit einer Belehrung Thomas Manns, die an geistiger Unsauberkeit nichts zu wünschen übrigließ: Hausmann hielt jenem die chauvinistischen Parolen aus den abgelebten Zeiten der *Betrachtungen* vor und bestritt ihm das Recht, heute politisch urteilend hervorzutreten. Gerade in diesem Punkt erreichte Hausmanns Polemik internationales Niveau: schon 1944 hatten amerikanische Dunkelmänner Thomas Manns Kriegsessayistik von 1914 ausgegraben und gegen ihn ausgespielt. 1945 tat dasselbe ein Mann namens Erik Erikson, Kinderpsychologe seines Zeichens, in London. In Deutschland wiederholte man die unnütze Klügelei dann ad nauseam.

Aber auch Thomas Manns dichterisches Werk wurde angegriffen. Alfred Döblin, der schon Hetzartikel gegen Thomas Mann in der New Yorker «Volkszeitung» *geschürt*[6] hatte, veranstaltete in seiner Zeitschrift «Das goldene Tor» eine Folge herabsetzender Kritiken des *Doktor Faustus*. Hans Egon Holthusen startete seine *fromme Diatribe*[7], indem er im Werk Thomas Manns und insonderheit im *Faustus* eine «Welt ohne Transzendenz» deutlich zu erkennen vorgab. Lübecker Stimmen mangelten nicht, klangen aber reichlich plattdeutsch («Es fehlt die Wärme der schlichten Liebe.» Dr. Georg Behrens). Zuletzt – nach dem Erscheinen des *Erwählten* – wurde Thomas Mann ein «Vorheizer der Hölle» ge-

1955, bei Lübeck

nannt; es war wohl das Äußerste, was ein verbiestertes Hirn sich ausdenken konnte...

Thomas Mann litt tief unter dem Unverstand, der ihm begegnete. «Seine Sensibilität» – so berichtete Adorno, in Kalifornien häufig Gast Thomas Manns – «erstreckte sich bis ins Moralische; sein Gewissen in geistigen Dingen reagierte so fein, daß noch der plumpeste und törichteste Angriff ihn zu erschüttern vermochte.» Zeitweise, während und nach der lebensgefährlichen Lungenoperation, der sich der Einundsiebzigjährige zu unterziehen hatte, suchten Freunde, wie Erich von Kahler und Hermann Broch, ihm die deutschen Anwürfe fernzuhalten. – Als Thomas Mann, 1949 aus Anlaß der Goethe-Gedenkfeiern, Deutschland zum erstenmal nach sechzehn Jahren wieder betrat, machte er sich zum Herrn der Lage, indem er mit der ihm eigenen, objektivierungsfähigen Kühle den *Streit, der in Deutschland geht um mein Werk und meine Person,* zu dem erklärte, was er war: *Das ist nicht Literaturkritik mehr, es ist der Zwist zwischen zwei Ideen von Deutschland, eine Auseinandersetzung, nur anläßlich meiner, über die geistige und moralische Zukunft dieses*

Kilchberg am Zürichsee, Alte Landstraße 39

Landes.[8] Dabei ist es geblieben. Mit jedem Urteil über Thomas Mann stellte sich der Urteilende selbst der Beurteilung bloß. Wer gegen ihn Erfahrungen des «Blutes» und der «Gemeinschaft» (in Kreisen der «Inneren Emigration» war hiervon viel die Rede), wer gegen sein Werk den Vorwurf vom «blutleeren Artistentum» (eine bevorzugte Sortierungsvokabel der Germanisten) ausspielte, zeigte, daß er, unbelehrt durch die Geschichte, mit dem Irrationalismus der Epoche noch dies und das gemein hatte.

Ein letztes Argument der Gegner war der «Kommunismus» Thomas Manns. Er hatte im Goethe-Jahr in Frankfurt und Weimar gesprochen – *Ich kenne keine Zonen. Mein Besuch gilt Deutschland selbst, Deutschland als Ganzem, und keinem Besatzungsgebiet.*[9] Der Westen sah damals nur den Affront; davon, daß Thomas Mann sich durch propagandistische Ehrenempfänge in der DDR nicht blenden ließ und nur wenig später gegen Ulbrichts Terrorjustiz beschwörend opponierte, wußte die Öffentlichkeit nichts. Sie wußte auch nicht, daß, bei seinem letzten Besuch in Deutschland 1955, anläßlich der Schiller-Feiern, Theodor Heuss, der Bundespräsident, Thomas Mann die zweite Reise nach Weimar als «sinnvoll» geradezu «geraten» hatte. – (Mit Konrad Adenauer hingegen verband Thomas Mann gar nichts. Er beobachtete die rheinbündlerische Politik des Greises mit Argwohn und seine Wiederaufrüstungsbestrebungen mit pessimistischem Abscheu. Nach der Stalin-Note von 1952, in der die staatliche Einheit Deutschlands als Gegenleistung für seine Neutralisierung angeboten wurde, notierte Thomas Mann im Tagebuch unterm 27.4.1952: *Adenauer kämpft gegen die russische Einheitsförderung um sein vatikanisch-amerikanisches Westdeutschland.*) – Für den Besuch Weimars bedurfte Thomas Mann der höchsten Bestätigung durch Heuss wohl kaum. Er hatte in einer Neujahrsansprache über BBC am 30. Dezember 1945 über sein Verhältnis zu Landesgrenzen und Fronten der Ideologien ein für allemal gesagt: *Man gönne mir mein Weltdeutschtum und den vorgeschobenen Posten deutscher Kultur, den ich noch einige Lebensjahre mit Anstand zu halten suchen werde.*[10]

Sein *Weltdeutschtum* zu vollenden, war Thomas Mann auf den Raum seiner Nation nicht angewiesen. Was er in den *langen Jahren* des Exils *draußen* hervorgebracht hatte, war immer *unverwechselbar, unübersetzbar deutsch, und es war niedergelegt zu den Füßen des Volkes, in dessen Sprache es geschrieben war.*[11] Im höchsten Alter verlangte es ihn, *wieder im Bereich der deutschen Sprache zu leben.*[12] Er ließ sich bei Zürich nieder, mietete zunächst in Erlenbach ein Haus und erwarb 1954 eine Villa auf der westlichen Seite des Zürichsees, in Kilchberg. Hier beschloß er sein Werk:

Der Erwählte, noch in Amerika geschrieben, war kurz zuvor herausgekommen: dieser wohl einmalige Fall in der Literaturgeschichte, daß sich der moderne Autor in allem Faktischen mit minuziöser Genauigkeit an eine jahrhundertealte Überlieferung hält und dennoch den eigentlichen Reiz durch ein *Realisieren und Genaumachen*[13] aus dem mittelalterlichen Lehrgedicht erst recht befreit. Die Geschichte vom *Papst Ödipus* sei ihm während der Studien zum *Doktor Faustus* durch die «Gesta Romanorum» bekanntgeworden, hat Thomas Mann berichtet. Die Quelle jedoch, die er in seinem Roman zugrunde legte, hatte er sich 57 Jahre zuvor in seinem Münchner Kollegienheft notiert: *Hartmanns «Gregorius» behandelt von Hertz.*[14] Sie wurde von ihm ausgewertet mit jenem *voltairisierenden Spott*[15], der den Ton der Moses-Novelle bestimmt hatte und der nun abermals den Sprachwitz eines *Hütten-Messingsch*[16] zur Parodie einer abendländischen *Einheitswelt*[17] zeitigte – zu deren römischen Partien übrigens Ferdinand Gregorovius' «Geschichte der Stadt Rom» Anekdotisches beitrug. Doch wie ironisch-humoristisch der *Geist der Erzählung*[18] (der nicht erst in diesem Spätwerk, sondern schon in den *Joseph*-Romanen figurierte) sich auch gab, was er vortrug, die Erwählung des schlimmsten Sünders auf den Stuhl Petri, entsprach dem Gnadengedanken des *Doktor Faustus*, in dem es geheißen hatte, daß *Heiligkeit ohne Versuchung gar nicht zu denken war*, daß sie sich *nach dem Sünden-Potential eines Menschen bemaß.*[19]

Die Betrogene, in Amerika begonnen, wurde in der Schweiz beendet: eine Wiederaufnahme der frühen Thematik von der Liebe als einer Neigung zum Tod, wie sie der kleine Herr Friedemann (1897), wie sie Aschenbach durch Tadzio als dem «Eros Thanatos» und dann noch einmal Mut-em-enet, die Frau Potiphars, durch Joseph erfahren hatten: *Das Lied vom errungenen, scheinbar gesicherten Frieden und des den treuen Kunstbau lachend hinfegenden Lebens, von Meisterschaft und Überwältigung, vom Kommen des fremden Gottes war am Anfang, wie es in der Mitte war*[20] – so hatte Thomas Mann, sich in die Geschichte Muts einschaltend, kommentiert. Dies *Lied* erklang hier zuletzt, zu einer Versöhnlichkeit gewandelt, die Rosalie von Tümmler, die *Betrogene* – vielleicht im Anklang an Worte des Johannes-Evangeliums –, im Tod *ein großes Mittel des Lebens* erkennen läßt: *Wenn er für mich die Gestalt lieh von Auferstehung und Liebeslust, so war das nicht Lug, sondern Güte und Gnade.*[21]

Der *Krull* wurde fortgeführt, ein giocoso, bei dem der Autor *immer Gefahr lief, ins «Faustische» zu geraten*[22]. Wie denn auch nicht? Die pikareske Form war geschaffen, Erfahrungen und Gedanken eines reichen Lebens aufzunehmen. Der «dilettantisme» des Helden – «qui nous incline tour à tour vers les formes diverses de la vie sans nous donner à aucune» – disponierte ihn, *weiter zu schweifen, in einen neuen Horizont zu treten*[23], den psychologischen Regeln Paul Bourgets gemäß, nach denen schon die früheste Vorform Krulls, der Bajazzo (1896), gebildet worden war. Hier knüpfte Thomas Mann, Themen seines Gesamtwerks in die späten *Scherze* verflechtend, wieder an: Felix' begierigen Blick ins Juwelenschaufenster hatte der Bajazzo schon getan. Der narzißtisch-inzestuöse Reiz geschwisterlicher *Ebenbürtigkeitswonne*[24] war in *Wälsungenblut* (1905) und im *Erwählten* ausgekostet worden. Das Lissaboner Erdbeben von 1755 gehörte den Bildungsgesprächen des *Zauberberg* zu. Auf diesen weisen auch die *faustischen* Partien paläozoologischer und erdgeschichtlicher *Bildungserlebnisse* zurück, über die Krull von seiner *Weltfahrt*, im Rollenspiel des Marquis de Venosta, seinen Eltern *von Familie* den spaßigen Bericht abstattet: daß seiner *Bildung Eröffnungen und Belehrungen* zuteil würden, die *sich buchstäblich auf alles Sein mitsamt dem durch Urzeugung aus ihm hervorgegangenen organischen Leben, mithin vom Stein bis zum Menschen erstrecken.*[25] Tatsächlich sind es ja exquisite Außerordentlichkeiten, die ihm zustoßen: Mme Houpflé adressiert ihn mit Versen aus Victor Hugos «Hernani», und Prof. Kuckuck weist ihn auf den vergleichbaren Bau des Ratten- und Menschenhirns hin (ein anatomisch-physiologisches Faktum, dem bisher in der ganzen Welt zwei, drei Mediziner ihre strenge Forschung gewidmet haben). – *Ich sammle, notiere und studiere für die Bekenntnisse des Hoch-*

Wiligis und Sibylla, die Eltern des Erwählten: Vorlage war das «Ulmer Verlöbnis» des Meisters vom Sterzinger Altar (um 1460)

staplers, die wohl mein Sonderbarstes werden[26], hatte Thomas Mann dem Bruder Heinrich 1910 mitgeteilt. Das Konvolut alter Materialien war erhalten, und bis in die kleinsten Details übernahm Thomas Mann etwa für die Szene des Soupers auf der *gärtnerisch geschmückten Dachterrasse des Grand-Hôtel des Ambassadeurs*[27] die akribische Bilddarstellung aus einem alten Journal: «Eine Oase in der sommerlichen Hitze der Weltstadt»; die Gäste waren gezeichnet, eine ehemals europäische Elite: Herzog und Herzogin Vendôme, Prinz und Prinzessin Georg von Griechenland, Gabriele d'Annunzio; im Roman sind sie zu namenlosen Statisten geworden, von denen nur die *modisch umfangreichen, kühn geschwungenen Hutkreationen*[28] der Damen als die phantastischen Attribute dahingeschwundener Zeiten bewahrenswert erscheinen. – Eine Audienz beim Papst gar, die Krull/Venosta sich *bestimmt einmal erbitten*[29] würde, wäre im zweiten Teil der Memoiren gewiß geschildert worden. Ganz zweifellos hätte Thomas Mann dann sein eigenes Erlebnis verwertet: Er war mit seiner Frau 1953, als er das Rom seiner Jugendjahre wieder besuchte, von Pius XII. in Privataudienz empfangen worden. In den unvollendeten *Bekenntnissen* ist es bei der vorausweisenden Andeutung geblieben: *Dort beugt man sogar das Knie, was mir großen Genuß bereiten würde, und sagt «Votre Sainteté».*[30]

Dem Göttlichen Jüngling wird noch einmal gehuldigt, und es mischen sich neue Akzente in diesen Archetyp hinein. Ein Jahr ehe die Fortsetzung des *Krull* aufgenommen wurde und Felix im Pariser Hotel *St. James and Albany* antreten soll, verliebte sich Thomas Mann, fünfundsiebzig-

Unterschriftsübungen Felix Krulls, von Thomas Mann

Heinrich Mann um 1940

jährig, in einen Jungkellner im Zürcher Grand Hotel Dolder. Frau Katja und Tochter Erika nahmen daran teil und vermittelten sogar Rendezvous, aber das Tagebuch erhielt mit vielen und langen, zum Teil sentimentalen Eintragungen den größten Anteil an der geheimen Affäre: *meine Freude, Zärtlichkeit, Verliebtheit enthusiastisch und untergründen den ganzen Tag* (8.7.1950); jede tägliche *Bedienung durch den kleinen «Münchener»* (29.6.1950) wird verbucht, bis zu: *nach kurzem Schlaf, gewaltige Ermächtigung und Auslösung. Sei es darum, Dir zu Ehren, Tor! Ein gewisser Stolz auf die Vitalität meiner Jahre, wie auf das ganze Erlebnis spricht mit.* (10.7.1950) Dabei hatte es gleich beim ersten Erkennen geheißen: *Münchener Kellner, hübsch… prächtiger Nazi* (25.6.1950). – So drangen denn doch in Thomas Manns Blick auf diesen gutgewachsenen Boy Projektionen ein, die die nationalsozialistische Freizeitorganisation «Kraft durch Freude» geweckt hatte. Und auch Diane Philibert im *Krull* – ihr Rausch mit Felix wird neun Monate nach Thomas Manns Erlebnis ausgearbeitet – huldigt diesen Projektionen, wenn sie ihren *Mignon in Livree*[31], ihren phallischen *kühnen Knecht*[32] nackt sieht und mit dem Zungenschlag der Mae West belobigt: *oh, la, la, das nenne ich Galanterie!*[33] Oder sollte man historisch präziser verfahren und statt «Kraft durch Freude» unmittelbar Hitlers Ideal der «heroischen Jugend» als «freies, herrliches Raubtier» heranziehen? «In meinen Ordensburgen

1953 in Lübeck vor dem zerstörten «Buddenbrook»-Haus

wird der schöne, sich selbst gebietende Gottmensch als kultisches Bild stehen und die Jugend auf die kommende Stufe der männlichen Reife vorbereiten.» So hatte er zu Hermann Rauschning, dem Senatspräsidenten von Danzig, gesprochen. Rauschning hatte seine «Gespräche mit Hitler» 1940 in New York veröffentlicht, und Thomas Mann hat sie im Jahr des Erscheinens in Princeton gelesen.

Als Thomas Mann das Felix-Diane-Kapitel schrieb, umfing ihn, wie das Tagebuch ausweist, die *erotische Spannung des Kapitels* (24.3.1951); in den folgenden Tagen notiert er mehrmals, daß er die Arbeit *sinnlich vertiefe*. Es ist noch einmal eine *Apotheose des Jünglings, sie beschäftigt mich stark und drängend* (22.3.1951). Als er *diese Apotheose des Jünglings* als *tour de force* abgeschlossen hat, meint er: *Der Roman kann es kaum weiter bringen. Mir hat er eigentlich damit Genüge getan.* (2.4.1951) Danach erst geriet Thomas Mann *ins Faustische*...

Ein letzter Aspekt zum *Krull*: Wenn Felix ein Hermes-Gott zu Anfang unseres Jahrhunderts ist, ein Gott der Eloquenz, der Reisenden, der Diebe, als göttlicher Liebhaber begehrt, als schöner Jüngling von den Athleten verehrt, und man das auch in diesem Jahrhundert aufgerichtete Ideal des «herrlichen Raubtiers», des «schönen, sich selbst gebietenden Gottmenschen» hinzudenkt, so könnte man eine Schicht aufdecken, in der das aristokratisch-kriegerische Jünglingsbild der Antike sich im faschistisch-imperialen Ideal männlicher Körperlichkeit fortsetzt und erfüllt. Thomas Mann waren diese Gedankenflüge aus vielen speziell deutsch-kulturellen Zusammenhängen als eine abendländische summa geläufig. Hatte er nicht in der frühen Münchner Novelle *Beim Propheten* einen seraphischen Jüngling eine spinnerte Dichterlesung mit den Worten schließen lassen: *Soldaten! ich überliefere euch zur Plünderung – die Welt!*[34] Und leider gehören ja Hitlers Ordensburgen zu demselben Europa, dem die Palästren und Gymnasien der Alten auch zugehören.

Es waren Werk und Leben eines alten Mannes, die sich in wiederholender Erinnerung und wacher Tagesaufmerksamkeit dem Ende zuneigten. Mit Goethe teilte Thomas Mann die Erfahrung des «Lange leben, heißt viele überleben». Den Tod seines älteren Sohnes, des jüngeren Bruders Viktor und Heinrichs, des *großen Eigenbrötlers*[35], das Hinsterben der Freunde im Exil, Bruno Franks, Werfels, Beer-Hofmanns, hatte er überdauert – *recht übrig, allein, traurig und müde.*[36] Und dennoch, er war *überlaufen, überschüttet, überfordert*[37] von Ansprüchen, denen er nachkam, unermüdlich die vormittäglichen Arbeitsstunden und nachmittäglichen Zeiten der Korrespondenzen einhaltend; nur daß er seit jener tiefgreifenden Operation nicht mehr am Schreibtisch, sondern in die Ecke eines Sofas gelehnt saß, mit einem Brett, schrägpultartig, als Schreibunterlage vor sich. Er, der die abendländische Kultur seit Beginn des Jahrhunderts kritisch gedeutet und schöpferisch fortentwickelt, dann immer wesentlicher bestimmt und durch Zeiten ihrer Verleugnung mit

«Solange Menschen meiner gedenken, wird ihrer gedacht sein.»

europäischem Selbstbewußtsein bewahrt hatte, der mit goetheschem Sinn sich *selber historisch werden* und mit erasmischem Lächeln in Streit und Widerstreit die Wirkung seines Werks sich ausbreiten sah, der im Ruhm dem *Zweifel* an und für sich nicht abgesagt und gerade dem *Zweifel an Sinn und Wert* des künstlerischen *Tuns*[38] in seinem schönsten Aufsatz, über Anton Tschechow, den Rang intellektueller Redlichkeit zugesprochen hat: ihm stellte sich aus allen «eher depressiven Stimmungen» – die Katja Mann in den Monaten des Hocherfolgs der *Bekenntnisse*, Ende 1954, Freunden gegenüber erwähnte – immer wieder die Lust her, unvermittelt zu verlocken und zu gefallen. *Vom Virtuosen und Schauspieler habe ich nun einmal etwas in mir*[39], ein Wort des Achtundsiebzigjährigen. Er las vor. In Zürich, Wien, München, Frankfurt, Köln, Düsseldorf, Hamburg, Lübeck öffnete sich ihm die Szene der großen Schauspielhäuser oder Konzerthallen, und ein hingerissenes Publikum erlebte die

Phantasmagorien seiner Erfindung. Ihm lag daran, Heiterkeit anzustimmen – *das tiefer begründete Lachen ist das Beste in der Welt.*[40] Die ihm zuhörten und die äußerste Genauigkeit des Vortrags, die Anmut des Redespiels, die höchste Disziplinierung jeden Lauts vernahmen, mochten in aller *Erheiterung* über den *höheren Jokus*[41] erkennen, daß Wohlklang und Meisterschaft des Worts untrennbar eins waren mit der vollkommenen Klarheit des Gedachten.

1955, das letzte Jahr: *...es wird turbulent,* schrieb Thomas Mann im Januar: *Im Mai kommen die rednerischen Schillerfeiern in Stuttgart, München, Weimar, auch in der Schweiz, und gleich danach geht es los mit meinem Achtzigsten, zu welchem, wie es schon aussieht, alles geschehen wird, damit ich ja nicht viel älter werde.*[42] Die letzten *lecture-tours* wurden durch das nicht vorauszusehende Maß der Ehrungen zu einer via triumphalis erhöht: Das *ganze Deutschland* nahm Thomas Manns Huldigung an Schiller mit einhelliger Beistimmung, ja Ergriffenheit auf. In Holland dekorierte ihn das Königshaus mit einem hohen Orden. In Kilchberg stellte sich der schweizerische Bundespräsident Max Petitpierre zur Feier des Geburtstags ein. Amerikanische Freunde waren herübergekommen. Das geistige Frankreich legte eine von Martin Flinker, Paris, veranstaltete «Hommage» vor, in deren tabula gratulatoria die alten Staatsmänner Vincent Auriol, Édouard Herriot und, in deren Gefolge, Sartre, Camus, Honegger, Milhaud, Marc Chagall, Pablo Picasso wie auch der Haute Couturier Pierre Balmain sich unter anderen eingetragen hatten... Erika

Februar 1955

Mai 1955

Mann, das *Lieblingskind* und die Begleiterin des Vaters auf den meisten Reisen dieses Jahrs, hat deren Stationen bis zum Ende in einem getreuen und klugen «Bericht» verzeichnet; sie hat erwähnt, wie unter allem festlichen Andrang Thomas Mann der Sorge um den politischen Frieden der Welt die letzten Anstrengungen gewidmet hat, einer Sorge, die ihn am Schluß der Schiller-Rede zu dem nachdrücklichen Aufruf *zur Liebe, zum Frieden, zu rettender Ehrfurcht des Menschen vor sich selbst* bewog.[43]

Rückblickend ist es ein Abstecher von der großen Route der Lebensfahrt, dem man die meiste Bedeutung zumessen möchte: dem Besuch der Vaterstadt Lübeck. Vor fünfzig Jahren hatte er in einer Zeitung dieser Stadt eine Verteidigung seiner *Buddenbrooks* abdrucken lassen und den *Landsleuten* ironisch das Getuschel in den Mund gelegt: *«Es ist doch nicht möglich, daß der kleine Thomas Mann, der unter uns herumlief und in der Schule so ungewöhnlich faul war und nicht gut tun wollte, ein Dichter ist, ein ordentlicher… einer, der in die Literaturgeschichte kommt.»*[44] Nun stand er, als Ehrenbürger empfangen, vor ihnen, im *historischen Saal*[45] des Rathauses, den sein Vater in Amtsgeschäften betreten hatte; im Stadttheater hörte er «Lohengrin» wieder, wie einst als Schüler; er wohnte in Travemünde, nahe dem «Leuchtenfeld», auf dem Jappe und Do Escobar sich prügelten, und sah auf die See, die er von Kind an geliebt hatte, sah auch wohl weiterhin die *Steine*, auf denen Tony Buddenbrook und Morten Schwarzkopf *saßen*.[46] Er dankte diesem Wiedersehen, das den *späten und endgültigen Frieden*[47] mit der Heimat herstellte, als einem *großen, rührenden Augenblick* seines *zur Rüste gehenden Lebens.*[48]

Ein Erholungsaufenthalt in Noordwijk war begonnen. Dort erkrankte Thomas Mann am 20. Juli an einer Thrombose. Am 23. wurde er nach Zürich geflogen; hier wurde die ärztliche Behandlung im Kantonspital fortgeführt. Sie blieb erfolglos. Thomas Mann starb am 12. August 1955 abends, kurz nachdem er eingeschlafen war, an den Folgen einer Arteriosklerose.

Niemand hatte den Tod des Achtzigjährigen erwartet. Seine geistige Frische war ihm ungemindert erhalten geblieben, und künstlerische Pläne lagen bereit – *an Ideen würde es mir nicht fehlen, und wenn ich 120 würde*[49], hatte er mit siebenundsiebzig Jahren geäußert. Er hatte zuletzt Vorarbeiten zu einem Luther-Drama, *Die Hochzeit*, geleistet; hatte früher erwogen, Goethes «Achilleis»-Fragment erzählend fortzusetzen, und auch an einen *Erasmus-Roman* gedacht. Er werde dies alles nicht mehr ausführen können, das sah er voraus und fand, es sei *schade* um die Pläne. *Denn wer kann es sonst?*[50]

Anmerkungen

Zitiert werden: Thomas Mann, Gesammelte Werke in dreizehn Bänden (S. Fischer Verlag 1960 ff.), mit römischer Bandziffer und anschließender Seitenzahl; Thomas Mann, Briefe 1889–1955 (3 Bände, S. Fischer Verlag 1961–1965), mit der Sigle: Bfe I, II, III und anschließender Seitenzahl; die Tagebücher (S. Fischer Verlag 1979 ff.) sind durch Datenangaben im laufenden Text gekennzeichnet.

Bei Zitaten andernorts veröffentlichter Thomas-Mann-Texte werden eine abgekürzte Angabe des Druckorts sowie die Seitenzahl genannt; bei Briefen ermöglichen die Angaben von Empfänger und Datum das Auffinden des Wortlauts in den entsprechend publizierten Einzelkorrespondenzen.

Lübeck
1 XI 451 / 2 XI 306 / 3 XI 327 / 4 XI 327 / 5 Bfe I 217 / 6 Bfe I 230 / 7 XI 328 / 8 XI 420 / 9 XI 421 / 10 XI 421 / 11 I 85 / 12 I 165 / 13 XI 421 / 14 XI 422 / 15 XI 421 / 16 I 497 / 17 XI 422 / 18 XI 677 / 19 X 926 / 20 X 927 / 21 XI 419 / 22 XI 418 / 23 XI 309 / 24 XI 99, 101 / 25 XI 307 / 26 IX 892 / 27 IX 892 / 28 XI 307 / 29 I 722 / 30 XI 100 / 31 XI 99 / 32 XI 306 / 33 XI 307 / 34 X 374 f. / 35 XII 239 / 36 X 374 / 37 XI 387 / 38 XI 386 f. / 39 XI 100 / 40 XI 423 / 41 XI 423 / 42 XI 424 / 43 I 523 / 44 I 523 / 45 XI 554

«Frühlingssturm» und Aufbruch
1 Bfe I 3 / 2 Bfe I 3 / 3 XI 378 / 4 XI 378 / 5 Bfe I 3 / 6 X 511 / 7 A. Eloesser, Thomas Mann. 1925. S. 38 / 8 XI 99 / 9 X 239 / 10 XI 101 / 11 XI 101 / 12 XI 101 / 13 XI 413 / 14 XI 330 / 15 XI 330 / 16 XI 330, 101 / 17 XI 545 / 18 XI 712 / 19 XI 712 / 20 XI 545 / 21 XI 712 / 22 X 839 / 23 X 839 / 24 IX 794 / 25 XI 218 / 26 An H. Mann, 18.2.1905 / 27 VIII 1102 / 28 VIII 9 / 29 Bfe I 79 / 30 I 404 / 31 X 423 / 32 IX 805 / 33 IX 805 / 34 XI 1127 / 35 XI 737 / 36 XI 31 f. / 37 XI 738 f.

München
1 XI 330 / 2 XI 101 / 3 XI 101 / 4 XI 101 / 5 VIII 24 / 6 VIII 42 / 7 VIII 11 / 8 VIII 30 / 9 VIII 64 / 10 VIII 66 / 11 VIII 64 / 12 VIII 113 / 13 VIII 114 / 14 VIII 125 / 15 VIII 125 / 16 VIII 138 / 17 VIII 123 / 18 VIII 126 / 19 VIII 30 / 20 VIII 33 / 21 Das Zwanzigste Jahrhundert 6, I (1896), S. 109 / 22 Ebda 6, II (1896), S. 290 / 23 Ebda S. 290 / 24 Ebda S. 387 / 25 Ebda 7 (1896), S. 81 / 26 Ebda S. 81 f. / 27 Ebda S. 83 / 28 Ebda S. 83 / 29 VIII 49 / 30 XI 714 / 31 Das Zwanzigste Jahrhundert 6, II (1896), S. 297 / 32 Ebda S. 296 / 33 VIII 305 / 34 XI 330 / 35 XI 330 / 36 XI 102 / 37 Das Zwanzigste Jahrhundert 5, I (1895), S. 522 / 38 X 838

Rom – Palestrina
1 XI 309 / 2 XI 103 / 3 XI 104 / 4 XI 103 / 5 XI 103 / 6 XI 103, 104 / 7 XI 104 / 8 XI

103 / 9 XI 104 / 10 XI 104 / 11 XI 380 / 12 VIII 107 / 13 XI 737 / 14 X 314f. / 15 An H. Mann, 18.2.1905 / 16 X 307 / 17 Die Neue Rundschau 73 (1962), S. 336 / 18 Blätter der Thomas-Mann-Gesellschaft Zürich 2 (1959), S. 5 / 19 VII 547 / 20 Blätter der Thomas-Mann-Gesellschaft Zürich 2 (1959), S. 6 / 21 Ebda / 22 Libris et litteris. Festschrift f. H. Tiemann. 1959. S. 330 / 23 Ebda S. 330 / 24 Ebda S. 330 / 25 Ebda S. 330 / 26 I 29 / 27 Libris et litteris. Festschrift f. H. Tiemann. 1959. S. 325 / 28 I 31 / 29 XI 380 / 30 Blätter der Thomas-Mann-Gesellschaft Zürich 2 (1959), S. 20 / 31 Ebda S. 21 / 32 I 86 / 33 XI 103 / 34 Bfe I 25 / 35 Bfe I 26 / 36 Bfe I 27 / 37 XI 105f. / 38 Viktor Mann, Wir waren Fünf. 1949. S. 51 / 39 Ebda S. 53 / 40 Ebda S. 57 / 41 Die Neue Rundschau 1958, S. 264 / 42 Ebda S. 266 / 43 XI 104 / 44 XI 107

Wieder in München
1 XI 331 / 2 XI 105 / 3 Bfe I 17 / 4 Bfe I 93 / 5 Bfe I 95 / 6 VII 351 / 7 XI 106 / 8 Bfe I 11 / 9 XI 312 / 10 XI 380 / 11 XI 381 / 12 XI 381 / 13 Das Zwanzigste Jahrhundert 6, II (1896), S. 297 / 14 I 9 / 15 VIII 30 / 16 I 684 / 17 I 239 /18 I 298 / 19 XII 72 / 20 XII 72 / 21 XII 73 / 22 IX 530 / 23 Bfe I 62 / 24 XI 556

Anspruch – Der Göttliche Jüngling
1 Bfe I 28 / 2 An H. Mann, 27.3.1901 / 3 Bfe I 66 / 4 X 595 / 5 IX 843 / 6 X 838 / 7 XI 381 / 8 XI 116 / 9 XI 611 / 10 z. B. XI 239 / 11 Bfe I 32 / 12 Bfe I 62 / 13 vgl. IX 623, 624 / 14 IX 58 / 15 XI 94 / 16 III 351ff.; X 339ff. / 17 Bfe I 25 / 18 VIII 296 / 19 Bfe I 45 / 20 Bfe I 39 / 21 Bfe I 40 / 22 Bfe I 35 / 23 X 20 / 24 II 84 / 25 Bfe I 81 / 26 VIII 450 / 27 XII 201 / 28 XII 201 / 29 XII 111 / 30 An E. Bertram, 30.1.1913 / 31 XII 145 / 32 VIII 451 / 33 Bfe I 81 / 34 VIII 451 / 35 VIII 451 / 36 Bfe I 123 / 37 An E. Bertram, 29.12.1930 / 38 XI 155 / 39 XI 156 / 40 VI 37 / 41 VI 239 / 42 Bfe I 27 / 43 VI 579f. / 44 Bfe I 32 / 45 An H. Mann, 11.11.1913 / 46 XII 12 / 47 Bfe I 27 / 48 V 1259 / 49 II 474 / 50 Bfe III 387 / 51 IV 39 / 52 Vgl. den Abschnitt 14 der beigegebenen Bibliographie

Ansehen – Gegner
1 XI 331 / 2 An H. Mann, 13.9.1914 / 3 XI 144 / 4 XI 144 / 5 An H. Mann, 6.2.1909 / 6 Bfe I 33 / 7 Bfe I 32 / 8 XI 779 / 9 XI 778 / 10 XI 778 / 11 Bfe I 61 / 12 Bfe I 102 / 13 An H. Mann, 10.1.1910 / 14 XII 539 / 15 Bfe I 17 / 16 Bfe I 41 / 17 Bfe I 68 / 18 Bfe I 190 / 19 An H. Mann, 17.1.1906 / 20 An H. Mann, 18.2.1905 / 21 XII 56 u. ö. / 22 XII 231 / 23 X 13 / 24 XII 144

Krieg
1 XI 331 / 2 Bfe I 112 / 3 An E. Bertram, 6.2.1918 / 4 XI 128 / 5 XII 67 / 6 Die Neue Rundschau 14, II (1914), S. 1483 / 7 Ebda S. 1478 / 8 XII 11 / 9 XII 279 / 10 XII 381 / 11 XII 114 / 12 X 122 / 13 An E. Bertram, 22.6.1917 / 14 An P. Amann, 25.3.1915 / 15 III 429 / 16 III 906 / 17 XII 423 / 18 XII 424 / 19 Berliner Tageblatt, 27.12.1917 / 20 Bfe I 155f. / 21 XI 313 / 22 Bfe I 165 / 23 Bfe I 162 / 24 XI 1146

Deutsche Republik
1 XI 851 / 2 An E. Bertram, 16.3.1920 / 3 X 626 / 4 X 627 / 5 An E. Bertram, 16.3.1920 / 6 An E. Bertram, 8.7.1922 / 7 XII 587 / 8 An E. Bertram, 8.7.1922 / 9 IX 67 / 10 IX 123 / 11 IX 124 / 12 IX 123f. / 13 XI 841 / 14 Bfe I 202 / 15 X 179 / 16 Bfe I 197 / 17 Bfe I 197 / 18 X 522 / 19 Bfe I 200 / 20 XI 895, 896 / 21 XI 852 / 22 XI 812 / 23 IX 166 / 24 IX 169 / 25 XI 132 / 26 An E. Bertram, 6.5.1924 / 27 XI 132 / 28 XI 22 / 29 XI 26 / 30 Bfe I 201 / 31 XI 415

Die Auszeichnung

1 XI 604 / 2 XI 605 / 3 XI 125 / 4 XI 606 / 5 XI 606 f. / 6 XI 608 / 7 XII 424 / 8 An E. Bertram, 25. 12. 1922 / 9 XI 609 f. / 10 German Life and Letters NS. 9 (1955/56), S. 281 / 11 An H. Mann, 11. 11. 1913 / 12 XI 395 / 13 III 79 / 14 III 256 / 15 III 479 / 16 III 706 ff. / 17 III 184 / 18 III 330 / 19 III 351 / 20 III 373 / 21 III 546 / 22 III 349 / 23 III 12, 381 / 24 III 381 / 25 III 382 / 26 III 384 / 27 III 301 / 28 VII 541 / 29 IX 148 / 30 IX 149 / 31 III 362 / 32 III 788 / 33 XI 396 / 34 XI 397 / 35 XI 280 / 36 III 788 / 37 XI 605 / 38 XI 781 / 39 XI 782 / 40 Bfe II 579 / 41 XI 409

Exil

1 XI 883 / 2 XI 880 / 3 XI 879 / 4 XI 672 / 5 VIII 702 / 6 XI 884 / 7 XI 890 / 8 XI 1072 / 9 Bfe I 239 / 10 Bfe I 327 / 11 IX 403 / 12 IX 419 / 13 IX 417 / 14 XII 954 / 15 An R. Faesi, 28. 6. 1933 / 16 X 534 f. / 17 An R. Faesi, 28. 6. 1933 / 18 XII 711 / 19 XII 709 f. / 20 Bfe I 351 / 21 Bfe II 38 / 22 XII 789 / 23 XII 786 / 24 XII 789 / 25 XII 787 / 26 XII 853 / 27 XI 940 / 28 Bfe I 395 / 29 XII 688 / 30 XI 670 / 31 XI 659 / 32 Bfe I 263 / 33 XI 595 / 34 III 210 / 35 IV 48 / 36 V 913 / 37 XI 663 / 38 An R. Faesi, 1. 8. 1934 / 39 Bfe I 419 / 40 IV 819 / 41 XI 668 / 42 An K. Kerényi, 7. 10. 1936 / 43 IV 770 / 44 IV 749 / 45 IV 799 / 46 IV 791 / 47 V 1409 / 48 V 1194 / 49 V 1410 / 50 IV 862 / 51 V 1204 / 52 IV 736 / 53 V 1461 / 54 XI 677 / 55 XI 667 / 56 XI 665 / 57 XI 677 / 58 XI 652 / 59 V 1821

Der unverrückbare Spiegel: Goethe

1 Bfe I 123 / 2 An H. Mann, 16. 11. 1910 / 3 Bfe I 186 / 4 IX 92 / 5 IX 145 / 6 VIII 372 / 7 VIII 377 / 8 IX 352 / 9 Bfe I 198 / 10 An E. Bertram, 29. 12. 1930 / 11 X 228 / 12 IV 624 / 13 V 1535 / 14 X 320 / 15 X 329 f. / 16 X 331 / 17 IX 149 / 18 IX 342 / 19 IX 394 / 20 XI 464 / 21 IX 337 / 22 Bfe I 429 / 23 Bfe I 430 / 24 II 423 / 25 II 436 / 26 II 617 / 27 II 653 / 28 XII 755 / 29 Bfe II 134 / 30 II 440 / 31 II 439 / 32 IX 306 / 33 II 661 / 34 vgl. X 353 / 35 III 735 / 36 XI 395 / 37 VII 539 f. / 38 An K. Kerényi, 2. 8. 1947 / 39 An K. Kerényi, 18. 2. 1941 / 40 XI 322 / 41 Bfe II 295 / 42 Bfe II 354

USA

1 Bfe II 57 f. / 2 XII 830 / 3 Bfe II 78 / 4 Bfe II 419 / 5 Bfe II 139 / 6 Bfe II 146 / 7 Bfe II 358 / 8 Bfe II 250 / 9 XI 679 / 10 Bfe II 125 / 11 XI 678 / 12 Bfe II 241 / 13 XI 677 / 14 Bfe III 92 / 15 XI 304 f. / 16 XI 178 / 17 XI 233 / 18 XI 477 f. / 19 XI 288 / 20 XI 288 / 21 XI 149 / 22 Bfe II 176 / 23 Bfe II 399 / 24 XI 295 / 25 An A. Jacobson, 28. 11. 1949, unveröffentlicht / 26 Bfe II 241 / 27 XI 169 / 28 XI 571 / 29 XI 189 / 30 XI 164 / 31 XI 164 / 32 XI 165 / 33 XI 162 / 34 An P. Amann, 21. 10. 1948 / 35 z. B. XI 714 / 36 VI 51 f. / 37 VI 51 / 38 Bfe III 296 / 39 XI 641 f. / 40 IX 103 / 41 An K. Kerényi, 18. 2. 1941 und 7. 9. 1941 / 42 An K. Kerényi, 7. 10. 1936 / 43 XI 324 / 44 VI 676 / 45 VI 302 u. ö. / 46 X 309 / 47 IX 169 / 48 X 309 ff. / 49 An H. Sauereßig, 5. 6. 1952, unveröffentlicht / 50 XI 165 / 51 XI Bfe II 517 / 52 XI 682 / 53 An H. Mann, 27. 3. 1901 / 54 VIII 302 / 55 Bfe I 45 / 56 VI 331 / 57 VI 332 / 58 VIII 302 / 59 G. Bergsten, Thomas Manns Doktor Faustus. 1963. S. 69 / 60 IX 492 / 61 XI 165 / 62 XI 302 / 63 XI 1146 / 64 XI 1146

Besuche in Deutschland

1 An P. Amann, 3. 6. 1951 / 2 XI 288 / 3 XII 934 / 4 XI 499 / 5 XI 236 / 6 XI 219 / 7 Bfe III 398 / 8 XI 487 / 9 XI 488 / 10 J. F. G. Grosser, Die große Kontroverse. 1963. S. 80 / 11 XI 486 / 12 XI 529 / 13 XI 690 / 14 Thomas-Mann-Archiv Zürich, unveröffentlicht / 15 XI 154 / 16 VII 86 / 17 VI 51 / 18 VII 10 / 19 VI 141 / 20 X 1086 / 21 VIII

950 / 22 Bfe III 237 / 23 Das Zwanzigste Jahrhundert 7 (1896), S. 83 / 24 VIII 380 / 25 VII 596f. / 26 An H. Mann, 10. 1. 1910 / 27 VII 499 / 28 VII 499 / 29 VII 592 / 30 VII 593 / 31 VII 441 / 32 VII 438 / 33 VII 442 / 34 VIII 369 / 35 Bfe II 350 / 36 an M. Brantl, 19. 3. 1950, Schlußsatz unveröffentlicht / 37 Bfe III 348 / 38 IX 868 / 39 An R. Faesi, 2. 12. 1952 / 40 Bfe II 247 / 41 VI 495 / 42 An H. Ewers, 19. 1. 1955, unveröffentlicht / 43 IX 951 / 44 XI 549 / 45 XI 535 / 46 I 140 / 47 XI 533 / 48 XI 536 / 49 Bfe III 250 / 50 Bfe III 250

Zeittafel

1875	Thomas Mann am 6. Juni als zweiter Sohn des Senators Thomas Johann Heinrich Mann in Lübeck geboren
1891	Tod des Vaters (geb. 1840). Liquidierung der Firma Johann Siegmund Mann
1893	Mitherausgeber des «Frühlingssturm, Monatsschrift für Kunst, Litteratur und Philosophie». Abgang vom Gymnasium aus Obersekunda. Übersiedlung nach München
1894	Volontär einer Feuerversicherungsgesellschaft. Erste Novelle *Gefallen*
1895–1896	Studium an der Technischen Hochschule, München. Beiträge zur Zeitschrift «Das Zwanzigste Jahrhundert, Blätter für deutsche Art und Wohlfahrt», herausgegeben von Heinrich Mann
1896–1898	Aufenthalt in Rom, Palestrina. 1897 Beginn mit *Buddenbrooks*
1898–1899	Redakteur des «Simplicissimus». 1898 *Der kleine Herr Friedemann*, Novellen
1900	Militärdienst
1901	*Buddenbrooks, Verfall einer Familie*. 2 Bände
1903	*Tristan*, Sechs Novellen, unter ihnen *Tonio Kröger*
1905	Heirat mit Katharina (Katja) Pringsheim. Tochter Erika geboren
1906	*Fiorenza*. Sohn Klaus geboren
1909	*Königliche Hoheit*. Landhaus, Bad Tölz. Sohn Golo geboren
1910	Vorarbeiten zu den *Bekenntnissen des Hochstaplers Felix Krull*. Tochter Monika geboren. Freitod der Schwester Carla (geb. 1881)
1912	*Der Tod in Venedig*. Anfänge des *Zauberberg*
1914	Bau und Bezug des Hauses München, Poschinger Straße 1
1915	*Friedrich und die große Koalition, Ein Abriß für den Tag und die Stunde*
1918	*Betrachtungen eines Unpolitischen*. Tochter Elisabeth geboren
1919	*Herr und Hund. Gesang vom Kindchen*. Sohn Michael geboren
1922	*Bekenntnisse des Hochstaplers Felix Krull, Buch der Kindheit. Von deutscher Republik*, Rede
1923	Tod der Mutter Julia, geb. da Silva-Bruhns (geb. 1851)
1924	*Der Zauberberg*
1926	*Unordnung und frühes Leid*. Niederschrift der *Joseph*-Romane begonnen
1927	Freitod der Schwester Julia, verh. Löhr (geb. 1877)
1929	Nobelpreis für Literatur

1930	*Mario und der Zauberer. Deutsche Ansprache, Ein Appell an die Vernunft.* Sommerhaus in Nidden. Reise nach Ägypten und Palästina
1932	Reden im Goethe-Jahr
1933	*Joseph und seine Brüder, Die Geschichten Jaakobs.* Emigration, zuerst Sanary-sur-Mer, dann Küsnacht bei Zürich, dort bis 1938
1934	*Joseph und seine Brüder, Der junge Joseph.* Erste Reise nach den USA
1936	*Joseph und seine Brüder, Joseph in Ägypten.* Aberkennung der deutschen Staatsbürgerschaft. Tschechischer Staatsbürger
1938	Übersiedlung in die USA. Gastprofessur (Lecturer in the Humanities) an der Universität zu Princeton, N. J.
1939	*Lotte in Weimar*
1940	Umzug nach Kalifornien
1941	Bau eines eigenen Hauses, Pacific Palisades, Cal. Wohnsitz 1942 bis 1952
1942	*Deutsche Hörer! 25 Radiosendungen nach Deutschland.* Consultant in Germanic Literature der Library of Congress, Washington
1943	*Joseph und seine Brüder, Joseph, der Ernährer*
1944	*Das Gesetz.* Amerikanischer Staatsbürger
1945	*Deutschland und die Deutschen. Deutsche Hörer! 55 Radiosendungen nach Deutschland*
1947	*Doktor Faustus, Das Leben des deutschen Tonsetzers Adrian Leverkühn, erzählt von einem Freunde.* Erste Europareise nach dem Krieg
1949	*Die Entstehung des Doktor Faustus, Roman eines Romans.* Reden im Goethe-Jahr. Erster Besuch Deutschlands. Freitod des Sohnes Klaus. Tod des Bruders Viktor (geb. 1890)
1950	Tod des Bruders Heinrich (geb. 1871)
1951	*Der Erwählte*
1952	Rückkehr nach Europa. Niederlassungsbewilligung der Schweiz. Seither jährliche Besuche in Deutschland
1953	*Die Betrogene*
1954	*Bekenntnisse des Hochstaplers Felix Krull, Der Memoiren erster Teil.* Erwerb des letzten Hauses, in Kilchberg bei Zürich
1955	*Versuch über Schiller.* Schiller-Reden. Ehrenbürger der Stadt Lübeck. Am 12. August im Kantonspital in Zürich gestorben

Zeugnisse

Dem Text beigefügte Ziffern verweisen auf die Seitenzahl in: «Thomas Mann im Urteil seiner Zeit. Dokumente 1891 bis 1955». Hg. mit einem Nachwort und Erläuterungen von Klaus Schröter (Hamburg 1969).

Richard Dehmel
Ich habe eben Ihre wundervolle Erzählung «Gefallen» in der «Gesellschaft» gelesen... und muß Ihnen mein Entzücken und meine Ergriffenheit schreiben. Es gibt heutzutage so wenig Dichter, die ein Erlebnis in einfacher, seelenvoller Prosa darstellen können, daß Sie mir diese etwas aufdringliche Bekundung meiner Freude und Bewunderung schon erlauben müssen. (12)

An Thomas Mann. 4.11.1894

Samuel Lublinski
Er war schlechtweg der bedeutendste Romandichter der Moderne, und seinen «Buddenbrooks» ist bis zum heutigen Tage kaum etwas Gleichwertiges aus der zeitgenössischen erzählenden Literatur an die Seite zu stellen. (28f.)

Die Bilanz der Moderne. 1904

Harry Kahn
Aber nun sehe man sich einmal das Gesamtwerk an: kann man sich der Beobachtung entziehen, daß der Pegel immer tiefer sinkt...? Es ist da doch ein ständiges Diminuendo der dichterischen Substanz: Erfindung, Phantasie, Traum, Synthese nehmen immer mehr ab und werden immer mehr ersetzt durch Erfahrung, Biographie, Tagebuch, Analyse. (90)

Thomas Manns Idyllen. In: Die Weltbühne 1920

Heinrich Mann
Ein deutsches Lehrbuch der persönlichen Entwicklung aber ist der Roman «Der Zauberberg». Er vor allem kennzeichnet einen langen, verantwortungsvollen Weg, den Weg Thomas Manns vom Bürgersohn, der Erinnerungen an sein Haus in Lübeck schrieb, bis zum Meister, der für sein Volk spricht. (168)

Der Nobelpreis. Berliner Rundfunk, 12.11.1929

Bertolt Brecht
Der Dichter gibt uns seinen Zauberberg zu lesen.
Was er (für Geld) da spricht, ist gut gesprochen!

Was er (umsonst) verschweigt: die Wahrheit wär's gewesen.
Ich sag: Der Mann ist blind und nicht bestochen. (465)

Ballade von der Billigung der Welt. Um 1931

Leopold Schwarzschild

Der bedeutendste, in der Welt verehrteste deutsche Autor hat sich von den Machthabern, die sein Vaterland schänden, nicht mehr nur implicite distanziert, er hat explicite mit ihnen gebrochen. Die wenigen Worte, die der Nobelpreisträger, kommentarlos ins Ausland abgewandert, während der letzten drei Jahre zum Zeitgeschehen sprach, waren allgemein, ohne Adresse und ohne Nutzanwendung. (271)

Literatur. Thomas Manns Erklärung. In: Das Neue Tage-Buch 1936

André Gide

Thomas Mann ist einer der Seltenen, die wir vorbehaltlos bewundern können. In seinem Werk gibt es kein Versagen, so wenig wie in seinem Leben... Thomas Mann steht glaubwürdig immer auf der Seite des Geistes, er ist Humanist im vollsten Sinne des Wortes. (Vgl. 299 ff.)

Vorwort zu: Thomas Mann, Avertissement à l'Europe. 1937

Upton Sinclair

Künftige Generationen von Amerikanern werden mehr Verständnis für das Leben haben und mehr Freude im Gebrauch ihrer Phantasie, weil Thomas Mann unter uns lebt.

Rede in Los Angeles. 1941

Heinrich Mann

Er hat Deutschland, wie es war, vormals gehalten gegen die Wut der Welt und gegen eigene Bedenken. Sein Gewissen hatte einen schweren Weg, bis es gegen sein Land entschied. Um so höher wird ihm sein Entschluß vergolten, hier mit Liebe, dort mit Haß. Er ist ein Zeuge außerhalb der Reihe. Und er ist nicht lau. (330)

Mein Bruder. In: Ein Zeitalter wird besichtigt. 1945

Wolfgang Harich

Wie die Verleihung des diesjährigen Goethe-Preises der Stadt Frankfurt am Main an Thomas Mann die fortschrittlichen Menschen der Ostzone mit tiefer Freude und Genugtuung erfüllt, so sind die Verleihung der Rechte eines Weimarer Ehrenbürgers an Thomas Mann und seine Auszeichnung mit dem Goethe-Preis des Goethe-Ausschusses der Ostzone Ehrungen, die auch im Namen der fortschrittlichen Menschen Westdeutschlands erfolgen. (383)

Das demokratische Deutschland grüßt Thomas Mann.
In: Tägliche Rundschau 1949

Ernst Penzoldt

Ich empfinde Thomas Mann als typisch deutsch in seinen Vorzügen und Schwächen... Er hat uns in diesem tragischen Widerstreit, in seinen Wandlungen und bitteren Einsichten viel abgenommen und mit sich selbst für uns ausgekämpft. (402)

Reise mit Thomas Mann. In: Deutsche Beiträge 1949

Johannes R. Becher
Der deutsche Dichter unseres Jahrhunderts sind Sie vor allem darum, weil in Ihrem Werk die klassische Tradition bewahrt ist in einem schöpferischen Sinn. (430)

Begrüßungsansprache an Thomas Mann im
Nationaltheater Weimar, 14.5.1955

Gottfried Benn
Nun ist der große Thomas tot, er schwebte ja seit Jahrzehnten als großer alter Erzengel über uns allen, die wir ja zum größten Teil Putten und Amoretten geblieben sind.

An Erna Pinner. 25.8.1955

Käte Hamburger
Es war Thomas Manns Roman «Joseph und seine Brüder», der mich allererst auf den Weg der Probleme führte, die ich in dem hier vorgelegten Buche darzustellen versucht habe. Dies ist über die allgemeine Verehrung hinaus, die ich Thomas Mann als einer der größten Gestalten unserer Epoche darbringe, der besondere, sozusagen sachliche Grund, aus dem ich mein Buch seinem Namen und Andenken widme.

Die Logik der Dichtung. 1957

Hans Mayer
Fragt man nach der großen Romankunst des beginnenden 20. Jahrhunderts, so steht der Autor des «Zauberberg» gleichberechtigt neben Proust und Roger Martin du Gard, neben Conrad, Joyce und Dreiser. Freilich hat es Thomas Mann gerade unter den deutschen Literaturkollegen niemals an bösen Widersachern gefehlt, die gar nichts von ihm zu halten vorgaben und seinen Ruhm als usurpiert bezeichneten.

Deutsche Literatur seit Thomas Mann. 1968

Golo Mann
Er konnte nicht ohne Dichter leben, aber wohl ohne Philosophen. Von Plato, von Kant hatte er auf seine intuitive Art eine Ahnung, kaum mehr.

Mein Vater Thomas Mann. 1970

Peter de Mendelssohn
Wir werden die mähliche Sprengung der Ich-Enge gewahren, die Heinrich hoffend voraussah... Neue Gehalte strömen ein, die geistigen Grundlagen des Lebens verbreitern sich, es wird weiter und höher gebaut werden – wir werden erleben, wie eine schier unversiegliche Vitalität es zuwege bringt und selbst aus den grausamsten Wechseln der Zeit noch gewaltige Schöpferkräfte zieht. Das ist die zweite Hälfte dieses Lebens.

Der Zauberer. Das Leben des deutschen Schriftstellers
Thomas Mann. Erster Teil 1875–1918. 1975

Axel Eggebrecht
Über Thomas Manns Kühle ist viel geklagt worden. Überliefert ist, daß er Besuchern, die sein Haus verließen, mit dem Feldstecher nachspähte; eine erstaunliche Art der Ausforschung. Ob die bewunderte Intimität des Meisters mit seinen Figuren oft auf so dubiose Art zustande gekommen ist? Schon die Frage verrät, woher meine Distanzierung stammt: Thomas Mann mutet zuweilen so taktlos an wie kaum ein anderer Schriftsteller.

Meine Weltliteratur (Dritte Fassung). 1985

Elias Canetti
Die Masse dessen, was sich von einem Menschen erfahren läßt, hat schon als solche Bedeutung und zieht unwiderstehlich an... Das letzte Beispiel dafür sind die Tagebücher von Thomas Mann, deren Trivialität auf weite Strecken für sie wirbt. Es könnte ein weiteres Dutzend Bände davon geben, jeder von ihnen würde begierig gelesen werden.

Die Fliegenpein. Aufzeichnungen. 1992

Peter von Matt
Ich stelle die These auf, daß Thomas Mann, im Anschluß an den nicht erhofften, alle vorstellbaren Maße übersteigenden Erfolg der «Buddenbrooks», plötzlich die reale Möglichkeit sah und phantasierend bearbeitete, der deutsche Nationalschriftsteller zu werden.

Das Schicksal der Phantasie. 1994

Bibliographie

Aus dem umfangreichen Schrifttum über Thomas Mann werden nur wenige Arbeiten aufgeführt. Die Bibliographien zur Sekundärliteratur, insbesondere die systematisch feingegliederte von Harry Matter, geben vollständige Auskunft. Die durch die zeitgeschichtlichen Umstände komplizierte Druckgeschichte der Werke hat Hans Bürgin verzeichnet. Das Briefwerk ist von Georg Wenzel bibliographisch und von Bürgin und Hans-Otto Mayer in Regestenform erfaßt. Hinzu kommt eine detailreiche Sammlung biographischer Fakten von Bürgin und Mayer, in der im ganzen jedoch nur diejenigen Daten und Begebenheiten aufgearbeitet sind, die Thomas Mann als Gestalter seiner autobiographischen Legende zur Kenntnis genommen haben wollte. Mit Bedenken wird der Forschungsbericht von Herbert Lehnert genannt: ein Sammelsurium von Zensuren, Verweisen und Belehrungen, das aber konsequent aus einer irrationalen Kunstauffassung hervorgeht und also die bis zu Thomas Manns Tod vorherrschende, bis in die sechziger Jahre weiterwirkende vorwissenschaftliche Beschäftigung mit seinem Werk symptomatisch reflektiert.

1. Bibliographien, Hilfsmittel

BÜRGIN, HANS: Das Werk Thomas Manns. Eine Bibliographie unter Mitarbeit von WALTER A. REICHART und ERICH NEUMANN. Frankfurt a. M. 1959. 320 S. Vgl. hierzu ERICH NEUMANN: Fortsetzung und Nachtrag. In: Betrachtungen und Überblicke. Zum Werk Thomas Manns. Hg. von GEORG WENZEL. Berlin 1966. S. 491–510

OSTERHUBER, HILDEGARD: Thomas Mann in Übersetzungen. Bibliographie. In: Thomas Mann 1875–1975. Hg. von PETER DE MENDELSSOHN und HERBERT WIESNER. München 1975. S. 53–94

WENZEL, GEORG: Thomas Manns Briefwerk. Bibliographie gedruckter Briefe Thomas Manns aus den Jahren 1889–1955. Berlin 1969. XXXI, 265 S., Taf. (Deutsche Akademie der Wissenschaften zu Berlin. Veröffentlichungen des Instituts für deutsche Sprache und Literatur. 41)

BÜRGIN, HANS, und HANS-OTTO MAYER: Die Briefe Thomas Manns. Regesten und Register. 5 Bde. Bearb. und hg. unter Mitarbeit von YVONNE SCHMIDLIN und GERT HEINE. Mit einem Vorwort von HANS WYSLING. Frankfurt a. M. 1974–1987

BÜRGIN, HANS, und HANS-OTTO MAYER: Thomas Mann. Eine Chronik seines Lebens. Frankfurt a. M. 1965. 284 S., Taf. – Taschenbuchausg.: Frankfurt a. M. 1974. 304 S. (Fischer Taschenbücher. 1470)

Zusätzliche Information über Thomas Manns amerikanisches Exil bietet die Übersetzung: Thomas Mann. A chronicle of his life. Engl. transl. by EUGENE DOBSON. Alabama 1969. XIII, 290 S., Abb.

MATTER, HARRY: Die Literatur über Thomas Mann. Eine Bibliographie 1898–1969. 2 Bde. Berlin 1972. 701; 637 S.

JONAS, KLAUS W.: Die Thomas-Mann-Literatur. Bd. 1 Bibliographie der Kritik 1896–1955. Berlin 1972. 458 S.

LEHNERT, HERBERT: Thomas-Mann-Forschung. Ein Bericht. Stuttgart 1969. VIII, 168 S. (Referate aus der Deutschen Vierteljahrsschrift für Literaturwissenschaft und Geistesgeschichte)

Vgl. hierzu GÖTZ BECK: Fiktives und Nicht-Fiktives. Bemerkungen zu neueren Tendenzen in der Thomas-Mann-Forschung. In: studi germanici N. S. 9 (1971), S. 447–476

KURZKE, HERMANN: Thomas-Mann-Forschung 1969–1976. Ein kritischer Bericht. Frankfurt a. M. 1977. 292 S.

Thomas-Mann-Literatur 1974–1975. In: Zeitschrift für deutsche Philologie 95 (1976), S. 595–618

SCHRÖTER, KLAUS: Literatur zu Thomas Mann um 1975. In: Monatshefte für deutschen Unterricht, deutsche Sprache und Literatur 69 (1977), S. 66–75

Thomas-Mann-Handbuch. Hg. von HELMUT KOOPMANN. Stuttgart 1990. 998 S.

2. Werke

I. Gesamtausgaben

Gesammelte Werke [in Einzelausgaben]. Berlin (S. Fischer) 1922–1935, Wien (Bermann-Fischer) 1936–1937

Gesammelte Werke in zehn Bänden. Berlin (S. Fischer) 1925

Stockholmer Gesamtausgabe der Werke. Stockholm (Bermann-Fischer) 1938, Amsterdam 1948, Wien 1949, Frankfurt a. M. (S. Fischer) 1950 ff.

Gesammelte Werke in zwölf Bänden. Berlin (Aufbau-Verlag) 1955

Gesammelte Werke in zwölf Bänden. Frankfurt a. M. (S. Fischer) 1960 – Um einen Nachtragsband erw. Neuausg.: Gesammelte Werke in dreizehn Bänden. 1974

Das erzählerische Werk. Taschenbuchausgabe in zwölf Bänden Frankfurt a. M. (Fischer Bücherei) 1967 (Fischer Bücherei. Moderne Klassiker. 101–112) – Neuaufl. 1975

Das essayistische Werk. Hg. von HANS BÜRGIN. Taschenbuchausgabe in acht Bänden. Frankfurt a. M. (Fischer Bücherei) 1968 (Fischer Bücherei. Moderne Klassiker. 113–120)

Romane und Erzählungen. Mit Nachworten von KLAUS HERMSDORF, FRITZ HOFMANN, ULLA und PETER FIX, KONRAD PAUL und HARRY MATTER. 10 Bde. Berlin (Aufbau-Verlag) 1974–1975

Gesammelte Werke in Einzelbänden. Frankfurter Ausgabe. Hg. von PETER DE MENDELSSOHN. Frankfurt a. M. (S. Fischer) 1980–1986

Aufsätze, Reden, Essays. Hg. von HARRY MATTER. 8. Bde. Berlin (Aufbau-Verlag) 1983 ff.

II. Erstausgaben

a. Romane

Buddenbrooks. Verfall einer Familie. 2 Bde. Berlin (S. Fischer) 1901

Königliche Hoheit. Berlin (S. Fischer) 1909

Bekenntnisse des Hochstaplers Felix Krull. Buch der Kindheit. Wien, Leipzig, München (Rikola-Verlag) 1922

Der Zauberberg. 2 Bde. Berlin (S. Fischer) 1924

Die Geschichten Jaakobs. (Joseph und seine Brüder. Der erste Roman.) Berlin (S. Fischer) 1933

Der junge Joseph. (Joseph und seine Brüder. Der zweite Roman.) Berlin (S. Fischer) 1934

Joseph in Ägypten. (Joseph und seine Brüder. Der dritte Roman.) Wien (Bermann-Fischer) 1936

Bekenntnisse des Hochstaplers Felix Krull. Amsterdam (Querido) 1937

Lotte in Weimar. Stockholm (Bermann-Fischer) 1939

Joseph, der Ernährer. (Joseph und seine Brüder. Der vierte Roman.) Stockholm (Bermann-Fischer) 1943

Doktor Faustus. Das Leben des deutschen Tonsetzers Adrian Leverkühn, erzählt von einem Freunde. Stockholm (Bermann-Fischer) 1947

Der Erwählte. Frankfurt a. M. (S. Fischer) 1951

Bekenntnisse des Hochstaplers Felix Krull. Der Memoiren erster Teil. Frankfurt a. M. (S. Fischer) 1954

b. Erzählungen

Der kleine Herr Friedemann. Novellen. (Der kleine Herr Friedemann. Der Tod. Der Wille zum Glück. Enttäuschung. Der Bajazzo. Tobias Mindernickel.) Berlin (S. Fischer) 1898

Tristan. Sechs Novellen. (Der Weg zum Friedhof. Tristan. Der Kleiderschrank. Luischen. Gladius Dei. Tonio Kröger.) Berlin (S. Fischer) 1903

Fiorenza. Berlin (S. Fischer) 1906

Der kleine Herr Friedemann und andere Novellen. (Der kleine Herr Friedemann. Der Wille zum Glück. Enttäuschung. Der Bajazzo. Tobias Mindernickel. Luischen. Die Hungernden. Das Eisenbahnunglück.) Berlin (S. Fischer) 1909

Der Tod in Venedig. München (Hyperionverlag) 1912

Das Wunderkind. Novellen. (Das Wunderkind. Schwere Stunde. Beim Propheten. Ein Glück. Wie Jappe und Do Escobar sich prügelten.) Berlin (S. Fischer) 1914

Herr und Hund. Gesang vom Kindchen. Zwei Idyllen. Berlin (S. Fischer) 1919

Wälsungenblut. München (Phantasus-Verlag) 1921 (Privatdruck)

Unordnung und frühes Leid. Novelle. Berlin (S. Fischer) 1926

Mario und der Zauberer. Ein tragisches Reiseerlebnis. Berlin (S. Fischer) 1930

Die vertauschten Köpfe. Eine indische Legende. Stockholm (Bermann-Fischer) 1940

Das Gesetz. Erzählung. Stockholm (Bermann-Fischer) 1944

Die Betrogene. Erzählung. Frankfurt a. M. (S. Fischer) 1953

c. Kritische Schriften

Bilse und ich. München (Bonsels) 1906

Friedrich und die große Koalition. Berlin (S. Fischer) 1915

Betrachtungen eines Unpolitischen. Berlin (S. Fischer) 1918

Rede und Antwort. Gesammelte Abhandlungen und kleine Aufsätze. Berlin (S. Fischer) 1922
Goethe und Tolstoi. Vortrag. Aachen (Die Kuppel) 1923 – Neue veränd. Ausg. u. d. T.: Goethe und Tolstoi. Zum Problem der Humanität. Berlin (S. Fischer) 1932
Von Deutscher Republik. Rede. Berlin (S. Fischer) 1923
Okkulte Erlebnisse. Berlin (Häger) 1924
Bemühungen. Neue Folge der Gesammelten Abhandlungen und kleinen Aufsätze. Berlin (S. Fischer) 1925
Pariser Rechenschaft. Berlin (S. Fischer) 1926
Lübeck als geistige Lebensform. Rede. Lübeck (Quitzow) 1926
Hundert Jahre Reclam. Festrede. Leipzig (Reclam) 1928
Theodor Fontane. (Vortrag.) Berlin (Officina Serpentis) 1929
Platen – Tristan – Don Quijote. Vortrag. Ansbach 1930
Deutsche Ansprache. Ein Appell an die Vernunft. Rede. Berlin (S. Fischer) 1930
Die Forderung des Tages. Reden und Aufsätze aus den Jahren 1925–1929. Berlin (S. Fischer) 1930
Goethe als Repräsentant des bürgerlichen Zeitalters. Rede zum 100. Todestag Goethes. Berlin (S. Fischer) 1932
Goethes Laufbahn als Schriftsteller. Vortrag. München, Berlin, Zürich (Oldenbourg) 1933
Leiden und Größe der Meister. Neue Aufsätze. Berlin (S. Fischer) 1935
Freud und die Zukunft. Vortrag. Wien (Bermann-Fischer) 1936
Ein Briefwechsel [mit dem Dekan der philosophischen Fakultät Bonn]. Zürich (Oprecht) 1937
Vom zukünftigen Sieg der Demokratie. (Erw. Form eines Vortrags.) Zürich (Oprecht) 1938 – Neuaufl. u. d. T.: Vom kommenden Sieg der Demokratie. Berlin (Suhrkamp) 1946
Achtung, Europa! Aufsätze zur Zeit. Stockholm (Bermann-Fischer) 1938
Dieser Friede. Stockholm (Bermann-Fischer) 1938
Schopenhauer. Stockholm (Bermann-Fischer) 1938
Das Problem der Freiheit. Rede. Stockholm (Bermann-Fischer) 1939
Dieser Krieg! Stockholm (Bermann-Fischer) 1940
Deutsche Hörer! 25 Radiosendungen nach Deutschland. Stockholm (Bermann-Fischer) 1942 – Erw. Ausg.: Deutsche Hörer! Fünfundfünfzig [recte: Sechsundfünfzig] Radiosendungen nach Deutschland. Stockholm (Bermann-Fischer) 1945
Adel des Geistes. Sechzehn Versuche zum Problem der Humanität. Stockholm (Bermann-Fischer) 1945
Deutschland und die Deutschen. Vortrag. Stockholm (Bermann-Fischer) 1947
Neue Studien. Stockholm (Bermann-Fischer) 1948
Goethe und die Demokratie. Oxford (Clarendon Press) 1949
Ansprache im Goethejahr 1949. Frankfurt a. M. (Suhrkamp) 1949
Die Entstehung des Doktor Faustus. Roman eines Romans. Amsterdam (Bermann-Fischer, Querido-Verlag) 1949
Meine Zeit. Vortrag. Frankfurt a. M. (S. Fischer) 1950
Michelangelo in seinen Dichtungen. Celerina (Quos Ego Verlag) 1950
Der Künstler und die Gesellschaft. Vortrag. Wien (Frick) 1953
Gerhart Hauptmann. Rede. Gütersloh (Bertelsmann) 1953

Altes und Neues. Kleine Prosa aus fünf Jahrzehnten. Frankfurt a. M. (S. Fischer) 1953

Versuch über Schiller. Frankfurt a. M. (S. Fischer) 1955

Nachlese. Prosa 1951–1955. Frankfurt a. M. (S. Fischer) 1956

III. Neufunde

Es handelt sich um die in Bürgins Werkbibliographie nicht berücksichtigten Beiträge Thomas Manns zu der Zeitschrift: Das Zwanzigste Jahrhundert. Blätter für deutsche Art und Wohlfahrt. Hg. von HEINRICH MANN [während der Jahre 1895–1896]:

M[ANN], T[HOMAS]: Das Liebeskonzil. In: Bd. 5, I (1895), S. 522

M[ANN], T[HOMAS]: Ze Garten. Ein deutscher Sang am Gardasee von Karl Habermann. In: Bd. 6, I (1896), S. 109

M[ANN], T[HOMAS]: Ostmarkklänge. Gedichte von Theodor Hutter. In: Bd. 6, I (1896), S. 282–284

MANN, THOMAS: Tiroler Sagen. In: Bd. 6, II (1896), S. 290–292

M[ANN], T[HOMAS]: Ein nationaler Dichter. In: Bd. 6, II (1896), S. 296–298

M[ANN], T[HOMAS]: Dagmar, Lesseps und andere Gedichte. Von Maurice Reinhold von Stern. In: Bd 6, II (1896), S. 387–388

MANN, THOMAS: Hans Brennert, Kritik und Schaffen. In: Bd. 7 (1896), S. 81–84

M[ANN], T[HOMAS]: Carl von Weber: «Ehre ist Zwang genug». In: Bd. 7 (1896), S. 189–190

3. Tagebücher, Notizhefte

Leiden an Deutschland. Tagebuchblätter aus den Jahren 1933 und 1934. Los Angeles (Pazifische Presse) 1946 (Privatdruck)
Die Erstveröffentlichung der Tagebücher 1933–1934 weist die polit-ökonomischen Analysen des deutschen Faschismus in dieser Publikation als spätere Einschübe aus.

Tagebücher. 1918–1943 hg. von Peter de Mendelssohn. 1944–1955 hg. von Inge Jens. Frankfurt a. M. (S. Fischer) 1977–1995

Notizbücher 1–12. Hg. von HANS WYSLING und YVONNE SCHMIDLIN. Frankfurt a. M. (S. Fischer) 1991f.

4. Briefe

Thomas Mann: Briefe 1889–1955 und Nachlese. Hg. von ERIKA MANN. 3 Bde. Frankfurt a. M. 1961–1965. XII, 583; 767; 655 S.

Thomas Mann: Briefwechsel mit Autoren. Hg. von HANS WYSLING. Frankfurt a. M. 1988. IX, 828 S.

Thomas-Mann-Briefe [1912–1955]. Eine Auswahl von GISELA VON EINEM. In: BERNHARD ZELLER, Die Thomas-Mann-Sammlung des Deutschen Literaturarchivs. Mit einer Auswahl unveröffentlichter Briefe. In: Jahrbuch der Deutschen Schillergesellschaft 20 (1976), S. 569–601

Thomas Mann: Briefe an Otto Grautoff, 1894–1901, und Ida Boy-Ed, 1903 bis 1928. Hg. von PETER DE MENDELSSOHN. Frankfurt a. M. 1975. XXVI, 305 S.

Thomas Mann – Heinrich Mann. Briefwechsel 1900–1949. Hg. von HANS WYSLING. Frankfurt a. M. 1968. LXII, 372 S. – Erw. Neuausg. 1984. LXI, 497 S. – Taschenbuchausg.: 1975 (Fischer Taschenbücher. 1610)

Thomas Mann – Heinrich Mann. Briefwechsel 1900–1949. Hg von der Deutschen Akademie der Künste zu Berlin. Redaktion und Nachwort: ULRICH DIETZEL. 2. erw. Aufl. Berlin 1969. 499 S.
Enthält im Anmerkungsteil reiches Material zum Zwist der Brüder aus den Briefen der Mutter Julia Mann an Heinrich Mann.

Thomas Mann – Hugo von Hofmannsthal. Briefwechsel [1908–1929]. In: Almanach. Das zweiundachtzigste Jahr. Aus der Werkstatt des S. Fischer Verlags. Frankfurt a. M. 1968. S. 13–44

Thomas Mann an Ernst Bertram. Briefe aus den Jahren 1910–1955. Hg. von INGE JENS. Pfullingen 1960. 316 S.

Hermann Hesse – Thomas Mann. Briefwechsel [1910–1955]. Hg. von ANNI CARLSSON. Frankfurt a. M. 1968. 243 S. – Neuausg.: Erw. von VOLKER MICHELS. 1975. XVII, 315 S. (Bibliothek Suhrkamp. 441)

Třicet dopisů Thomase Manna. [Briefe an Alexander Eliasberg, 1914–1924, und Brief an Alexej M. Remisow, 1923, in dt. und tschech. Sprache.] In: ALOIS HOFMAN, Thomas Mann a Rusko. Literárni studie. Praha 1959. S. 111–161

Thomas Mann: Briefe an Paul Amann 1915–1952. Hg. von HERBERT WEGENER. Lübeck 1959. 127 S., 3 Taf. (Veröffentlichungen der Stadtbibliothek Lübeck. Neue Reihe. 3)

Thomas Mann – Alfred Neumann. Briefwechsel [1917–1952]. Hg. von PETER DE MENDELSSOHN. Heidelberg 1977. 123 S. (Veröffentlichungen der Deutschen Akademie für Sprache und Dichtung, Darmstadt. 52)

Thomas Mann – Bruno Walter. Briefwechsel [1917–1955], vorgelegt von HANS WYSLING. In: Blätter der Thomas-Mann-Gesellschaft Zürich 9 (1969), S. 12–43

Briefwechsel Thomas Mann – Max Rychner [1920–1955]. Eingeführt und erl. von HANS WYSLING. In: Blätter der Thomas-Mann-Gesellschaft Zürich 7 (1967), S. 5–38

Thomas Mann – Robert Faesi. Briefwechsel [1921–1955]. Hg. von ROBERT FAESI. Zürich 1962. 112 S.

Thomas Mann – Kuno Fiedler. Aus dem Briefwechsel [1924–1955], hg. von HANS WYSLING. In: Blätter der Thomas-Mann-Gesellschaft Zürich 11 (1971), S. 5–42; 12 (1972), S. 5–37

THIRWALL, JOHN C.: In another language. A record of the thirty-year relationship between Thomas Mann and his English translator, Helen Tracy Lowe-Porter. [Briefe in Auszügen, 1924–1955.] New York 1966. XXI, 209, VII S.

Thomas Mann und Hans Friedrich Blunck. Briefwechsel [1927–1948] und Aufzeichnungen. [Hg. von] WALTHER BLUNCK. Hamburg 1969. 147 S.

Der Briefwechsel Croce – Mann [1930–1936]. Hg. von OTTAVIO BESOMI und HANS WYSLING. In: Germanisch-romanische Monatsschrift NF. 25 (1975), S. 129–150

Thomas Mann – Erich von Kahler. Briefwechsel 1931–1955. Hg. von MICHAEL ASSMANN. Hamburg 1993. XII, 308 S. (Veröffentlichungen der Deutschen Akademie für Sprache und Dichtung Darmstadt. 67.)

Thomas Mann: Briefwechsel mit seinem Verleger Gottfried Bermann Fischer 1932–1955. Hg. von PETER DE MENDELSSOHN. Frankfurt a. M. 1973. XXXIV, 891 S. – Taschenbuchausg.: 2 Bde. 1975 (Fischer Taschenbücher. 1566, 1–2)

Thomas Mann – Hans Reisiger. Briefe aus der Vor- und Nachkriegszeit [1933–1955], vorgelegt von HANS WYSLING. In: Blätter der Thomas-Mann-Gesellschaft Zürich 8 (1968), S. 8–38

Thomas Mann – Karl Kerényi. Gespräch in Briefen [1934–1955]. Hg. von KARL KERÉNYI. Zürich 1960. 223 S. – Neuausg.: Frankfurt a. M. 1972 – Taschenbuchausg.: München 1967. 236 S. (dtv Sonderreihe. 61)

Thomas Mann and Rudolf Arnheim. An unpublished exchange of letters [1936]. In: Michigan Germanic Studies 1 (1975), S. 2–8 mit 1 Faks.

Thomas Mann – Agnes E Meyer. Briefwechsel 1937–1955. Hg. von Hans Rudolf Vaget. Frankfurt a. M. 1992. 1071 S.

Erben, das ist am Ende Kultur… Aus dem Briefwechsel Thomas Manns mit Klaus Mann [1939–1948]. Vorbemerkung: MARTIN GREGOR-DELLIN. In: Merkur 29 (1975), S. 503–513

Aus dem Briefwechsel Thomas Mann – Emil Preetorius. [1945–1954]. Eingeführt und erl. von HANS WYSLING. In: Blätter der Thomas-Mann-Gesellschaft Zürich 4 (1963), S. 3–24

Briefe von Thomas Mann [an Otto Basler, 1948–1955]. Vorgelegt von OTTO BASLER. In: Blätter der Thomas-Mann-Gesellschaft Zürich 5 (1965), S. 5–15

5. Interviews

Frage und Antwort. Interviews mit Thomas Mann 1909–1955. Hg. von VOLKMAR HANSEN und GERT HEINE. Hamburg 1983. 440 S.

6. Dokumentation der schriftstellerischen Arbeit

Thomas Mann. Teil I bis III. 1889–1955. Hg. von HANS WYSLING unter Mitw. von MARIANNE FISCHER. Zürich 1975–1981. 760; 707; 774 S. (Dichter über ihre Dichtungen. 14, 1–3)

Aus den Familienpapieren der Manns. Dokumente zu den Buddenbrooks. Hg. von der Deutschen Akademie der Künste zu Berlin. Redaktion: ULRICH DIETZEL und Mitarbeit von GERDA WEISSENFELS. Berlin 1965. 55 S., Faks.

Bild und Text bei Thomas Mann. Eine Dokumentation. Hg. von HANS WYSLING unter Mitarbeit von YVONNE SCHMIDLIN. Bern 1975. 439 S. mit Abb.

Siehe auch die aus dem Zürcher Thomas-Mann-Archiv hervorgegangenen «Thomas-Mann-Studien» (vgl. Abschnitt 9).

7. Erinnerungen aus dem Kreis der Familie

MANN, JULIA: Ich spreche so gern mit meinen Kindern. Erinnerungen, Skizzen, Briefwechsel mit Heinrich Mann. Hg. von Rosemarie Eggert. Berlin, Weimar 1991. 360 S. 23 Abb.

MANN, HEINRICH: Ein Zeitalter wird besichtigt. Stockholm 1945. 560 S. – 2. Aufl. Berlin 1947. 507 S. – Neuaufl.: Berlin 1974. 732 S. – Lizenzausg.: Düsseldorf 1974

Sämtliche Einzelurteile Heinrich Manns über seinen Bruder siehe: KLAUS SCHRÖTER, Thomas Mann im Urteil seiner Zeit. (Vgl. Abschnitt 8.)

MANN, VIKTOR: Wir waren Fünf. Bildnis der Familie Mann. Konstanz 1949. 615 S., 35 Taf. – 2. rev. Aufl. 1964. 620 S. 55 Abb. – Taschenbuchausg.: Frankfurt a. M. 1976. 431 S. (Fischer Taschenbücher. 1678)

MANN, KLAUS: Der Wendepunkt. Ein Lebensbericht. Frankfurt a. M. 1952. 551 S.

MANN, KLAUS: Tagebücher 1931–1949. 6 Bde. München 1989–1991. 275; 240; 255; 240; 259; 308 S.

MANN, ERIKA: Das letzte Jahr. Bericht über meinen Vater. Frankfurt a. M. 1956. 75 S.

MANN, MONIKA: Vergangenes und Gegenwärtiges. Erinnerungen. München 1956. 167 S.

MANN, GOLO: Ein Stück Erinnerung. In: Du, Kulturelle Monatsschrift, 20 (1960), Dezember-Heft, S. 72–76 – Erw. Fassung u. d. T.: Erinnerungen an meinen Vater. In: Thomas Mann. Bonn 1965. (Inter Nationes) S. 5–21 – Einzelausg. u. d. T.: Mein Vater Thomas Mann. Ein Vortrag. Lübeck 1970. 33 S.

MANN, GOLO: Erinnerungen und Gedanken. Eine Jugend in Deutschland. Frankfurt a. M. 1986. 576 S.

MANN, KATIA: Meine ungeschriebenen Memoiren. Hg. von ELISABETH PLESSEN und MICHAEL MANN. Frankfurt a. M. 1974. 175 S., 16 Taf. – Taschenbuchausg.: 1976 (Fischer Taschenbücher. 1750)
Zusätzliche Information (u. a. zu Katia Manns Beurteilung der vorliegenden Monographie) bietet die amerikanische Ausgabe: Unwritten memories. Transl. by HUNTER and HILDEGARDE HANNUM. New York 1975. IX, 165 S.

8. Zeugnisse der Zeitgenossen, Bildbände

Thomas Mann im Urteil seiner Zeit. Dokumente 1891–1955. Hg. mit einem Nachwort und Erl. von KLAUS SCHRÖTER. Hamburg 1969. 557 S.

Die große Kontroverse. Ein Briefwechsel um Deutschland. Hg. und bearb. von JOHANNES F. G. GROSSER. Hamburg 1963. 159 S.

Die ersten Jahre des Exils. Briefe von Schriftstellern an Thomas Mann. Teil 1–3. [1933–1939.] Hg. von HANS WYSLING unter Mitw. von DIETER SCHWARZ und HERBERT WIESNER. In: Blätter der Thomas-Mann-Gesellschaft Zürich 13 (1973), S. 5–34; 14 (1974), S. 5–31; 15 (1975), S. 5–42

MOTSCHAN, GEORGES: Thomas Mann – von nahem erlebt. Nettetal 1988. 151 S. mit Abb.

Thomas Mann. Ein Leben in Bildern. Hg. von HANS WYSLING und YVONNE SCHMIDLIN. Zürich 1994. 504 S. mit Abb.

KOLBE, JÜRGEN, und KARL HEINZ BITTEL: Heller Zauber. Thomas Mann in München 1894–1933. Berlin 1987. 439 S. mit Abb.

HAGE, VOLKER: Eine Liebe fürs Leben. Thomas Mann und Travemünde. Hamburg 1993. 71 S. mit Abb.

9. Sammelbände

The stature of Thomas Mann. Ed. by CHARLES NEIDER. London 1951. 510 S. (New Directions)

Hommage de la France à Thomas Mann à l'occasion de son quatre-vingtième anniversaire. Présentation par KARL FLINKER. Paris 1955. 171 S.

Vollendung und Größe Thomas Manns. Beiträge zu Werk und Persönlichkeit des Dichters. Hg. von GEORG WENZEL. Halle 1962. 340 S., Abb.

Betrachtungen und Überblicke. Zum Werk Thomas Manns. Hg. von GEORG WENZEL. Berlin 1966. 678 S., Abb.

SCHERRER, PAUL, und HANS WYSLING: Quellenkritische Studien zum Werk Thomas Manns. München 1967. 347 S. (Thomas-Mann-Studien 1)

Thomas Mann und die Tradition, hg. von PETER PÜTZ. Frankfurt a. M. 1971. VIII, 288 S. (Athenäum Paperbacks. Germanistik)

DIERKS, MANFRED: Studien zu Mythos und Psychologie bei Thomas Mann. An seinem Nachlaß orientierte Untersuchungen zum «Tod in Venedig», zum «Zauberberg» und zur «Joseph»-Tetralogie. München 1972. 293 S. (Thomas-Mann-Studien. 2)

Thomas Mann. Sous la direction de FRÉDERIC TRISTAN. Paris 1973. 331 S. (Cahiers de l'Herne. 23)

WYSLING, HANS: Dokumente und Untersuchungen. Beiträge zur Thomas-Mann-Forschung. Bern 1974. 237 S. (Thomas-Mann-Studien. 3)

Thomas Mann. Hg. von HELMUT KOOPMANN. Darmstadt 1975. XVII, 430 S. (Wege der Forschung. 335)
Wiederabdruck von Aufsätzen 1945–1969.

Gedenkschrift für Thomas Mann, 1875–1975. Hg. von ROLF WIECKER. Kopenhagen 1975. 288 S. (Text und Kontext. Sonderreihe. 2)

Thomas Mann, geboren in Lübeck. Hg. von JAN HERCHENRÖDER und ULRICH THOEMMES für die Thomas-Mann-Gesellschaft in Lübeck zum 100. Geburtstag. Lübeck 1975. 129 S.

Thomas Mann 1875–1975. Homenaje en su centenario. La Plata 1975. 228 S. (Departamento de Letras. Trabajos, comunicaciones y conferencias. 17)

Das erzählerische Werk Thomas Manns. Entstehungsgeschichte, Quellen, Wirkung. Berlin 1976. 551 S.
Sammlung der Nachworte der zehnbändigen Ausgabe «Romane und Erzählungen», Berlin (Aufbau-Verlag) 1974–1975.

WYSLING, HANS: Thomas Mann heute. Sieben Vorträge. Bern 1976. 128 S.

Thomas Mann 1875–1975. Vorträge in München – Zürich – Lübeck. Hg. von BEATRIX BLUDAU, ECKHARD HEFTRICH und HELMUT KOOPMANN. Frankfurt a. M. 1977. 704 S.

Sinn und Form. Sonderheft Thomas Mann. Berlin 1965. 440 S.

Weimarer Beiträge. Zeitschrift für Literaturwissenschaft, Ästhetik und Kulturtheorie. Jg. 21, H. 9. Berlin 1975

Modern Language Notes. Vol. 90, Nr. 3: Thomas Mann, 1875–1975. Baltimore 1975

Wissenschaftliche Zeitschrift der Friedrich-Schiller-Universität Jena, Gesellschafts- und Sprachwissenschaftliche Reihe. Jg. 25, H. 3: Thomas Mann. Jena 1976

Text und Kritik. Sonderband: Thomas Mann. Hg. von HEINZ LUDWIG ARNOLD. München 1976. 226 S.

Germanica Wratislawiensia. Nr. 29: Thomas-Mann-Heft. Warszawa 1977. 127 S.
Blätter der Thomas-Mann-Gesellschaft Zürich. Nr. 1 ff. Zürich 1958 – lfd. Erscheinen seit 1965 jährlich.

10. Gesamtdarstellungen

ELOESSER, ARTHUR: Thomas Mann. Sein Leben und sein Werk. Berlin 1925. 209 S.
MAYER, HANS: Thomas Mann. Werk und Entwicklung. Berlin 1950. 415 S.
LION, FERDINAND: Thomas Mann. Leben und Werk. Erw. Ausg. Zürich 1955. 210 S.
LUKÁCS, GEORG: Thomas Mann. 5., verm. und verb. Aufl. Berlin 1957. 202 S. Sammlung der Studien und Äußerungen über Thomas Mann, 1909–1955
HILSCHER, EBERHARD: Thomas Mann. Leben und Werk. Berlin 1965. 220 S. (Schriftsteller der Gegenwart. 15) – 4. Aufl. 1973. 288 S.
MIDELL, EIKE: Thomas Mann. Versuch einer Einführung in Leben und Werk. Leipzig 1966. 295 S. (Reclams Universal-Bibliothek. 268)
KARST, ROMAN: Thomas Mann oder Der deutsche Zwiespalt. Wien 1970. 360 S., 16 Taf.
LEIBRICH, LOUIS: Thomas Mann. Une recherche spirituelle. Paris 1974. 443 S.
DIERSEN, INGE: Thomas Mann. Episches Werk, Weltanschauung, Leben. Berlin 1975. 435 S., 20 Taf.
MENDELSSOHN, PETER DE: Der Zauberer. Das Leben des deutschen Schriftstellers Thomas Mann. Teil 1. 1875–1918. Frankfurt a. M. 1975. 1185 S. – Jahre der Schwebe: 1919 und 1933. Nachgelassene Kapitel. Gesamtregister. Hg. von Albert von Schirnding. Frankfurt a. M. 1992. 435 S.
HARPPRECHT, KLAUS: Thomas Mann. Eine Biographie. Reinbek 1995. 2304 S.
HAYMAN, RONALD: Thomas Mann. A Biography. New York, London 1995. 672 S.
PRATER, DONALD: Thomas Mann. Deutscher und Weltbürger. Eine Biographie. München 1995. 752 S.

11. Einzelfragen

REED, TERENCE J.: Thomas Mann. The uses of tradition. Oxford 1974. XV, 433 S. – 2. Aufl. 1976
NÜNDEL, ERNST: Die Kunsttheorie Thomas Manns. Bonn 1972. 191 S. (Abhandlungen zur Kunst-, Musik- und Literaturwissenschaft. 122)
HELLER, ERICH: Thomas Mann. Der ironische Deutsche. Frankfurt a. M. 1959. 362 S.
BAUMGART, REINHARD: Das Ironische und die Ironie in den Werken Thomas Manns. München 1964. 232 S. (Literatur als Kunst)
HAUG, HELLMUT: Erkenntnisekel. Zum frühen Werk Thomas Manns. Tübingen 1969. VI, 153 S. (Studien zur deutschen Literatur. 15)
FINCK, JEAN: Thomas Mann und die Psychoanalyse. Paris 1973. 382 S. (Bibliothèque de la Faculté de Philosophie et Lettres de l'Université de Liège. 204)
RICHTER, BERNT: Thomas Manns Stellung zu Deutschlands Weg in die Katastrophe. Ein Beitrag zum politischen Denken des Dichters. Diss. Berlin 1960. XVIII, 678 Bll. [Masch.]
SCHRÖTER, KLAUS: «Eideshelfer» Thomas Manns 1914/18. In: Sinn und Form 14

(1967), S. 1469–1481 – Wiederabdruck in: Schröter, Literatur und Zeitgeschichte. Mainz 1970. (Akademie der Wissenschaften und der Literatur, Klasse der Literatur, Mainz. 26) S. 47–65

MAYER, HANS: Thomas Mann. Zur politischen Entwicklung eines Unpolitischen. In: Mayer, Der Repräsentant und der Märtyrer. Konstellationen der Literatur. Frankfurt a. M. 1971. S. 65–93

HUEBINGER, PAUL EGON: Thomas Mann, die Universität Bonn und die Zeitgeschichte. Drei Kapitel deutscher Vergangenheit aus dem Leben des Dichters, 1905–1955. München 1974. IX, 682 S.

HELLMANN, WINFRIED: Das Geschichtsdenken des frühen Thomas Mann (1906–1918). Tübingen 1972. VII, 202 S. (Studien zur deutschen Literatur. 31)

VENOHR, LILLI: Thomas Manns Verhältnis zur russischen Literatur. Meisenheim/Glan 1959. 95S. (Osteuropastudien der Hochschule des Landes Hessen. 3, 1)

BLUME, BERNHARD: Thomas Mann und Goethe. Bern 1949. 155 S.

VAGET, HANS RUDOLF: «Goethe oder Wagner». Studien zu Thomas Manns Goethe-Rezeption 1905–1912. In: Vaget und DAGMAR BARNOUW, Thomas Mann. Studien zu Fragen der Rezeption. Bern 1975. (New York University Ottendorfer Series. NF. 7) S. 1–81

SANDBERG, HANS-JOACHIM: Thomas Manns Schiller-Studien. Eine quellenkritische Untersuchung. Oslo 1965. 153 S. (Germanistische Schriftenreihe der norwegischen Universitäten und Hochschulen. 3)

HANSEN, VOLKMAR: Thomas Manns Heine-Rezeption. Hamburg 1975. 331 S. (Heine-Studien. 7)

NORTHCOTE-BADE, JAMES: Die Wagner-Mythen im Frühwerk Thomas Manns. Bonn 1975. 110 S. (Abhandlungen zur Kunst-, Musik- und Literaturwissenschaft. 167)

12. Untersuchungen zum Werk

DIERSEN, INGE: Untersuchungen zu Thomas Mann. Die Bedeutung der Künstlerdarstellung für die Entwicklung des Realismus in seinem erzählerischen Werk. Berlin 1959. 371 S. (Germanistische Studien)

KOOPMANN, HELMUT: Thomas Mann. Konstanten seines literarischen Werks. Göttingen 1975. 194 S. (Kleine Vandenhoeck-Reihe. 1404)

SCHARFSCHWERDT, JÜRGEN: Thomas Mann und der deutsche Bildungsroman. Eine Untersuchung zu den Problemen einer literarischen Tradition. Stuttgart 1967, 284 S. (Studien zur Poetik und Geschichte der Literatur. 5)

THOMET, ULRICH: Das Problem der Bildung im Werke Thomas Manns. Bern 1975. 322 S. (Europäische Hochschulschriften. Reihe 1. 138)

JENDREIEK, HELMUT: Thomas Mann. Der demokratische Roman. Düsseldorf 1977. 610 S.

HERMSDORF, KLAUS: Thomas Manns Schelme. Figuren und Strukturen des Komischen. Berlin 1968. 386 S. (Germanistische Studien)

TERNES, HANS: Das Groteske in den Werken Thomas Manns. Stuttgart 1975. IV, 131 S. (Stuttgarter Arbeiten zur Germanistik. 9)

HOFFMANN, GISELA E.: Das Motiv des Auserwählten bei Thomas Mann. Bonn 1974. VI, 210 S. (Studien zur Germanistik, Anglistik und Komparatistik. 28)

ZIMMERMANN, JÜRG: Repräsentation und Intimität. Zu einem Wertgegensatz bei Thomas Mann. Mit besonderer Berücksichtigung der Werke aus den Jahren vor und während des Ersten Weltkriegs. Zürich 1975. 84 S. (Zürcher Beiträge zur deutschen Literatur- und Geistesgeschichte. 44)

ZELLER, MICHAEL: Väter und Söhne bei Thomas Mann. Der Generationsschritt als geschichtlicher Prozeß. Bonn 1974. 320 S. (Bonner Arbeiten zur deutschen Literatur. 27)

NOWAK, GEORG ALEXANDER: Das Bild des Lehrers bei den Brüdern Mann. Bern 1975. 152 S. (Europäische Hochschulschriften. Reihe 1. 120)

PRITZLAFF, CHRISTIANE: Zahlensymbolik bei Thomas Mann. Hamburg 1972. 125, XLXII S. (Hamburger philologische Studien. 25)

TYROFF, SIEGMAR: Namen bei Thomas Mann in den Erzählungen und den Romanen Buddenbrooks, Königliche Hoheit, Der Zauberberg. Bern 1975. VIII, 299 S. (Europäische Hochschulschriften. Reihe 1. 102)

KOOPMANN, HELMUT: Die Entwicklung des «Intellektualen Romans» bei Thomas Mann. Untersuchungen zur Struktur von «Buddenbrooks», «Königliche Hoheit» und «Der Zauberberg». 2. erw. Aufl. Bonn 1972. 200 S. (Bonner Arbeiten zur deutschen Literatur. 5)

SAGAVE, PIERRE-PAUL: Réalité sociale et idéologie religieuse dans les romans de Thomas Mann. Les Buddenbrook. La Montagne magique. Le Docteur Faustus. Paris 1954. IV, 168 S. (Publications de la Faculté des Lettres de l'Université de Strasbourg. 124)

ROTHENBERG, KLAUS-JÜRGEN: Das Problem des Realismus bei Thomas Mann. Zur Behandlung von Wirklichkeit in den «Buddenbrooks». Köln 1969. XII, 238 S. (Literatur und Leben. NF. 11)

EBEL, UWE: Rezeption und Integration skandinavischer Literatur in Thomas Manns «Buddenbrooks». Neumünster 1974. 224 S. (Skandinavische Studien. 2)

LUDEWIG-THAUT, DOROTHEA: «Königliche Hoheit». Autobiographische Züge in Thomas Manns Roman. Bonn 1975. 357 S. (Abhandlungen zur Kunst-, Musik- und Literaturwissenschaft. 180)

Besichtigung des Zauberbergs. Hg. von HEINZ SAUERESSIG. Düsseldorf 1974. 219 S.

HEFTRICH, ECKHARD: Zauberbergmusik. Über Thomas Mann. Frankfurt a. M. 1975. X, 383 S.

BULHOF, FRANCIS: Wortindex zu Thomas Mann: Der Zauberberg. Programmiert von BARRY GOLD. Ann Arbor/Mich. 1976. XVII, 614 S. (Monograph publishing on demand. Sponsor series)

HAMBURGER, KÄTE: Der Humor bei Thomas Mann. Zum Joseph-Roman. 2. Aufl. München 1969. 239 S. (sammlung dialog. 4)

HUGHES, KENNETH: Thomas Manns Joseph-Romane. Frankfurt a. M. 1974. 160 S.

HUGHES, KENNETH: Mythos und Geschichtsoptimismus in Thomas Manns Joseph-Romanen. Bern 1975. 116 S. (New York University Ottendorfer Series. NF. 3)

SCHRÖTER, KLAUS: Resultate des Exils. Vom «Zauberberg» zu «Joseph, der Ernährer». In: Akzente 22 (1975), S. 367–382 – Vollständigere Fassung u. d. T.: Vom Roman der Seele zum Staatsroman. Zu Thomas Manns «Joseph»-Tetralogie. In: Text und Kritik. Sonderband: Thomas Mann. Hg. von HEINZ LUDWIG ARNOLD. München 1976. S. 70–87

MIETH, DIETMAR: Epik und Ethik. Eine theologisch-ethische Interpretation der Josephromane Thomas Manns. Tübingen 1976. X, 237 S. (Studien zur deutschen Literatur. 47)

GRIMM, ALFRED: Joseph und Echnaton. Thomas Mann und Ägypten. Mainz 1992. 468 S. mit Abb.

CASSIRER, ERNST: Thomas Manns Goethe-Bild. Eine Studie über «Lotte in Weimar». In: Germanic Review 20 (1945), S. 166–194

BERGSTEN, GUNILLA: Thomas Manns Doktor Faustus. Untersuchungen zu den Quellen und zur Struktur des Romans. 2. erg. Aufl. Tübingen 1974. XII, 315 S.

HAMBURGER, KÄTE: Anachronistische Symbolik: Fragen an Thomas Manns Faustus-Roman. In: Gestaltungsgeschichte und Gesellschaftsgeschichte. In Zusammenarbeit mit KÄTE HAMBURGER hg. von HELMUT KREUZER. Stuttgart 1969. S. 529–553

SCHMIDT, GÉRARD: Zum Formgesetz des Doktor Faustus von Thomas Mann. Wiesbaden 1972. 171 S. (Studien zur Germanistik) – 2. Aufl. 1976

ASSMANN, DIETRICH: Thomas Manns Roman «Doktor Faustus» und seine Beziehungen zur Faust-Tradition. Helsinki 1975. 225 S. (Annales Academiae Scientiarum Fennicae. Dissertationes Humanarum Litterarum. 3)

VOSS, LIESELOTTE: Die Entstehung von Thomas Manns Roman «Doktor Faustus». Dargestellt anhand von unveröffentlichten Vorarbeiten. Tübingen 1975. VI, 271 S. (Studien zur deutschen Literatur. 39)

STACKMANN, KARL: Der Erwählte. Thomas Manns Mittelalter-Parodie. In: Euphorion 53 (1959), S. 61–74

RICHNER, PETER: Thomas Manns Projekt eines Friedrich-Romans. Diss. Zürich 1975. 140 S.

HANNEMANN, HELMUT: Illusion und Desillusion in den Novellen Thomas Manns. Diss. Hamburg 1957. VIII, 213 Bll. [Masch.]

NEUMEISTER, ERDMANN: Thomas Manns frühe Erzählungen. Der Jugendstil als Kunstform im frühen Werk. 2. erw. Aufl. Bonn 1975. XI, 135, 14 S. (Abhandlungen zur Kunst-, Musik- und Literaturwissenschaft. 133)

SPELSBERG, HELMUT: Thomas Manns Durchbruch zum Politischen in seinem kleinepischen Werk. Untersuchungen zur Entwicklung von Gehalt und Form in «Gladius Dei», «Beim Propheten», «Mario und der Zauberer» und «Das Gesetz». Marburg 1972. 103 S. (Marburger Beiträge zur Germanistik. 41)

YOUNG, FRANK W.: Montage and motif in Thomas Mann's «Tristan». Bonn 1975. IV, 142 S. (Abhandlungen zur Kunst-, Musik- und Literaturwissenschaft. 183)

WANNER, HANS: Individualität, Idealität und Rolle. Das frühe Werk Heinrich Manns und Thomas Manns Erzählungen «Gladius Dei» und «Der Tod in Venedig». München 1976. III, 247 S. (tuduv Studien. Reihe Sprach- und Literaturwissenschaften. 5)

LUFT, HERMANN: Der Konflikt zwischen Geist und Sinnlichkeit in Thomas Manns «Tod in Venedig». Bern 1976. 106 S. (Europäische Hochschulschriften. Reihe 1. 144)

MAITRE, HANS JOACHIM: Thomas Mann. Aspekte der Kulturkritik in seiner Essayistik. Bonn 1970. IX, 145 S.

SAUTERMEISTER, GERT: Widersprüchlicher Antifaschismus. Thomas Manns politische Schriften (1914–1945). In: Antifaschistische Literatur. Programme, Autoren, Werke. Hg.: LUTZ WINCKLER. Bd. 1. Kronberg/Ts. 1977. (Literatur im historischen Prozeß. 10) S. 142–222

Zu den bislang nicht berücksichtigten Rezensionen Thomas Manns in der Zeitschrift «Das Zwanzigste Jahrhundert» (1895–1896) siehe:

ZECK, JÜRGEN: Die Kulturkritik Heinrich Manns in den Jahren 1892–1909. Diss. Hamburg 1965. VII, 200, XI S.

SCHRÖTER, KLAUS: Anfänge Heinrich Manns. Zu den Grundlagen seines Gesamtwerks. Stuttgart 1965. X, 198 S. (Germanistische Abhandlungen. 10)

13. Verhältnis zu Heinrich Mann

SAUERESSIG, HEINZ: Die gegenseitigen Buchwidmungen von Heinrich und Thomas Mann. In: Betrachtungen und Überblicke. Zum Werk Thomas Manns. Hg. von GEORG WENZEL. Berlin 1966. S. 483–490

SCHRÖTER, KLAUS: Heinrich Mann in Selbstzeugnissen und Bilddokumenten dargestellt. Reinbek bei Hamburg 1967. (rowohlts monographien. 125) S. 12 ff.; 39 ff.; 55 ff.; 79 ff. und passim. – 64.–67. Tsd. 1986

BANULS, ANDRÉ: Thomas Mann und sein Bruder Heinrich – «eine repräsentative Gegensätzlichkeit». Stuttgart 1968. 176 S. (Sprache und Literatur)

SCHRÖTER, KLAUS: Deutsche Germanisten als Gegner Heinrich Manns. Einige Aspekte seiner Wirkungsgeschichte. In: Text und Kritik. Sonderband: Heinrich Mann, hg. von HEINZ LUDWIG ARNOLD. Stuttgart 1971. S. 141–149 – Wiederabdruck in: Schröter, Heinrich Mann. «Untertan» – «Zeitalter» – Wirkung. Drei Aufsätze. Stuttgart 1971. (Texte Metzler. 17) S. 60–71

SCHRÖTER, KLAUS: Positionen und Differenzen, Brecht, Heinrich Mann, Thomas Mann im Exil. In: Akzente 20 (1973), S. 520–535
Vgl. hierzu die Entgegnung von GOLO MANN: Zu Klaus Schröters 3. Fußnote. Ebd. 21 (1974), S. 84–85

JASPER, WILLI: Der Bruder. Heinrich Mann. Eine Biographie. München, Wien 1992. 403 S.
Vgl. die Kritik von KLAUS SCHRÖTER in Heinrich-Mann-Jahrbuch 10 (1992), S. 209–212

SCHRÖTER, KLAUS: Heinrich und Thomas Mann. Hamburg 1993. 152 S. (Duographien. 1)

14. Sexualität

BÖHM, KARL WERNER: Zwischen Selbstzucht und Verlangen. Thomas Mann und das Stigma Homosexualität. Untersuchungen zu Frühwerk und Jugend. Würzburg 1991. 409 S.

KRÜLL, MARIANNE: Im Netz der Zauberer. Eine andere Geschichte der Familie Mann. Zürich 1991. 475 S.
Vgl. zu beiden Titeln die Rezensionen im Thomas-Mann-Jahrbuch 5 (1992), S. 213–228.

Nachbemerkung

Während der Niederschrift empfing ich von mehreren Seiten, die ich sehr gern nenne, Förderung und Hilfe:

Zuallererst denke ich dankbar und voller Verehrung an Frau Katja Mann, Kilchberg bei Zürich: Sie hat das Zustandekommen der Monographie durch die Erlaubnis zum Abdruck teilweise unveröffentlichten Bildmaterials aus Familienbesitz und aus den Beständen des Thomas-Mann-Archivs, Zürich, begünstigt.

Schriftwechsel und Gespräche mit Frau Professor Dr. Anna Jacobson, vom Hunter College of the City of New York, und mit Herrn Gustav Hillard, Lübeck – die Thomas Mann in seinen verschiedenen Lebensaltern begegnet waren –, gaben mir wertvolle Anregungen. – Die Liebhaber und Sammler von Thomas Manns Werk, Herr Heinz Sauereßig, Biberach, und Herr Dr. Hans-Otto Mayer, Düsseldorf, beantworteten entgegenkommend jede Sachanfrage und machten mich auf entlegene Spezialissima aufmerksam. – Das Thomas-Mann-Archiv der Eidg. Technischen Hochschule, Zürich, gestattete die Einsicht in seine Materialien. – Frau Ilse Schröter, Hannover, sichtete einen Teil der zeitgenössischen Memoiren- und Briefliteratur «auf der Suche nach Thomas Mann».

Für all diese Beiträge danke ich nachdrücklich.

März 1964

Zu meinem Verhältnis zu Katja und Erika Mann, Anna Jacobson, Gustav Hillard, Hans-Otto Mayer und Heinz Sauereßig vgl. meinen Schriftwechsel samt Anmerkungen mit der Gelehrten unter Thomas Manns Verehrerinnen: Um Thomas Mann. Der Briefwechsel Käte Hamburger – Klaus Schröter 1964–1990. Hamburg 1994.

März 1995

Klaus Schröter

Namenregister

Die kursiv gesetzten Zahlen bezeichnen die Abbildungen

Über den Autor

Klaus Schröter, geb. 1931 in Königsberg/OP. Professor der deutschen und vergleichenden Literaturwissenschaft an den Universitäten Columbia, N. Y. C., Stony Brook, N. Y., Amsterdam und Hamburg. Mitarbeit an der Goethe-Bibliographie, Universität Hamburg 1957ff. Consultant in Germanic Languages and Literature der New Columbia Encyclopedia 1975. Autor u. a. der Monographien über Heinrich Mann (rm 125), Alfred Döblin (rm 266), Heinrich Böll (rm 310); des Hermes Handlexikons Johann Wolfgang Goethe (1983, mit Helmut Riege), Goethe «Zum Shakespeare-Tag 1771» (1992, EVA Reden 2), Heinrich und Thomas Mann (1993, EVA Duographien 1).

Quellennachweis der Abbildungen

Frau Katja Mann, Kilchberg bei Zürich: 2, 10, 11, 13, 16, 31, 72, 77, 79, 82, 128

Thomas-Mann-Archiv, Zürich: 6, 19, 47, 52, 58, 62, 66, 78, 85, 93, 110, 130, 148, 150

Thomas-Mann-Zimmer im Schabbelhaus, Haus der Kaufmannschaft zu Lübeck, Lübeck: 8 oben links und rechts, 9 oben links und rechts, 9 unten links und rechts, 80, 116

Fritz Kilian, München: 8 unten, 54

Wilhelm Höpker, Lüdenscheid: 18, 27, 51

Wilhelm Castelli, Lübeck: 20/21

Ullstein-Bilderdienst, Berlin: 29, 35, 45, 64, 87, 88, 97, 98, 101, 102, 105, 108, 122

Saville Gallery, London: 69

Süddeutscher Verlag, Bilderdienst, München: 94

Heinz Sauereßig, Biberach: 106, 135, 137

Pix Publishing Inc., New York: 112

dpa, Frankfurt/Main: 114, 146

Archäologisches Seminar, Hamburg: 119

Rowohlt Archiv, Reinbek bei Hamburg: 121, 132

Photopress, Zürich: 129

Federico Petellani, Mailand: 139, 140

Camera Press, London: 143

Presse-Bild Hans Kripgans, Lübeck: 145, 152

Akademie der Künste, Abt. Literatur-Archive, Berlin: 151

Kurt Schraudenbach, München: 154

Thea Goldmann, Zürich: 155

Conti-Press, Hamburg: 156

Klaus Schröter

Heinrich Böll

mit Selbstzeugnissen und Bilddokumenten
57. Tausend. rowohlts monographien Band 310
Rowohlt 1982

Alfred Döblin

mit Selbstzeugnissen und Bilddokumenten
26. Tausend. rowohlts monographien Band 266
Rowohlt 1978

Heinrich Mann

mit Selbstzeugnissen und Bilddokumenten
78. Tausend. rowohlts monographien Band 125
Rowohlt 1967

Anfänge Heinrich Manns

Zu den Grundlagen seines Gesamtwerks
Germanistische Abhandlungen Band 10
Metzler 1965

Johann Wolfgang Goethe

Hermes Handlexikon ETB 10022
(zusammen mit Helmut Riege)
Econ 1983

Goethe

Rede zum Shakespeare-Tag 1771
Reden Band 2
Europäische Verlagsanstalt 1992

Heinrich und Thomas Mann

Duographien Band 1
Europäische Verlagsanstalt 1993

Um Thomas Mann

Der Briefwechsel Käte Hamburger – Klaus Schröter 1964–1990
Europäische Verlagsanstalt 1994

Literatur

rowohlts monographien
Begründet von Kurt Kusenberg, herausgegeben von Wolfgang Müller und Uwe Naumann.

Eine Auswahl:

Alfred Andersch
dargestellt von Bernhard Jendricke
(395)

Lou Andreas-Salomé
dargestellt von Linde Salber
(463)

Jane Austen
dargestellt von Wolfgang Martynkewicz
(528)

Simone de Beauvoir
dargestellt von Christiane Zehl Romero
(260)

Wolfgang Borchert
dargestellt von Peter Rühmkorf
(058)

Lord Byron
dargestellt von Hartmut Müller
(297)

Albert Camus
dargestellt von Brigitte Sändig
(544)

Raymond Chandler
dargestellt von Thomas Degering
(377)

Charles Dickens
dargestellt von Johann N. Schmidt
(262

rowohlts monographien

Theodor Fontane
dargestellt von Helmuth Nürnberger
(145)

Maxim Gorki
dargestellt von Nina Gourfinkel
(009)

Brüder Grimm
dargestellt von Hermann Gerstner
(201)

Homer
dargestellt von Herbert Bannert
(272)

Henrik Ibsen
dargestellt von Gerd E. Rieger
(295)

James Joyce
dargestellt von Jean Paris
(040)

Stendhal
dargestellt von Michael Nerlich
(525)